2015 年度国家社科基金青年项目（15CZX023）

2022 年度天津社会科学院学术著作出版资助项目

不主于经

《国语》与经学史的演变

张永路／著

The Periphery of the Confucian Classics

GUOYU AND THE TRANSFORMATION OF
THE CONFUCIAN CLASSICS

社会科学文献出版社
SOCIAL SCIENCES ACADEMIC PRESS (CHINA)

目 录

导言 一部经学边缘文献的意义

《国语》是先秦时期的重要典籍。全书共二十一卷，分记周、鲁、齐、晋、郑、楚、吴、越等八国事语，时间跨度自西周穆王至鲁悼公，大约五百年的时间，几乎囊括整个春秋时期的历史。无论是从地域分布看，还是从时间跨度看，《国语》作为记述先秦历史重要典籍的地位都是无可争议的。但是，在经学史上，《国语》却属于边缘文献。《国语》在西汉前期并不属于经学序列，在司马迁将其与左丘明建立起模糊联系之后，《国语》就逐渐被两汉学者认定为《春秋外传》，与《左传》互为表里，并称"《春秋》内外传"。由此，《国语》因这一身份而开启了与经学分分合合的纠葛历程，时而被提升为《春秋外传》，俨然进入经学序列，成为经学文献；时而又受到高度质疑，被一些学者否定与左丘明的关系，割断其与《左传》的联系，将其清出经学序列。从西汉末年到20世纪前期，在这两千年的发展史中，《国语》一直处于这种与经学的纠葛中。从这个角度看，《国语》确属经学的边缘文献。当然，边缘文献亦有其独特价值。由边缘而反观整体，通过对边缘文献进行研究，经学的边界就更加明晰，而经学何以为经学也就自然得到廓清。在漫长的经学历史上，从两汉到魏晋，从隋唐到宋明，再到清代，直至晚清民国时期经学历史终结，随着时代的发展，经学始终处于不断演变中。经学演变的秘密，或许就可以在经学边缘中探索。

一 《国语》与经学

《国语》自先秦时期成书之后，始终处于历代学者的研究视野之中。《晋书·束皙传》记载，西晋武帝时，"汲郡人不准发魏襄王墓，或言安釐王冢，得竹书数十车"，其中即有"《国语》三篇，言楚晋事"。① 这表明作为魏襄王或安釐王墓中随葬书籍，《国语》至少在公元前 3 世纪就已经流传于世。至西汉初，贾谊在《新书》中大段引用《国语》文字，司马迁更是将《国语》作为撰写《史记》的重要参考文献。西汉末年，刘歆首倡《国语》为《春秋外传》之说，东汉许慎、应劭多处引用《国语》文字。东汉经师郑众、贾逵以及魏晋王肃、孙炎、虞翻、唐固、韦昭、孔晁等人都有注解《国语》专书。隋唐时期，《国语》在《隋书·经籍志》中被列入经部"春秋类"。但是，随后唐代刘知幾在《史通》中将《国语》定为史书，而啖助、赵匡、陆淳则开启了对《国语》的一系列质疑。受此影响，柳宗元作《非国语》，专门针对《国语》展开批评。宋明时期，在理学思潮主导下，朱熹等理学家都对《国语》有重估性的论述。清代考据学兴起，《国语》作为先秦古籍受到众多学者重视，汪远孙、王引之、董增龄等数十位学者都有专书论及。20 世纪初，随着古史辨运动的兴起，《国语》再次成为研究热点。总之，从历史上看，《国语》自先秦到 20 世纪，具有完整的研究链条。

---

① （唐）房玄龄等撰《晋书》，中华书局，1974，第 1432 页。

在这段持续两千年的流传历史中，经学是《国语》学史演变发展过程中至关重要的影响因子。在《国语·楚语上》中，楚庄王时的大夫申叔时在论述如何教育太子时说道：

> 教之《春秋》，而为之耸善而抑恶焉，以戒劝其心；教之《世》，而为之昭明德而废幽昏焉，以休惧其动；教之《诗》，而为之导广显德，以耀明其志；教之礼，使知上下之则；教之乐，以疏其秽而镇其浮；教之《令》，使访物官；教之《语》，使明其德，而知先王之务，用明德于民也；教之《故志》，使知废兴者而戒惧焉；教之《训典》，使知族类，行比义焉。①

在此，申叔时所说的《春秋》《诗》等典籍，是否与后世所说"六经"中同名文献相同，我们并不可知。其所言《语》与《国语》属何种关系，也不可知。但由此可以确定的是，《国语》一类的文献发源甚早，而且与经学类文献有着近似的用途。在这一不能当作证据却也与之有关系的早期材料之外，《国语》与经学产生联系还要等到司马迁对《国语》作者的认定之后。

从传世文献记载来看，司马迁首次提及《国语》的作者问题，他在《史记·太史公自序》中说："左丘失明，厥有《国语》。"② 同时又在《史记·十二诸侯年表》中说："鲁君

---

① 徐元诰撰，王树民、沈长云点校《国语集解》（修订本），中华书局，2002，第486页。

② （汉）司马迁撰《史记》，中华书局，1959，第3300页。

子左丘明惧弟子人人异端，各安其意，失其真，故因孔子史记具论其语，成《左氏春秋》。"① 司马迁对《国语》的判定使此书与左丘明及《左传》有了密切的关联。司马迁的论述并不充分，到了东汉时期，班彪、班固父子在司马迁基础上进一步明确左丘明既作《左传》又作《国语》。因与《左传》作者相同的这种特殊关系，《国语》被两汉学者冠以《春秋外传》的别名，以与作为《春秋内传》的《左传》相携。② 由此，《国语》以《春秋外传》的身份成为古文经学的重要文献。

在经今古文之争愈演愈烈的东汉，《春秋外传》已经成为《国语》的专称，王充在《论衡·案书篇》中直称《国语》为《外传》，许慎在《说文解字》中大量引用《国语》而称"《春秋国语》曰"，这些都表明《国语》已经进入经学论述语境中。随着经今古文之争的形势消长，古文经学的声势越来越浩大，《国语》的《春秋外传》身份得到不断强化，并依赖魏晋时期涌现出的众多《国语》注解而变得更加牢固。在魏晋时期众多注解中，三国时韦昭的《国语解》是留存在世的最早的完整《国语》注本，他在《〈国语解〉叙》中就曾给予《国语》很高的评价。他说："采录前世穆王以来，下迄鲁悼、智伯之诛，邦国成败，嘉言善语，阴阳律吕，天时人事逆顺之数，以为《国语》。"③《国语》所载内容不仅有诸侯邦国的政治历史，还有嘉言善语的道德训诫，甚至阴阳律吕的形

---

① （汉）司马迁撰《史记》，中华书局，1959，第 509～510 页。
② （汉）班固撰《汉书》，中华书局，1962，第 3129 页。
③ （吴）韦昭：《〈国语解〉叙》，载徐元诰撰，王树民、沈长云点校《国语集解》（修订本），中华书局，2002，第 594 页。

上天道。所以，韦昭评价《国语》称："所以包罗天地，探测祸福，发起幽微，章表善恶者，昭然甚明，实与经艺并陈，非特诸子之伦也。"① 在韦昭看来，《国语》立道周正、内容宏阔，已远非诸子之类可比，而应被纳入经学之列。

较之两汉时期，魏晋时期《国语》注本大量涌现。从统计数量来看，两汉时期仅有两种《国语》注本，而魏晋时期则达六种之多。由此看来，对《国语》"与经艺并陈"的评价并非韦昭独有，而应属于时人的普遍认知。因此，《国语》的经学定位在汉末魏晋时期已经得到确认。不过，《国语》的这一经学定位并不稳固，《春秋外传》的别名意味着其处于经学序列的边缘。

二　以《国语》观经学史

在《国语》学史上，尽管很多学者将其归入经学序列，但是持反对意见者亦众多。综观《国语》两千多年的流传史，针对其经学属性的正反两方面意见并存，并随时代演进而反复出现此消彼长的局面。某一时代，认为《国语》属经学的意见占主流；某一时代，反对意见又占主流。《国语》与经学的这种纠葛不仅反映出《国语》一书的境遇，还映射出整个经学史的演变脉络。

其实，早在西汉前期，《国语》就已经埋下了日后与经学纠葛的前缘。《国语》之所以能够与经学产生关联，最初的原因就是司马迁对《国语》作者的论述。在司马迁阐明己志的

①　（吴）韦昭：《〈国语解〉叙》，载徐元诰撰，王树民、沈长云点校《国语集解》（修订本），中华书局，2002，第594页。

那段著名论述中，他列举了一系列圣贤人物即使遭遇困厄仍然发愤著作的例子：

> 昔西伯拘羑里，演《周易》；孔子厄陈蔡，作《春秋》；屈原放逐，著《离骚》；左丘失明，厥有《国语》；孙子膑脚，而论兵法；不韦迁蜀，世传《吕览》；韩非囚秦，《说难》《孤愤》；《诗》三百篇，大抵贤圣发愤之所为作也。[1]

其中的"左丘失明，厥有《国语》"就成为后世学者认定《国语》为左丘明所作的重要论据。但是，司马迁的这一论述并未完全明确《国语》为左丘明所作，由此才会有后世学者认为《国语》为左丘氏所作而《左传》为左氏所作的奇思论点。[2]

西晋傅玄、隋代刘炫已经开始否认左丘明作《国语》的两汉成说。虽然这只是各自时代的孤例，但是这一现象表明先前坚定的观念在松动，人们对《国语》的认知在变化。到唐代时，这一变化不再只是个案，越来越多的学者加入质疑《国语》的行列。唐初，刘知幾就在其影响深远的史学理论著作《史通》中，将《国语》单独划为史学著作一类，与《战国策》等书并列，清代浦起龙在注释《史通》时参以己意，

---

[1] （汉）司马迁撰《史记》，中华书局，1959，第3300页。

[2] 宋人叶梦得说："古有左氏、左丘氏，太史公称'左丘失明，厥有《国语》'，今《春秋传》作左氏，而《国语》为左丘氏，则不得为一家，文体亦自不同，其非一家书明甚。"（清）朱彝尊撰，林庆彰等主编《经义考新校》，上海古籍出版社，2010，第3093页。

更是直接冠之以"国别家"，由此有了后世《国语》乃国别史的论调。[①] 这一定位无疑是对《国语》经学文献的否定。唐代中期之后，随着疑经思潮的发展，《国语》受到了越来越多的质疑，其中有今文经学的影响，也有新兴理学思潮的推动。《国语》因为与《左传》的密切关系，自然被归入古文经学行列，所以当啖助、赵匡、陆淳更倾向于《公羊传》《穀梁传》时，那对《国语》的批评就不可避免。而理学思潮的兴起，也使原有经学范式被抛弃。最终，在理学时代来临后，《国语》被剥离了经学身份，变得沉寂下来。从文献统计来看，《国语》在宋明两代被提及次数大大减少。不过，当清代考据学崛起后，《国语》又再次呈现复兴之势。但是，此时的《国语》在考据学"求其古"与"求其是"的研究张力下摇摆于经史之间。依照两汉学者的观点，《国语》应定为《春秋外传》。而在代表清代官方立场的《四库全书总目》中，四库馆员称将《国语》归入"春秋类"是"殊为不类"，并最终将其归为"杂史"。[②] 综观整个《国语》学史，《国语》在经史之间的这种摇摆反复发生，一直到20世纪经学时代结束、现代学术建立之后，争论才告一段落。

《国语》与经学的这种纠葛关系，使其成为整个经学发展史上的独特案例。在两汉确立主导地位之后，经学历经两千年的演化发展，其间经魏晋、隋唐、宋明、清代等数个阶段的变迁，每个时期都各具特色。从经目来看，"五经"、

---

① （唐）刘知幾撰，（清）浦起龙释《史通通释》，上海古籍出版社，1978，第16页。

② （清）永瑢等撰《四库全书总目》，中华书局，1965，第461页。

"九经"及"十三经"的逐渐递增是经学变迁的最鲜明表现。而从方法来看,章句之学、义疏之学,以及"六经注我"式的义理诠释和囊括音韵训诂文字的考据功夫,也是经学演变的重要表征。但是,从根本上看,经学的演化发展与各个时代的主导思潮密切相关,如两汉经学时代便与宋明理学时代的经学研究不同,而理学时代的经学研究与清代考据时代的经学研究又不同。此中差异之所以存在,主要原因就是时代思潮的变革。因此,经学史的研究需要跳出经学史,将经学史置入时代思潮的发展中进行考量。当然,宏大的叙事或许会削弱研究的深度,时代思潮的总体叙述有时会疏于空阔。此时,《国语》便提供了一个绝佳的案例来观察时代思潮对经学史发展的影响。

历代对《国语》认知的变迁牵涉的并不仅仅是《国语》一书,而是整个经学史。时代思潮的变革直接导致了历代学者对经学的不同理解,而这种不同理解又反映在对《国语》这一经学边缘文本的认知上。因此,经学的变革会即刻反映到《国语》的时代境遇中,而《国语》身份的变迁也不断昭示着经学边界的变动。《国语》的身份是如此特殊,这使它成为观察经学史演变的浮标。通过对《国语》历史定位变化、与经学时合时离的关系进行梳理,可窥见整个经学史演变发展的内在机理。一言以蔽之,从《国语》在各个时代的境遇变迁中,可以探知整个经学史演变的奥秘。

三 以经学观《国语》学史

在两千多年的《国语》学史上,《国语》与经学的关系一直是重要主题。自班固之后,《国语》就被明确为左丘明所作，并被视为与《左传》相携的另一重要著作。① 这一论断使《国语》在最初就与经学有着千丝万缕的联系，并决定了《国语》研究几乎无法摆脱经学主题。后世研究者中，无论是赞同《国语》与左丘明及《左传》的关系，还是否定《国语》与二者的关系，其研究都属于经学研究的范畴。因此，对于本书来说，经学史的视角是贯穿《国语》学史研究的主要参照系，《国语》与经学的互动是主要关注内容，通过《国语》窥探经学史演化发展是主要研究目标。

《国语》与经学的互动史，大致可以分为四个阶段，即经学奠基时代、典范经学时代、理学经学时代和考据经学时代。经学奠基时代主要是经学经典文本的生成阶段，涵括秦汉之前的很长一段时间。在这一时期，大量经学经典文本产生并定型，为接下来经学时代的开启奠定了文本基础。《国语》便是在这一阶段成书并逐渐流传开来。尽管《国语》在这一时期并未留下太多痕迹，但是我们仍然可以结合出土文献来了解《国语》的大致编纂流传情况。典范经学时代主要是两汉魏晋时期直至初唐时期，这一阶段囊括了哲学史上的两汉经学时代，同时也包含了以玄学为新思潮的魏晋时期，以及编撰《五经正义》的初唐时期。在这段长达八百年之久的时期内，《国语》研究并没有呈现出阶段性差异，整体上符合两汉经学所奠定的典范经学范式。特别是在魏晋时期，在玄学思潮兴盛的同时，经学研究也并没有衰微，《十三经注疏》中有六部魏

---

① 班固在《汉书·司马迁传》中说："及孔子因鲁史记而作《春秋》，而左丘明论辑其本事以为之传，又撰异同为《国语》。"（汉）班固撰《汉书》，中华书局，1962，第 2737 页。

晋时期的注解便是明证，而《国语》研究高潮的出现也是表现之一。这一时期的《国语》注解数量甚至远超两汉，而其研究也延续了两汉经学范式。其实，经学史的发展阶段与哲学史往往并不同步，从哲学思想史上看，两汉魏晋南北朝至初唐哲学思潮频现，而从经学史上看，这一时期虽然也有变迁，但是仍然呈现出明显的同质性特征，《国语》可为证明。因此，在这个意义上，我们将两汉魏晋初唐时期共同列入《国语》研究中的典范经学时代。

理学经学时代主要是中唐至宋明时期，较之哲学史中限定为宋明时期的理学时代时间范围更宽泛一些。之所以将中唐时期也一并纳入，主要是因为一方面从理学角度看，理学思潮的开启一般都会追溯至唐代韩愈、李翱，而且隋唐佛教的发展对宋明理学的形成起着重要作用；另一方面从经学角度看，隋唐经学虽然因《五经正义》而形成集先前经学之大成的态势，但是新的萌芽也在生长，啖助、赵匡、陆淳的《春秋》新学开启了新的经学研究，并深刻影响了宋代理学经学的发展。当然，更重要的是《国语》在这一时期的境遇完全不同于两汉魏晋，其遭遇的质疑与非驳倒是和在宋代的境遇相似，这进一步说明了中唐和宋明在经学发展上具有同质性。因此，我们将中唐与宋明合在一起进行论述，统称为理学经学时代。考据时代主要是清代，对于以考据学为时代特征的清代学术来说，称清代为考据时代并无不妥。而且，清代的《国语》研究充分运用了各种考据学方法，集中展现了清代考据学的成就。20世纪初是开启现代学术的关键时期。现代学术的重要表征之一就是科学方法的运用，而这是与清代考据学精神一致的。而且，20世纪初，《国语》一度成为古史辨运动的核心关注点，古史辨运动中的问题意识和研究方法与清代《国语》研究也是一脉相承的。因此,《国语》研究中的考据经学时代囊括了整个清代与民国时期。总而言之,经学奠基时代、典范经学时代、理学经学时代与考据经学时代是《国语》与经学互动史的发展阶段划分。这种分期不只是简单的《国语》学史发展阶段的划分,更是《国语》与经学的互动史变迁演化的反映。如果抛开经学史而只关注《国语》学史,那么这种发展分期或许就会面临商榷的可能。同理,如果舍弃《国语》而只谈经学史,那么这种经学分期同样会面临批评。但是,一旦将《国语》置入经学史演化脉络中,通过《国语》来观察经学史的变迁,通过经学视角来梳理《国语》学史的发展,那么经学奠基时代、典范经学时代、理学经学时代与考据经学时代的分期就会呈现《国语》与经学之间有趣的互动历程。

按照上述四个阶段的划分,本书将分为五章展开论述。

第一章主要从文献学上对《国语》进行考察,以厘清《国语》的基本问题。第一节主要考察《国语》的作者与成书年代。自两汉之后,对这一问题历来都有争议。《国语》本身并没有提供这些信息,而最早给出相关信息的司马迁也并没有完全明确,因此,历代学者围绕这一问题展开了无休止的争论。其实,这种争论的根本原因是局限于传统作者观念,没有意识到先秦古书成书的复杂性。第二节主要辨析《国语》的文本结构。虽然《国语》成书复杂,但是其有着严谨的文本结构。一是具有明确的编纂主旨,即明德;二是内容所涉及的周、鲁、齐、晋、郑、楚、吴、越等八国,其先后排列顺序是经过精心安排的;三是《国语》每章都是独立叙事,其结构是严谨的三段式叙事模式。

第二章主要论述《国语》在经学奠基时代的编纂和流传情况。第一节介绍《国语》的成书性质和编纂情况。先秦时期的史官保留了大量第一手材料，其中记言部分就成为诸国语书的重要来源。《国语》的编纂就是建立在数量众多的诸国语书基础之上，这也决定了其语书的性质。第二节叙述《国语》在先秦时期的流传。从出土文献看，先秦时期流传着大量的语类文献，《国语》的编纂即是基于此。《国语》成书之后，在流传过程中，仍然保持着早期文本的开放性，不断经历着编改和完善，这也是经学经典文本的一种重要生成模式。

第三章重点探讨《国语》研究在典范经学时代的开启和兴盛。第一节讨论《国语》在两汉时期的初始境况。汉初贾谊多次引用《国语》，而司马迁则在撰写《史记》时重点参考了《国语》，并首次给出了《国语》的基本信息。由此，随着古文经学特别是《左传》的崛起，《国语》也受到越来越多的关注，并借由《春秋外传》的身份进入经学序列。第二节论述《国语》在汉魏时期的研究盛况以及在初唐时期的延续。东汉时期开始出现注解《国语》的专书，这一趋势到了魏晋时达到高潮，很多注解涌现出来。同时，越来越多的学者开始援引《国语》来解经或者参与经学讨论。这些都昭示着《国语》在经学时代的研究盛况。

第四章主要讨论《国语》在理学经学时代遭到的质疑和被重估的境遇。第一节论述《国语》在中唐时期受到的质疑和非驳。随着唐代中期《春秋》新学的出现，新的解经范式开始萌芽。这一时期以柳宗元《非国语》的出现为表征，《国语》遭到了严厉的批评。第二节讲述《国语》在宋明时期面临重估的境遇。随着疑经思潮的发展，《国语》为左丘明所作的传统观点被否认，《国语》的外传标识也遭到了剥离。随着宋明时期经学范式的变革，《国语》在理学家们视野中的形象也面临着重估，这无疑是两宋经学变革的重要表征。

第五章重点论述《国语》研究在考据经学时代的复兴和革新。第一节讨论《国语》在清代的复兴。在经历了理学经学时代的质疑与重估之后，《国语》研究在考据时代迎来了复兴。复兴的重要表征就是大量研究著作的涌现，而且在"汉人近古"的观念下，许多学者表现出对两汉时期《国语》研究观点的认同。当然，一些学者也试图还原《国语》的历史原貌。第二节讨论《国语》在晚清及民国时期的研究情况。今文经学在清后期得到了复兴，经今古文之争再起波澜。晚清今文学家提出《国语》早出而《左传》晚出的论点，使得《国语》再次陷入纠缠不清的论点纷争中。20世纪初，现代学术体系逐渐建立，新的研究方法被运用于辨析《国语》《左传》关系问题，终结了今古文经学之间的论争。

第一章 《国语》其书

作为先秦时期的重要典籍，与其他同期古籍相同，《国语》在文献学上也面临着一系列基本问题，诸如作者与成书年代问题等。《国语》作于何人？成于何年？这些基本文献信息在《国语》早期流传过程中并没有明确标示。从目前所见文献材料看，最早明确谈及《国语》作者的是司马迁。经过班彪、班固父子的重申，左丘明作《国语》便作为常识性信息明确下来。然而，此时距《国语》的成书年代已过数百年之久，这个关于《国语》作者的论断显然并非原始信息。因此，两汉之后不断有学者对此提出质疑，而且这些质疑观点的论据也合乎逻辑，并非无中生有之论。当然，也并不是如有的质疑者所说，《国语》没有明确的作者，只是春秋时期历史材料的汇编。① 从《国语》的文本结构来看，其有着明确的主旨

---

① 司马光便持此论。他说："先儒多怪左丘明既传《春秋》，又作《国语》，为之说者多矣，皆未甚通也。先君以为丘明将传《春秋》，乃先采集列国之史，国别分之，取其菁英者为《春秋传》，而先所采集之稿，因为时人所传，命曰《国语》，非丘明之本志也。故其辞语繁重，序事过详，不若《春秋传》之简直精明，浑厚遒峻也。又多驳杂不粹之文，诚由列国之史，学有厚薄，才有浅深，不能醇一故也。不然，丘明作此复重之书，何为耶？"见（宋）司马光著，李之亮笺注《司马温公集编年笺注》，巴蜀书社，2009，第 248 页。

和结构，绝非简单的材料汇编。总之，无论是作者问题，还是文本结构，都是《国语》研究展开之前必须回答的基本文献学问题。

第一节　作者年代的考察

《国语》的作者与成书年代是文献考察的基本问题。自两汉之后，对这一问题历来都有争议。由于《国语》本身并没有提供这些信息，有关结论都是后人所作，最早也只追溯到司马迁而已。因此，历代学者围绕这一问题展开了无休止的争论。因为没有坚实的论据来做最终判定，无论是支持旧说者，还是反对旧说者，似乎都无法说服对方。其实，换一个角度来看，这种争论的根本原因是局限于传统作者观念，没有意识到先秦古书成书的复杂性。因此，对《国语》作者与成书年代问题就需要重新审视。

一　传统观点的综述

对于先秦文献来说，何人于何时所作是进行相关研究前必须明确的基本信息。但是，早期文本的复杂性导致了如此基本的问题往往最难得出结论。按照传统主流观点，《国语》乃是左丘明所作，至于此左丘明是《论语》中孔子所称之左丘明，还是另有其人，则众说不一。但是，就此观点所能达成的共识而言，《国语》确是名为左丘明之人所作。当然，针对这一观点，历代以来质疑声不断，特别是进入 20 世纪之后，讨论尤为激烈。时至当下，回顾这一系列争论，我们发现问题的根源是后世对作者概念的理解差异。从现代作者身份来看，古代文献的所谓作者更多是编者，因此古书之作就成为以众多文献为编撰材料进行再创作的编辑过程。尽管有这种古今之别，但是在讨论这个问题时，特别是做传统观点综述时，我们仍然约定俗成地称之为作者。关于《国语》作者问题的争论，源头是司马迁在《史记》中的模糊性论述。

《国语》是何人所作？就目前所见史料而言，最早对此做出判定的当是司马迁。在《史记·太史公自序》中，司马迁谈及往圣前贤遭遇困厄而发奋有成时，说道："左丘失明，厥有《国语》。"① 据此可知，在司马迁看来，《国语》是一位名为左丘或更准确地说是名中带有"左丘"的人所作，而且是其在失明的情况下完成的。做如此论断，自然有过于严苛之嫌。依传统观点，"左丘失明"即指左丘明，何以一定要严谨到只关涉左丘呢？其实，此处并非过苛，而是后世关于左丘与左丘明的辨析确是《国语》作者问题争论中的一大关节。②

司马迁并未在此明言左丘即是左丘明。那么，司马迁在其他地方的论述又是什么样的呢？在《史记·十二诸侯年表》

---

① （汉）司马迁撰《史记》，中华书局，1959，第3300页。

② 后世学者中，宋人叶梦得指出"古有左氏、左丘氏"，并认为《国语》出自左丘氏。自此，其他学者也多有持此论者。台湾学者张以仁对此曾有详细辩驳，认为《左氏春秋》之左丘明并非复姓左丘。但其对司马迁所提《国语》之左丘乃姓左名丘的讨论并不让人信服，即"孙子膑脚"为孙膑，"左丘失明"则应是左丘明。（张以仁：《从司马迁的意见看左丘明与〈国语〉的关系》，载《张以仁先秦史论集》，上海古籍出版社，2010，第136页。）张以仁先生所举只是孤例，《史记·太史公自序》于此所说"西伯拘羑里""孔子厄陈蔡""屈原放逐""不韦迁蜀""韩非囚秦"等皆非此类。

中，司马迁分别提到了左丘明和《国语》：

> 鲁君子左丘明惧弟子人人异端，各安其意，失其真，故因孔子史记具论其语，成《左氏春秋》。①

> 太史公曰：儒者断其义，驰说者骋其辞，不务综其终始……于是谱十二诸侯，自共和讫孔子，表见《春秋》、《国语》② 学者所讥盛衰大指著于篇，为成学治古文者要删焉。③

从第一则材料看，司马迁认定左丘明作《左氏春秋》。从第二则材料看，《国语》乃是司马迁撰写《史记》的重要参考资料。对于左丘明与《国语》的关系，司马迁并未给我们一个明确的答案。对于这一问题，在另一篇著录于《汉书·司马迁传》中的《报任少卿书》中，有一处貌似很明确的判定。在"左丘失明，厥有《国语》"之后，司马迁进一步论述道："及如左丘明无目，孙子断足，终不可用，退论书策以舒其愤，思垂空文以自见。"④ 这一则材料似乎表明，司马迁明确将《国语》的作者认定为左丘明。但是，在《昭明文选》辑录的另一个版本中，司马迁此文却偏偏在"左丘"之后没有

---

① （汉）司马迁撰《史记》，中华书局，1959，第509、510页。
② 此处应是《春秋》与《国语》，而非《春秋国语》。张以仁先生对此问题态度模糊，推测此处可连读，以别于其他《国语》，但同时又认为此处也很有"分读的可能"。张以仁：《〈国语〉辨名》，载《国语左传论集》，（台北）东升出版事业公司，1980，第4~5页。
③ （汉）司马迁撰《史记》，中华书局，1959，第511页。
④ （汉）班固撰《汉书》，中华书局，1962，第2735页。

这最为关键的"明"字，① 而且在《史记》的另一些版本中，也无"明"字，这种版本上的差异使得上述论据顿时丧失了有效性。②

关于《国语》的作者，最早谈及这一问题的司马迁，除了上述这一因版本问题打了折扣的证据之外，并未给我们一个非常明确的答案。而对于那些明确声称司马迁认定《国语》为左丘明所作的观点，我们是持保留态度的。仅凭《史记》有限的几则记载，实在无法让人信服地做出相应判断。总结来看，司马迁明确提到的《国语》作者是"左丘失明"之左丘，而此左丘是否与完成《左氏春秋》的左丘明为同一人，司马迁并未给出一个百分之百准确的判断。当然，我们可以说，司马迁既然没有特意解释《国语》之左丘与《左氏春秋》之左丘明为二人，那即是说明在其看来，这不成为问题，也即在司马迁看来，二者是同一人。在司马迁为我们提供的一系列有限证据之基础上，我们便可做出这一逻辑性的推理。这一推理具有合理性，两汉时人即是如此理解的。班彪就曾指出："定哀之间，鲁君子左丘明论集其文，作《左氏传》三十篇，又撰异同，号曰《国语》。"③ 班固延续其父的观点，在《汉书·司马迁传》中说："及孔子因鲁史记而作《春秋》，而左丘明论辑其本事以为之传，又撰异同为《国语》。"④ 由此，在整个两

① （梁）萧统编，（唐）李善注《文选》，上海古籍出版社，1986，第1865页。
② 王先谦、王念孙都指出《史记》越本无"明"字，王念孙更认为"明"字乃后人增人。详见张以仁《从司马迁的意见看左丘明与〈国语〉的关系》，载《张以仁先秦史论集》，上海古籍出版社，2010，第136页。
③ （宋）范晔撰《后汉书》，中华书局，1965，第1325页。
④ （汉）班固撰《汉书》，中华书局，1962，第2737页。

汉时期，以班彪、班固为代表的汉代人观点，都是认定左丘明既作《左传》又撰《国语》，一直到三国时期作《国语解》的韦昭，也是持这种观点。

但是，这种观点终归是推理，并无来自《国语》本身的论据支撑。因此，从晋人傅玄开始，便逐渐有学者质疑《国语》为左丘明所作的传统观点。傅玄说："《国语》非丘明所作，凡有共说一事而二文不同，必《国语》虚而《左传》实，其言相反不可强合也。"①（《左传·哀公十三年》"乃先晋人"句下孔颖达疏引）这是现存文献中最早质疑《国语》作者的记录，而且傅玄提到的论据，即比较《国语》《左传》二书，在明确《左传》为左丘明所作的情况下，与《左传》存在明显差异的《国语》便不可能是左丘明所作，这种反驳成为后世质疑者的通用模式。

傅玄之后，历代质疑者不乏其人。隋代刘炫指出："《国语》非丘明所作。"②（《左传·襄公二十六年》"栾范易行以诱之"句下孔颖达疏引）唐代赵匡说："《左传》《国语》文体不伦，序事又多乖剌，定非一人所为也。"③宋代叶适认为："而汉魏相传，乃以《左传》《国语》一人所为，《左氏》雅志未尽，故别著外传。余人为此语不足怪，若贾谊、司马迁、刘向不加订正，乃异事尔。"④陈振孙也认为："今考二书，虽相出入，而事辞或多异同，文体亦不类。意必非出一人之手

---

① （清）阮元校刻《十三经注疏》，中华书局，1980，第 2171 页。
② （清）阮元校刻《十三经注疏》，中华书局，1980，第 1992 页。
③ （唐）陆淳纂《春秋啖赵集传纂例》，商务印书馆，1936，第 9 页。
④ （宋）叶适：《习学记言序目》，中华书局，1977，第 173 页。

也。"① 叶梦得的观点更有新意，他说："古有左氏、左丘氏，太史公称'左丘失明，厥有《国语》'，今《春秋传》作左氏，而《国语》为左丘氏，则不得为一家，文体亦自不同，其非一家书明甚。"② 清代崔述称："《左传》纪事简洁，措词亦多体要。而《国语》文词支蔓，冗弱无骨，断不出于一人之手明甚。"③ 赵翼为此专门撰写《〈国语〉非左丘明所撰》一文。④ 从西晋傅玄到清代崔述，其间一千五百年，质疑者观点虽有差异，但都可归入否定《国语》为左丘明所作的一类。

至于《国语》的年代问题，其实是与作者问题纠结在一起的，作者问题明则成书年代自然便会清晰。但是，作者问题已如前述，一千多年的争论也未解决问题，学者们并未达成一个明确共识。因此，对于《国语》年代问题的探讨，就需要抛开作者问题的干扰，直接面对此问题本身，从而寻获直接答案，而非再绕道其他问题曲线解答。然而，在最初单一作者撰写全书的固定思路下，学者们对《国语》成书年代的思考，则多以作者的年代为成书的年代坐标，借以解决这

---

① （宋）陈振孙撰《直斋书录解题》，上海古籍出版社，1987，第 54 页。
② （清）朱彝尊撰，林庆彰等主编《经义考新校》，上海古籍出版社，2010，第 3093 页。清人刘宝楠提出："史公以左丘连文，则左丘是两字氏，明其名也。左丘亦单称左，故旧文皆言《左传》，不言《左丘传》。说者疑左与左丘为二，作《国语》者左丘明，作《左传》者别一人，与《史》、《汉》诸文不合，非也。左丘明虽为太史，其氏左丘，不知何因？解者援《玉藻》'动则左史书之'，谓左丘明是以官为氏，则但当氏左，不当连丘为文，亦恐非也。"（清）刘宝楠撰，高流水点校《论语正义》，中华书局，1990，第 203 ~ 204 页。
③ （清）崔述：《洙泗考信余录》，商务印书馆，1937，第 52 页。
④ （清）赵翼撰《陔余丛考》，中华书局，2019，第 65 ~ 67 页。

一问题。

如上文所述，司马迁曾说"左丘失明，厥有《国语》"①，并认为"鲁君子左丘明惧弟子人人异端，各安其意，失其真，故因孔子史记，具论其语，成《左氏春秋》"②。这便成为班固所说"及孔子因鲁史记而作《春秋》，而左丘明论辑其本事以为之传，又撰异同为《国语》"③ 的直接依据。这种观点在后世逐渐成为主流，但是司马迁只提到左丘明是鲁君子，其他相关信息并未给我们展现。班固在司马迁论述基础上为我们进一步介绍了左丘明其人。班固在《汉书·艺文志》中"《左氏传》三十卷"下注明"左丘明，鲁太史"，并在《春秋》家之后说：

> （孔子）以鲁周公之国，礼文备物，史官有法，故与左丘明观其史记，据行事，仍人道，因兴以立功，就败以成罚，假日月以定历数，借朝聘以正礼乐。有所褒讳贬损，不可书见，口授弟子，弟子退而异言。丘明恐弟子各安其意，以失其真，故论本事而作传，明夫子不以空言说经也。④

由此看来，班固为我们呈现出的左丘明，较之司马迁所说的形象更为饱满、更为清晰，左丘明不只是鲁太史，而且还与孔子同时，并为了防止孔门弟子不得孔子《春秋》之真，而作

---

① （汉）司马迁撰《史记》，中华书局，1959，第 3300 页。
② （汉）司马迁撰《史记》，中华书局，1959，第 509~510 页。
③ （汉）班固撰《汉书》，中华书局，1962，第 2737 页。
④ （汉）班固撰《汉书》，中华书局，1962，第 1715 页。

《左传》解经。班固此论或许与《论语》中的相关记载有关，《论语·公冶长》曾提道：

> 子曰：巧言、令色、足恭，左丘明耻之，丘亦耻之；匿怨而友其人，左丘明耻之，丘亦耻之。[①]

《论语》的这条记载或许增强了班固论据的可靠性，但是孔子所称左丘明与作《左传》和《国语》的左丘明是否为同一人呢？查之《国语》《左传》，我们发现其中有的事件远后于孔子，同理也后于《论语》之左丘明，如此一来，班固之说岂不是存在时间上的漏洞？于是，后世学者有的称两个左丘明只是同名而已，有的称作《国语》者为左丘而非左丘明，有的详细考证孔子与左丘明年岁，以证二人同时而左丘明又可以见到后时之事件，可谓用心良苦。[②]

其实，无论是对《国语》作者的争论，还是对《国语》成书年代的猜测，都建立在传统作者观念之上。某人于某时作某书，这是一般意义上的文本撰作观念，但这种观念只有在后世私人著作出现之后才会产生。在早期历史阶段，文本的生成是并没有明确作者的。因此，对《国语》的作者和成书年代的考察需要转换角度，进行重新审视。

二 古书撰作的通例

在《国语》学史上，关于其作者的讨论一直未有定论，

---

① （清）阮元校刻《十三经注疏》，中华书局，1980，第2475页。
② 参见张以仁《从司马迁的意见看左丘明与〈国语〉的关系》，载《张以仁先秦史论集》，上海古籍出版社，2010，第143页。

甚至进入 20 世纪后，争论越发激烈。这些争论仍旧纠结于《国语》是否为左丘明所作的传统问题上，争论者也大致可分为赞成与反对两个派别，论据大多也是一仍其旧，诸如"事辞或多异同，文体亦不类"①之类的表面特征差异。不过，随着出土文献的大量发现，人们对先秦文献的生成与流传有了新的认知，不再纠缠于某人于某时作书这样的唯一性判断，转而倾向于不成于一人一时的古书撰作普遍模式。

20 世纪初，伴随着古史辨运动，学界爆发了有关《国语》和《左传》关系的史上最大规模讨论。如果溯源的话，这场讨论是由康有为极具争议性与挑衅性的观点引发的。为了贬斥《左传》，康有为认为《左传》是刘歆从《国语》原本中分出的，这一观点极具争议性，由此引来了无数学者就此发声。②为反驳康氏论点，众多学者利用现代科学研究方法对《左传》和《国语》展开了详细的比较分析。尽管这种比较分析在当代仍可得见，甚至在 20 世纪 70 年代徐仁甫先生重申康有为论点后，同样掀起了一场争论，但是问题本身其实早在 20 世纪前半叶便已经终结，70 年代的讨论只是力量悬殊的争论的重演而已。③ 这场旷日持久的争论的终结点便是《左传》和《国语》二书非同出一书，且非同一人所作。以此为

① （宋）陈振孙撰《直斋书录解题》，上海古籍出版社，1987，第 54 页。
② 康有为认为，左丘明只作了《国语》，并无所谓《春秋传》即《左传》之说。因《汉书·艺文志》除了署名左丘明的《国语》二十一篇之外，尚有五十四篇《新国语》，题为刘向所分，康氏便以此为据。（清）康有为著，章锡琛校点《新学伪经考》，中华书局，2012，第 87 页。
③ 徐仁甫重申康有为论点，并撰《左氏疏证》（四川人民出版社，1981）详加阐述，引起杨伯峻等众学者反驳。见谭家健《历代关于〈国语〉作者问题的不同意见综述》，《中国史研究动态》1994 年第 7 期。

基点，又可以逻辑地推演为：《左传》明确为左丘明所作，所以《国语》作者便不会是同一人。延续千年的疑案似乎已经有了定论，20世纪80年代，张舜徽先生主编的《中国史学名著题解》，甚至称左丘明作《国语》之说"现在基本上已被否定"①。

如果说《国语》并非左丘明所作，那么作者到底是谁呢？这无疑是悬在学者心中的巨大问号。其实，早在20世纪上半叶那场著名讨论发生时，学者就已经开始探寻《国语》作者真相。钱穆先生认为《国语》各篇杂出自铎椒、虞卿诸家，"而诸家书皆采《左氏》，故史公亦遂以《国语》归之左氏尔"②。卫聚贤先生认为《国语》一书全由左丘明子孙所完成，从其孙左人郢开始至郢之玄孙分篇撰就。③ 郭沫若先生则认为《国语》由楚国左史倚相即左丘明撰写一篇，而全书成于吴起之手。④ 观之上述诸说，臆测成分过多，观点并不能让人信服。谁是《国语》作者，仍然疑云重重。于是，便有很多学者继续坚持旧说，特别是各种《国语》出版物都题为左丘明所作。对此，殷孟伦先生的看法最具代表性，他说："疑古而无确证即应疑疑古者而信成说。"⑤ 这种观点当然有其合理性，所以相当一部分学者对传统观点予以支持，但殷氏的说法多少带有些无可奈何的意味。不过，在众多学者持续几十年的细致

---

① 张舜徽主编《中国史学名著题解》，中国青年出版社，1990，第6页。
② 钱穆：《先秦诸子系年》，中华书局，1985，第453页。
③ 卫聚贤：《古史研究》，新月书店，1928，第255页。
④ 郭沫若：《中国古代社会研究》（外二种），河北教育出版社，2000，第509页。
⑤ 殷孟伦：《〈国语〉哲学思想研究》，《中国哲学史研究》1984年第1期。

研究下，《国语》《左传》二书非同出一书，非同出一人之手已成确论。① 在这种情况下，继续纠结于《国语》作者为左丘明的传统观点，也只能说是传统意义上的作者观念在起作用了，即书籍一定要由一位有名姓的人撰作。但是，事实却往往并非如此简单、明确。

按照一般著作署名规则，作者即是作书之人，题某人所著即标示着其对其书拥有绝对的著作权。但是先秦古籍中所题撰人并非都是作者，而且其中也有很多所谓撰人是后人所题。这种在作者问题上的理解差异，常常导致后人对古书作者产生误解。因此，著作与编纂的区分在先秦时期并不十分清晰。余嘉锡先生所总结的古书体例之一便是"古书不题撰人"②，而据李零先生的观察，出土简帛中也从未出现过题写作者名姓的情况③。细而言之，所谓经书官学暂且不论，因其大多并无明晰的作者概念，即便诸子书也大多是弟子门人编辑整理，其中难免会依弟子个人所见所闻，对其书内容进行增益、修饰，但因全是一派一家之学，所以总题某子，而不分谁作谁编。④ 除了学派内部弟子门人的编辑整理之外，古书在

---

① 张以仁：《论〈国语〉与〈左传〉的关系》《从文法、语汇的差异证〈国语〉、〈左传〉二书非一人所作》，载《张以仁先秦史论集》，上海古籍出版社，2010。

② 《四库全书总目》中，《国语》条下便已经不题撰人，不过仍然说："《国语》出自何人，说者不一。然终以汉人所说为近古。所记之事，与《左传》俱迄智伯之亡，时代亦复相合。中有与《左传》未符者，犹《新序》《说苑》同出刘向，而时复抵牾。"度其意，似又坚持旧说。见（清）永瑢等撰《四库全书总目》，中华书局，1965，第460页。

③ 李零：《出土发现与古书年代的再认识》，载《李零自选集》，广西师范大学出版社，1998，第27页。

④ 参见余嘉锡《古书通例》，中华书局，2009，第200~210页。

后世流传过程中同样存在着被修改的可能。因此，当一书大致成型之后，也并不会完全固定下来，而是在流传抄写过程中，因各种原因不断变化，甚至可以说，这流传的过程也便是编辑的过程。特别是在写本时代，古书的流布普遍存在这种抄写导致的文本差异。李零先生在校读出土本《孙子》过程中，便发现今本往往将古本难懂的字换为通俗的字，而且喜欢增加虚词、助词，把散文改为对句，甚至添加后世的事件。① 刘笑敢先生通过对《老子》竹简本（郭店竹简）、帛书本（马王堆帛书）、傅奕本以及通行本（河上公注本与王弼注本）等《老子》五种版本的比较，指出《老子》在传布过程中存在着改善文本的现象，即追求句式的整齐，通行本较之简帛本删减了大量虚词以增加四字句式，同时又大大强化排比和对仗等修辞手法。由此看来，文法和语言方面的剧烈演化，使得我们对《老子》一书作者与成书年代的考察必须异常谨慎。

同理，作为成于先秦时期的古籍，《国语》中也存在着这种写本时代的普遍问题。如张以仁先生在统计《国语》助词时，发现所得结果与其他学者的统计数量相差很大，最后发现是版本的差异导致的，张以仁先生所据《国语》明道本与外一位学者所依据的版本在助词的统计上差异较大。② 两位学者

---

① 李零：《出土发现与古书年代的再认识》，载《李零自选集》，广西师范大学出版社，1998，第31页。

② 在对《国语》"於"字的考察中，张以仁先生所据明道本"於"字的一种用法要比冯沅君统计结果少33处。张以仁：《从文法、语汇的差异证〈国语〉、〈左传〉二书非一人所作》，载《张以仁先秦史论集》，上海古籍出版社，2010，第83页。

所据版本都是印刷术发明之后的传世本，其间尚有如此大的差异，亦可知《国语》从写本时代流传下来所经历的变化之大。因此，通过考察古籍内容来确定年代是非常不准确的，我们无法通由此径得出客观结论。如王树民先生所说《周语》"古朴"，《越语》"语言讲求对仗押韵"等证据并不是十分可靠，用于说明《国语》各篇风格不同则可，用于证明著作年代早晚则不可。① 因为我们无法确定某种文风出现的早晚，更无法辨识古书流传过程中可能出现的修改。我们也无法通过考察古籍的思想来确定成书年代，任何一种思想都不会是突然出现，而必是前有端绪，后有传布。因此，我们无法确证某种思想的产生时间，也就无法根据飘忽的思想确定两书的早晚或者一书的年代。同样，古籍内的概念、事件及制度等也存在着后世修饰、增益的可能，无法被用来明确成书年代。当研究方法可靠性出现问题时，结论的准确性也就面临质疑。其实，随着出土简帛的大量发现，先秦文献的成书过程正在逐渐明晰。正如《老子》文本得到重新认识的过程一样，在出土简帛与传世文献比对下，可知早期文本大多经历了修改的过程。文本的这种变动性就使得很多传统观念失去了存在的基础，很多看似出现较晚的文法、概念、制度、思想、事件等都可能是文本修改过程中逐渐被添加进去的，这显然再无法为成书年代提供论据。

因此，无论从先秦古书的产生角度讲，还是从古书的流布情况看，某人于某时作某书的传统观念并不适用于先秦古籍。

① 王树民：《〈国语〉的作者和编者》，载徐元诰撰，王树民、沈长云点校《国语集解》（修订本），中华书局，2002，第 601～604 页。

在这种情况下，我们探究《国语》的作者与年代问题，就不应继续困于这种观念的影响，而是应依据古籍撰作流传的通例来解答这一问题。

三　作者年代的拟定

在明确古籍撰作流传的普遍模式之后，我们再反观《国语》一书的作者与成书年代就会发现，对左丘明作《国语》这一传统观点的争论是受到作者观念的影响所致。《国语》的作者或更准确地说是编纂者并不一定是一人，《国语》的成书年代也并不一定限于一时。

《国语》由八国事语汇编而成，其内容并非某人独撰，应是在历年来各国史官所记诸事语的基础上编纂而成。《汉书·艺文志》曾说："左史记言，右史记事。"① 不管是否如其所言史官分左右而分记言事，史官秉笔而书则于史有证。《国语·楚语上》就曾记载，楚大夫申叔时建议楚太子傅如何教育太子时说道："教之《春秋》，而为之耸善而抑恶焉，以戒劝其心……教之《语》，使明其德，而知先王之务，用明德于民也。"② 就此看来，记言之"语"确是当时贵族教育中的一种重要教材。而且大概这种"语"各国都有，为数不少，现今出土的马王堆帛书《春秋事语》以及上博简中的大量古书都可以反映当时此类事语广泛流行的情境。③ 因为缺乏相关论

---

① （汉）班固撰《汉书》，中华书局，1962，第 1715 页。
② 徐元诰撰，王树民、沈长云点校《国语集解》（修订本），中华书局，2002，第 485 页。
③ 李零：《简帛古书与学术源流》（修订本），生活·读书·新知三联书店，2008，第 294～298 页。

据，我们无法断言这些各国之"语"与《国语》在多大程度上相似，但至少应该属于同类古书。在编纂之初，《国语》编纂者面对着大量的与申叔时所言之"《语》"相似的文献材料，并在此基础上开始了编纂工作。在《国语》成书过程中，这种对多种文献材料的采集整理是成书的关键。[①] 值得注意的是，《国语》特有的叙事结构也使其汇编工作更易展开。《国语》是由大量独立成章的事语组成，每一则故事都自有起讫，这就为采集多种材料而汇编整理提供了便利。在《国语》编成之后，这种以事件为纲目的结构形式也决定了其可以更容易地被改编。因为这种形式，又加之古书单篇流行的情况，使得后人可以《国语》主题为标准，继续对其中的材料进行编辑甚至更换，即如《太平御览》所引几条《国语》材料便不见于今本。[②] 如其中《兵部》"决战"条引"《国语》曰"：

> 齐庄公且伐莒，为车五乘之宾，而杞梁、华舟独不与焉，故归而不食。其母曰："汝生而无义，死而无名，则虽非五乘孰不汝笑也；生而有义，死而有名，则五乘之宾尽汝下也。"趣食乃行，杞梁、华舟同车侍于庄公，而行至莒，莒人逆之。杞梁、华舟下斗，获甲首三。庄公止之曰："子止与子同齐国。"杞梁、华舟曰："君为五乘之宾，而舟、梁不与焉，是少吾勇也；临敌涉难，止我以

---

① 洪业：《〈春秋经传引得〉序》，载《春秋经传引得》，上海古籍出版社，1983，第81页；谭家健：《关于〈国语〉的成书时代和作者问题》，《河北师院学报》（哲学社会科学版）1985年第2期。

② 洪业：《〈春秋经传引得〉序》，载《春秋经传引得》，上海古籍出版社，1983，第84、85页。

利，是恶吾行也；深入多杀者，臣之事也。齐国之利，非吾所知也。"遂进斗，坏军陷阵，三军不敢当。①

这段记述完全符合《国语》体例，可作为书中的单独单元存在，但此条却整段佚失，不见于今本《国语》。从其佚失情况来看，我们可以更为形象、具体地明了上述所说《国语》的编辑过程，即编辑者可以根据全书主题，依照相同时期、相关题材的材料，整体删除或增添书中条目。

在这个意义上，我们可以将《国语》称为一种开放文本。何谓开放文本，我们可以百度百科为例，以更好地理解这一概念。在百度百科中，在一位作者建立一个词条之后，这个词条便处于一种开放状态，可以由任何人附益、增饰，甚至删改。在词条最终定型之前，修改工作可能会经历很长一段时间，而在这种反复增饰、修正之后，最终词条会达到一个大多数人都可接受的样貌，此时文本也就固定下来，较少会出现变动了，而一个完整词条也便最终形成。这种处于开放编辑状态的文本，我们可称其为开放文本。从《国语》成书情况来看，其成书过程大概也与此相似。因此，在开放文本的视角之下，我们可以将《国语》的编纂者视为一个群体，而其编纂年代将成为一个时间段。具体而言，《国语》是由若干编纂者在一段时期内完成的。当然，这并不意味着《国语》的编改是完全随意化的，其最初的版本与今本虽然有差异，但主体是相同的，而这正是其作为著作的本质所在，否则其便会失去作为著

① （宋）李昉等编，夏剑钦等校点《太平御览》第三卷，河北教育出版社，1994，第795～796页。

作的合法性，而成为可以任意更换的数据库。这一切都是因为《国语》鲜明主题的存在，即明德。明德主题的存在，意味着一定存在一位主要的编纂者，这样才可将这一主题确立并贯穿于编选之中。而这位编纂者依据主题完成《国语》的编选时，也就意味着作为一本特定著作的《国语》的出现，而不必如后世学者那样，根据书中较晚出现的概念、制度、思想等元素，将成书年代定在最晚的时间点上。因此，《国语》的最终完成虽然是持续一段时间的群体工作，但最初那位主要编纂者完成编纂之日也便是《国语》之为《国语》确立之时。这也如同百度百科中的词条一样，当作者完成词条的最初写作之后，词条也即宣告形成，之后其他编者的工作也只是增饰、修改而已。

对于《国语》的这位主要编纂者，除了司马迁提供的一些线索之外，我们并没有确定的证据来证明其一定是左丘明，这或许就是"古书不题撰人"所导致的不确定性。至于司马迁在《史记·太史公自序》中提供的线索，即"左丘失明，厥有《国语》"①或许有商榷的可能。关于此条证据的准确性，历来有学者持质疑态度。如崔述指出：

> 自文王、孔子以下凡七事，文王羑里之诬，余固已辨之矣；孔子之作《春秋》，亦不在于陈、蔡；《离骚》《兵法》《吕览》《说难》之作，皆与本传之说互异，然则此

---

① 文王、孔子之下，屈原或许并非被放逐而作《离骚》，《吕览》《说难》《孤愤》或许也并非吕不韦、韩非遭难时所作，但是其中作者与作品的关系是非常明确的，文王与《周易》、孔子与《春秋》的关系，也是久传旧说，可疑的只是何时、何地而作。因此，在对是否失明存疑的情况下，我们仍然认定"左丘失明，厥有《国语》"叙述的准确性。

言亦未可尽信也。且列左丘于屈原后，言失明而不言名明，尚未知其意果以为即作《传》之左丘明否，不得强指为一人也，故今不采此文。①

崔氏此论即是针对司马迁"昔西伯拘羑里，演《周易》；孔子厄陈蔡，作《春秋》；屈原放逐，著《离骚》；左丘失明，厥有《国语》；孙子膑脚，而论兵法；不韦迁蜀，世传《吕览》；韩非囚秦，《说难》《孤愤》"② 而发。崔述指出司马迁所说皆有问题，故而"左丘失明，厥有《国语》"一说也不可信。杨伯峻先生也同样有此质疑，认为吕不韦非迁蜀作《吕览》，韩非也非囚秦作《说难》《孤愤》，并进而认为"左丘失明，厥有《国语》"也是不足信的。③ 因此，司马迁所说之左丘并无确切证据来证明其为左丘明。那么，此左丘究竟是何人？后世一些学者认为是姓左名丘，也有一些学者认为是复姓左丘。对于这种无实据的传统猜想，实在没有必要再继续纠缠。当然，也有学者继续遵循旧说，认为是左丘明作《国语》，这多少属于不满于各种猜想的无奈之举。与其如此，其实不如更为谨慎地依据有效线索来为作者与成书年代划定大致范围。

除了司马迁提供的有限信息，有关《国语》编纂者的情况并不明了。如果抛开这些二手信息，《国语》本身也能够为我们提供一些基本信息。《国语》是依国别分章的，其中篇幅最多的便是《晋语》，全书二十一篇，《晋语》独占九篇。这

---

① （清）崔述：《洙泗考信余录》，商务印书馆，1937，第 52 页。
② （汉）司马迁撰：《史记》，中华书局，1959，第 3300 页。
③ 杨伯峻：《〈左传〉成书年代论述》，载《杨伯峻学术论文集》，岳麓书社，1984，第 212～214 页。

种大比例的内容分配，并不能仅仅用随机性来解释，其中或许就隐含着关于编纂者的信息。据此，是否可以做最低限度的推断，即编纂者是三晋之人，至少是与三晋地域接近之人。从其他学者的研究来看，这种推断是有合理性的。① 而有关《国语》的年代，据《晋书·束皙传》所载，"初，太康二年，汲郡人不准发魏襄王墓，或言安釐王冢，得竹书数十车"②。其中有"《国语》三篇，言楚晋事"，此处已经有《国语》之名，而且题名最可能是书中原有的，因为这些书"大凡七十五篇，七篇简书折坏，不识名题"。七篇因为折坏所以不知道题名，那即是说其他书都是有题名的，所以《国语》一名应是书中原有的。而且，据行文语气，出土《国语》应是与当时传本相同的，

① 王树民先生便是持此论者，他认为司马迁所说"左丘失明，厥有《国语》"之左丘与作《左氏春秋》之左丘明并非同一人，编《国语》者即是左丘。又根据《晋语》所占篇幅多，而《晋语》中又记赵氏为多，认为左丘是赵国人，或是与赵国接近之人。但是，王氏认为司马迁所列文王、孔子、屈原、左丘、孙膑、吕不韦、韩非皆是以时间先后为次序，而左丘"列于屈原与孙子之间"，所以应是战国中期人。[王树民：《〈国语〉的作者和编者》，载徐元诰撰，王树民、沈长云点校《国语集解》（修订本），中华书局，2002，第603～604页。] 在此之前，孙海波先生也通过考察时间先后次序得出同一结论，认为作《国语》者是战国人。（孙海波：《〈国语〉真伪考》，《燕京学报》第16期，1934，第169页。）但关于诸人所处时期先后，也并非毫无问题，张以仁先生便考证所谓孙子膑脚当在屈原出生之前，不应次于其后。（张以仁：《从司马迁的意见看左丘明与〈国语〉的关系》，载《张以仁先秦史论集》，上海古籍出版社，2010，第149页。）因此，通由此法考定编纂者年代是需要商榷的。谭家健先生也通过分析《晋语》所占《国语》篇幅为多，而得出《国语》成于三晋史官的结论。[谭家健：《关于〈国语〉的成书时代和作者问题》，《河北师院学报》（哲学社会科学版）1985年第2期。] 沈长云先生同样由此得出《国语》成于三晋人之手的结论。（沈长云：《〈国语〉编撰考》，载《上古史探研》，中华书局，2002，第332页。）

② （唐）房玄龄等撰《晋书》，中华书局，1974，第1432页。

至少不会大异，因为其他出土诸书与当时传本都有对照，如有
出入都有所说明。① 因此，依照现有证据，《国语》最早有史
记载是安釐王卒年，即公元前243年，而其主要编纂工作的完
成则应在此之前。最后，我们可以得出结论，一位三晋人士于
公元前243年之前，根据当时材料编纂了这部《国语》。

当然，《国语》成书之后，并不会完全定型。依照古书撰
作的规律，在流传过程中，必定经过了增删、修饰。而这些参
与编纂的人，也没有留存下任何信息。但是，这个编纂群体最
终为我们呈现传世《国语》现在的样貌。因此，《国语》不成
于一人一时，恐怕是目前关于《国语》作者和成书年代可以
得出的最可靠结论。②

第二节　文本结构的辨析

虽然《国语》是由包括一位主要编纂者在内的群体编纂
而成，但是这并不意味着《国语》就是简单的资料汇编。司
马光曾首发此论，他说："先儒多怪左丘明既传《春秋》，又

---

① 张以仁：《论〈国语〉与〈左传〉的关系》，载《张以仁先秦史论集》，
上海古籍出版社，2010，第68～69页。
② 王树民先生综合运用文体、思想等要素比对《国语》各篇的成书年代，
认为《周语》、《晋语》、《郑语》、《楚语》及《鲁语上》"文多古朴"，
写作时代应该较早；《鲁语下》多记琐事，甚至空事说教，"殆七十子后
学所为"；《齐语》全同于《管子·小匡》，"盖出于稷下先生之手"；
《吴语》《越语》"专记二国争霸事而多兵权谋之语"，尤其《越语下》
只记范蠡，"多黄老之言"，"语言讲求对仗押韵"，时代当最晚。因此，
《国语》一书非一时一人之作，但最晚不早于战国末期。王树民：《〈国
语集解〉前言》《〈国语〉的作者和编者》，载徐元诰撰，王树民、沈长
云点校《国语集解》（修订本），中华书局，2002，第4、602、603页。

作《国语》，为之说者多矣，皆未甚通也。先君以为丘明将传《春秋》，乃先采集列国之史，国别分之，取其菁英者为《春秋传》，而先所采集之稿，因为时人所传，命曰《国语》，非丘明之本志也。故其辞语繁重，序事过详，不若《春秋传》之简直精明，浑厚遒峻也。又多驳杂不粹之文，诚由列国之史，学有厚薄，才有浅深，不能醇一故也。不然，丘明作此复重之书，何为耶？"① 司马光复述其父的观点，认为左丘明采集各国历史，并以国别分类，然后据此撰作《左传》，而未经处理过的各国历史汇编就是《国语》，这并非左丘明本意，只是当时人所传，因为未曾整理，所以驳杂不粹，尚保持着各国历史的原貌。随后，李焘又广传其说。② 延及现代，便有《国语》是史料汇编的论点行世。③ 这种观点并没有注意到《国

---

① （宋）司马光著，李之亮笺注《司马温公集编年笺注》，巴蜀书社，2009，第 248 页。不过，认为《国语》是作《左传》后剩余各国史料编集而成的观点自唐代便已有之，赵匡便持此论，他说："盖左氏广集诸国之史以释《春秋》，传成之后，盖其家子弟及门人，见嘉谋事迹多不入传，或有虽入传而复不同，故各随国编之，而成此书，以广异闻尔。"（唐）陆淳纂《春秋啖赵集传纂例》，商务印书馆，1936，第 9～10 页。但细究此言，赵氏与司马光观点明显有异，司马光对《国语》有贬斥，在其看来，《国语》只是资料汇编而已。

② 李焘说："昔左丘明将传《春秋》，乃先采集列国之史，国别为语，旋猎其英华作《春秋传》，而先所采之语草藁具存，时人共传习之，号曰《国语》，殆非丘明本志也。故其辞多枝叶，不若内传之简直峻健，甚者驳杂不类，如出他手。盖由当时列国之史材有厚薄，学有浅深，故不能醇一耳。不然，丘明特为此重复之书何耶？先儒或谓《春秋传》先成，《国语》继作，误矣。惟本朝司马温公父子能识之。"曾枣庄、刘琳主编《全宋文》第二百一十册，上海辞书出版社、安徽教育出版社，2006，第 232 页。

③ 见谭家健《关于〈国语〉的成书时代和作者问题》，《河北师院学报》（哲学社会科学版）1985 年第 2 期；陈桐生：《〈国语〉的性质和文学价值》，《文学遗产》2007 年第 4 期。

语》本身的系统性和完整性。其实，《国语》自始就是一部有着鲜明主题、精心布局和统一体例的完整著作。①

一　明德章善的主旨

从《国语》全书来看，编纂者在选编材料时绝非简单地堆砌材料，更不是搜罗所谓《左传》的残余素材，而是自始至终有着明确的主旨作为编选标准，这一主旨即是明德。遍观《国语》全书，诸国事语、各章故事基本上都彰显这一主旨。

对于主旨问题，傅庚生先生曾说：

> 史家在整理史料的时候，往往想集中某一部分材料去解释某一个问题，剪裁删汰和重点突出的结果，便自然在若干部分中都形成它自具的重心，这是可以理解的。②

在傅氏看来，史家面对一堆材料时，绝非简单编辑了事，而是定一标准，以此选取相关材料，同时删减修饰，最后形成主旨重心。具体到《国语》，傅氏认为：

---

① 此处是在现代意义上使用"著作"一词，其是对文本性质的一种称谓，是与汇编性质的资料集相对而言的。而依照传统含义，著作则是指前无所承、开后世之先的创造。张舜徽先生区分了传统意义上的著作、编述、抄纂，认为前无古人的创造才能称为著作，而材料的整理集合只能称为抄纂，编述则介于二者之间，是指将过去已有的书籍材料重新加工改造。见张舜徽《中国文献学》，中州书画社，1982，第31～32页。依照此义，本文所使用的"著作"一词与"编述"较为接近，也可以用上节所使用的"编纂"替代。

② 傅庚生：《国语选》，人民文学出版社，1959，第3页。

它既经过史家在纷杂的材料中有规划、有目的地撷取，又经过改编和润色，有一定程度的系统性，所以我们觉得《国语》还不是自然散佚而偶然余存的一部分残缺不完的史料。①

也就是说，《国语》并不是残缺无序的原始史料，而是编纂者有规划、有目的地选取材料后的成果。而在选取材料时所依据的规划或目的，便是编纂者所持有的标准，也即《国语》一书的主旨，如此才能具有某种程度上的"系统性"。②

对于《国语》的主旨，三国时期注解《国语》的集大成者韦昭便已有所观察。在《〈国语解〉叙》中，他曾说道："所以包罗天地，探测祸福，发起幽微，章表善恶者，昭然甚明，实与经艺并陈，非特诸子之伦也。"③也就是说，《国语》虽然"不主于经"，但就其主旨而言，"包罗天地，探测祸福，发起幽微，章表善恶"云云，所重实与诸经无异。④韦昭的这一观察，可谓深有见地。在其看来，《国语》所含内容囊括天

---

① 傅庚生：《国语选》，人民文学出版社，1959，第3页。

② 尽管如此，但在傅庚生先生看来，《国语》仍然只能算作经过史家整理过的史料，其之所以仍称《国语》是史料，主要还是因为他视其为史籍，而这一观点是需要重新考察的，本书将于下节详细论述。

③ （吴）韦昭：《〈国语解〉叙》，载徐元诰撰，王树民、沈长云点校《国语集解》（修订本），中华书局，2002，第594页。

④ 在此引文之前，韦昭还说道："采录前世穆王以来，下讫鲁悼、智伯之诛，邦国成败，嘉言善语，阴阳律吕，天时人事逆顺之数，以为《国语》。"前后观照之下，两段引文可成呼应之势。"穆王以来，下讫鲁悼、智伯之诛"与"包罗天地"皆指内容范围，"邦国成败，嘉言善语"可"探测祸福"，"阴阳律吕，天时人事逆顺之数"则"发起幽微"，总其意言之，则在于"章表善恶"。

地，所述之事于祸福、幽微也皆有所察，而其目的则在"章表善恶"，由此可见《国语》主旨所在。除了后世学者的论述，在《国语》书中也曾出现过对语主旨的讨论。就历史记述的时间疏离度而言，这种记叙或许更为准确精当。在《国语·楚语上》中，楚大夫申叔时在建议楚太子傅如何教育太子时说："教之《语》，使明其德，而知先王之务，用明德于民也。"① 申叔时所言之"《语》"与现今之《国语》不一定完全相同，前者可能只限于楚国之语，而后者则是诸国之语，但是二者必定是由相似材料组成的同类书籍。② 因此，据此称《国语》主旨在明德，也并不存在太大问题。况且，《国语》所载各章事语确实呈现了这种明德主旨，故而韦昭称《国语》"章表善恶"，用词有异，其理实一。

统称为语的这类书籍在先秦时期广为流传，除流传至今的《国语》外，当时相类书籍必有不少，这从当前出土文献中亦可窥见一斑。③ 而据申叔时所言，这类所谓语书是教育太子的教本，也就是当时贵族教育的教材。这种教材意在使受教者明其德，使其"知先王之务，用明德于民"。简而言之，在申叔时看来，语书之主旨即是明德。反观《国语》一书，其作为语之一种，明德无疑也是其主旨所在。其实，这一主旨在

---

① 徐元诰撰，王树民、沈长云点校《国语集解》（修订本），中华书局，2002，第485页。

② 关于《国语》与申叔时所言之"《语》"，很多学者的研究已表明二者关系密切，见杨宽《战国史》（增订本），上海人民出版社，1998，第526页；王树民：《〈国语〉的作者和编者》，载徐元诰撰，王树民、沈长云点校《国语集解》（修订本），中华书局，2002，第602页。

③ 李零：《简帛古书与学术源流》（修订本），生活·读书·新知三联书店，2008，第294～298页。

《国语》中体现得非常明显，就在《国语》的开篇便展露无遗。《周语上》第一章："穆王将征犬戎，祭公谋父谏曰：'不可。先王耀德不观兵。'"韦昭注"耀，明也"，耀德即明德，可见《国语》于此开篇便点出全书明德主旨，为之后诸篇定下了基调。①

以此为验，综观《国语》全书，莫不如是。关于《国语》的明德主旨，其实也早有学者先发其覆，以研究《国语》名世的台湾学者张以仁先生便早有此论，他曾说："探究《国语》本质，知其旨在明德，使习者因而以知修齐治平之要在明德于民。"② 其后，有学者甚至将明德作为判定语书的标准，也就是说，语书的主旨在于明德，而明德又反过来成为"'语'的身份证明和统一内核"。③ 因此，《国语》作为一本著作，有着鲜明的主题，这一点是大致可以确定的。

二 列国记事的布局

除了明德主旨之外，从整体布局来看，《国语》全书内容也显然经过编纂者的精心安排。《国语》共分八语，以国为别，依次序分别为《周语》《鲁语》《齐语》《晋语》《郑语》《楚语》《吴语》《越语》。这种布局并非编纂者随意为之，而是有其深意的。关于这一点，学者们多有研究，而且已大致取

---

① 徐元诰撰，王树民、沈长云点校《国语集解》（修订本），中华书局，2002，第 1 页。

② 张以仁：《从〈国语〉与〈左传〉本质上的差异试论后人对〈国语〉的批评》，载《春秋史论集》，（台北）联经出版事业公司，1990，第 106 页。

③ 俞志慧：《古"语"有之——先秦思想的一种背景与资源》，华东师范大学出版社，2010，第 15 页。

得统一的意见，我们在此可择而用之，借此窥见编纂者的布局意图。

　　《国语》首篇列以《周语》，当是尊周的缘故。《国语》成编之时，周王室衰微，王道陵替，但因周天子仍为天下共主，所以编纂《国语》者依然以《周语》为首。关于这一点，清人董增龄论之甚详，他说："《国语》首以周，殿以越。周何以称国？穆王时周道始衰……虽号令止行于畿内，而为天下共主，故首列焉。"① 当然，尊周并非只是因为周天子的共主虚号，更重要的是其乃周文化的渊薮。因此，以《周语》为首不只是尊周，更是尊周文化、尊周德。《周语》以穆王征犬戎而"荒服者不至"的失败开篇，且全篇多记周王室兴衰事，这正符合《国语》明德的主旨，其目的是为贵族教育提供最佳的政治经验，也即《国语·楚语下》所载的"人之求多闻善败，以监戒也"，这无疑是为明德之旨服务的。②

　　《周语》之下，紧接着便是《鲁语》，这样的布局很显然也是尊周的结果。鲁国在周代地位特殊，无论是从宗法血缘角度视之，还是从文化角度观之，都是如此。就宗法血缘而言，鲁侯是周公之后，与周王室关系密切，素来是宗亲之国。而从文化角度观之，鲁国是周公礼乐所在之地，《左传·昭公二年》载韩宣子至鲁，观鲁之文献后称颂："周礼尽在鲁矣。吾乃今知周公之德，与周之所以王也。"③ 韩宣子之叹或属为客之道，但这赞叹也绝非浮词，从保存周礼的角度看，鲁国还是

---

① （清）董增龄：《国语正义》，巴蜀书社，1985，第 11 页。
② 徐元诰撰，王树民、沈长云点校《国语集解》（修订本），中华书局，2002，第 531 页。
③ （清）阮元校刻《十三经注疏》，中华书局，1980，第 2029 页。

当得起这句赞的。因此，《鲁语》位列《周语》之后，仍是编纂者尊周文化、尊周德的结果。就此而言，董增龄所说"次鲁，重周公之后，秉礼之邦也"①，既有"周公之后"的宗亲论，又有"秉礼之邦"的周礼论，确是见识卓绝。

《鲁语》之后，齐、晋、郑次之。很多学者认为，这种顺序仍是以周为参照点布局的。如白寿彝先生认为，之所以列齐、鲁，是因为"齐鲁是宗周建立的股肱之国，在春秋时期也还是东方大国"，而至于晋、郑两国则是因为"这是在宗周末年以后，逐渐兴起的国，是对周平王东迁尽了力量的"，所以"《国语》把夹辅平王东迁的这两个股肱之国位于宗周建立时的两个股肱之国的后边"。② 这一论点与董增龄并无差异，董氏所言"次齐，美桓公一匡之烈也。次晋，见其主盟，十一世有夹辅之勋，且文之伯继乎桓也。次郑，郑出厉王，于诸姬为近，又与晋同定王室也"，同样是从诸国对周王室所具辅助之功的角度立论。③ 而至于楚、吴、越三国，董、白二氏都认为其外于中原，甚至以荆蛮视之，且与周王室关系疏远，所以列于最后。④

对于《国语》诸语的布局问题，尽管编纂者未曾明言，但就学者做出的上述解释来看，编纂者的构思意图已可知其大

①（清）董增龄：《国语正义》，巴蜀书社，1985，第 11 页。
② 白寿彝：《〈国语〉散论》，《人民日报》1962 年 10 月 16 日，第 5 版。
③（清）董增龄：《国语正义》，巴蜀书社，1985，第 11 页。
④ 董增龄认为楚吴"为重黎之后、泰伯之裔，不使其迹之湮没弗彰焉。终之以越，见闽蛮强而中夏无伯主"。见（清）董增龄《国语正义》，巴蜀书社，1985，第 11 页。而白寿彝则认为，他们是"所谓荆蛮之国，自当排在中原各国之后"。见白寿彝《〈国语〉散论》，《人民日报》1962 年 10 月 16 日，第 5 版。

半。不过，除了以周王室为核心的思考角度之外，单就诸语自身而言，也还可以增加新的解释视角。俞志慧先生便提出"周德衰落""诸侯代兴"的思路。他认为《国语》既以明德为主旨，首以周、次以鲁的布局便是对周德的最好展现。当周德衰微之后，春秋霸主代兴，这些诸侯何以明德便成为编纂者关心的问题，所以《国语》选择了齐、晋、郑、楚、吴、越等诸侯国，至于秦国的落选则正在于其无法达到明德的要求。① 这种解释视角无疑是对前述论点的补充，除了尊周之外，明德的主旨在诸语中也得到了很好的贯彻。同时，对于前述论点中楚、吴、越排序的解读，也可依此做出修正。三国并非荆蛮，察《楚语》《吴语》《越语》原文可知，《楚语》也是围绕明德展开的，《郑语》中史伯便曾说道："闽芈蛮矣，惟荆实有昭德，若周衰，其必兴矣。"② 吴、越排在最后也只是因二者是春秋晚期最后的霸主而已，可纯从时间早晚上予以解读。因此，对于诸语布局的理解，诸侯代兴较之华夏荆蛮之说更具有解释力。

经过上述分析，我们有理由相信，编纂者在安排《国语》诸语布局时是有着整体考量的。《国语》的明德主旨被融入诸语的前后排序中，从而使得全书布局与主旨完美融合在一起。这些无一不在显示，《国语》绝非简单的资料汇编，而是经过

---

① 俞志慧：《古"语"有之——先秦思想的一种背景与资源》，华东师范大学出版社，2010，第117~128页。李坤分析了《晋语》和《楚语》中有关秦国的记载，认为编撰者亲晋、褒楚、鄙秦，所以未设"秦语"。见李坤《〈国语〉的编撰》，《史学史研究》1988年第4期。

② 徐元诰撰，王树民、沈长云点校《国语集解》（修订本），中华书局，2002，第468页。

精心选排而成的先秦重要典籍。

三 文本叙事的结构

《国语》共分八语、二十一篇、二百多章。① 其中，诸语
的顺序经编纂者精心安排，有其深意。诸语各篇中，又细分为
二百多章，每章几乎都由一则独立叙事组成，而且每章都有着
大致统一的结构，即由背景、言论和结果三部分组成，这无疑
是编纂者在编选材料时所做的统一规划。

关于《国语》叙述结构的这一特点，论述最为详细的当
数俞志慧先生。当然在此之前，也有学者对这一特点有所提
及，如张以仁先生便曾指出，《国语》主记言，"有时言辞之
首，或书史事以交代其背景。言辞之末，或附史事以为之征
验"②，这无疑是对俞志慧先生所总结的《国语》三段式结
构的较早表述。所谓三段式结构，是俞志慧先生通过对《周
语》《鲁语》《郑语》《晋语》《楚语》等五语的分析，总结
出的一种较普遍的表述模式，即每章结构可大致分为嘉言善
语的背景或缘起、嘉言善语和嘉言善语的结果等三部分。在
上述五语中，每章几乎都以一个有关背景或缘起的简要介绍
为开端，随后是篇幅较长的言论，最后以言论的结果作结。③
根据这种三段式结构，李佳博士又结合美国芝加哥大学 Sar-

---

① 各本分章数不一，如上海古籍出版社校点本分 243 章，而《国语集解》
分 230 章。

② 张以仁：《从〈国语〉与〈左传〉本质上的差异试论后人对〈国语〉的批
评》，载《春秋史论集》，（台北）联经出版事业公司，1990，第 109 页。

③ 俞志慧：《古"语"有之——先秦思想的一种背景与资源》，华东师范大
学出版社，2010，第 134～135 页。

gent博士的四段式结构①，更细致地分析了《国语》各章的表述模式。她认为所谓三段式和四段式并存于《国语》中，不同处在于前者是表达预言式内容，后者则表达劝谏性内容。具体而言，就是针对劝谏言论，四段式细化了最后的结果，即区分了被谏者是否接受的小结果和随之引起的历史事件的大结果。②

为了更为形象地说明上述论点，我们现摘引《国语》中的相关章节作为三段式和四段式的范例，如下所示：

> 晋孙谈之子周适周，事单襄公……襄公有疾，召顷公而告之，曰："……（论晋周将得晋国）"及厉公之乱，召周子而立之，是为悼公。③

> 穆王将征犬戎，祭公谋父谏曰："不可……"王不听，随征之……自是荒服者不至。④

就《国语》各章的表述结构而言，上述两章非常典型，该结构在《国语》全书中也较为普遍，因此为避免重复烦琐，此处便不再遍举他例了。单就上述两章来看，两相比照之下，我

---

① 转引自李佳《试论〈国语〉的篇章结构》，载方铭主编《〈春秋〉三传与经学文化》，长春出版社，2009，第513页。

② 李佳：《试论〈国语〉的篇章结构》，载方铭主编《〈春秋〉三传与经学文化》，长春出版社，2009，第523页。

③ 徐元诰撰，王树民、沈长云点校《国语集解》（修订本），中华书局，2002，第88页。

④ 徐元诰撰，王树民、沈长云点校《国语集解》（修订本），中华书局，2002，第1页。

们可以很明显地看出，上段是三段式结构，内容为预言，结果部分只谈及预言的实现。而下段则是四段式，内容为劝谏，最后结果部分便可细分为"王不听"的小结果和"荒服者不至"的大结果。当然，这里所谓的四段式，仍可被归为广义的三段式，也就是背景、言论、结果三部分。

当然，即使在俞氏所举的五语中，这种三段式也仍有例外之处。如《周语下》中，晋叔向预言单靖公"子孙必蕃"，但是在言论之后便无下文，从结构来说，并无结果部分。为说明这种变例，俞志慧先生提出了互见法予以解释，即虽然本章中并未给出结果，但是通过书中其他章节所述可得知事件结果，这便是互见法。如在上述所举变例之后，单氏家族的相关叙述出现在很多章中，这便表明叔向所言已应验，而无须在其本章中画蛇添足。① 依据俞氏的研究，《国语》的结构无疑是有着统一模式的，但因其考察范围仅限于《国语》五语，所以我们还需继续对其他篇章进行考察。

其实，并不如俞志慧先生所担心的那样，三段式结构只适用于《国语》五语中。恰恰相反，三段式结构仍然可以适用于《国语》其他篇章中。如《齐语》全是在言管仲辅助齐桓公，诸章绝大多数是二人关于治国方略的问答，而且有些章节并未出现结果，但以互见法观之，管仲的治理方案成功与否都已在最后桓公称霸的史事中点出。张以仁先生便指出，《齐语》最后一章"桓公忧天下诸侯"看似全在记事，实则可"视为前文之总征验"，和《周语》《鲁语》辞末"所记史事

① 俞志慧：《古"语"有之——先秦思想的一种背景与资源》，华东师范大学出版社，2010，第 140 ~ 141 页。

征验部分虽有篇幅长短之不同，其方式则完全一样"。① 而且，
《齐语》中的其他章节也有出现结果的例子，如首章第一段，
"桓公自莒反于齐，使鲍叔为宰，辞曰……"，最后"桓公使请
诸鲁，如鲍叔之言"，这显然是一典型的三段式结构。此段之
后，紧接着又是"庄公以问施伯，施伯对曰……"，结果便是
"于是庄公使束缚以予齐使，齐使受之而退"。② 诸如此类者众
多，因此《齐语》也符合三段式叙事结构。《吴语》《越语》
也都是如此，张以仁先生早便指出，"《吴语》之记吴王布列
战阵，亦系依前文王孙雒之言而行，与前文记言互为呼应"。③
而且，如《吴语》"吴王夫差既许越成"一章，在"吴王夫差
既许越成，乃大戒师徒，将以伐齐。申胥进谏曰……"等大
段的谏言之后，其结果是"王弗听。十二年，遂伐齐。齐人
与战于艾陵，齐师败绩，吴人有功"。④ 这甚至完全是典型的
四段式，大小结果俱存，只是这大结果恰与申胥所言相反，但
这并不能成为其不适用三段式的理由。《越语》诸章也是如
此，单独章节中符合三段式的例证，如"越王勾践即位三年

① 张以仁：《从〈国语〉与〈左传〉本质上的差异试论后人对〈国语〉的
批评》，载《春秋史论集》，（台北）联经出版事业公司，1990，第 110
页。俞志慧在其文中提及张以仁这一论点，认为与三段式中第三部分应
当字数简略的常例不合，所以其只取最后三十二字作结尾（俞志慧《古
"语"有之——先秦思想的一种背景与资源》，华东师范大学出版社，
2010，第 139 页）。但其三段式字数简略的例子只是概括其所选取的五语
所得，而如果着眼《国语》全书，则并不全面。
② 徐元诰撰，王树民、沈长云点校《国语集解》（修订本），中华书局，
2002，第 215~217 页。
③ 张以仁：《从〈国语〉与〈左传〉本质上的差异试论后人对〈国语〉的批
评》，载《春秋史论集》，（台北）联经出版事业公司，1990，第 112 页。
④ 徐元诰撰，王树民、沈长云点校《国语集解》（修订本），中华书局，
2002，第 540~543 页。

而欲伐吴，范蠡进谏曰……"，结果是"王弗听"，范蠡再谏依然如故，最后"果兴师而伐吴，战于五湖，不胜，栖于会稽"。① 尽管这只是首章的第一、二段，但传统分章问题也同样不能成为不适用三段式的理由。最后勾践为伐吴事数问范蠡，范蠡每次都答以待之时机，以传统分章，每问便是一章，每章结尾都是"勾践曰：'诺'"。虽然这也可算作一种结果，但为稳妥起见，上述诸章应并为一章，而其结果即是最后时机成熟，"遂灭吴"。

因此，虽然俞志慧先生关于《国语》三段式结构的研究仅限于《周语》《鲁语》《郑语》《晋语》《楚语》等五语，但通过上述考察，我们发现其同样适用于《齐语》《吴语》《越语》。由此，我们可以说，《国语》各章有着统一的叙事结构，即背景、言论、结果的三段式结构，而这只能以编纂者的统一规划进行解释。

综上所述，无论是从主旨，还是布局，抑或是结构来看，《国语》都是有着统一规划、经过精心设计的。同时这也再次证明了我们所说的观点，即《国语》有一位主要的编纂者，其在编纂《国语》时并非简单地汇编材料，而是在明确的编纂主旨思想指导下，对《国语》全书进行了统一的整理工作。这便决定了《国语》绝非所谓史料汇编，而是有着明确主旨思想、精心布局、统一结构的先秦时期重要典籍。

---

① 徐元诰撰，王树民、沈长云点校《国语集解》（修订本），中华书局，2002，第575、576页。

第二章　经学奠基时代

从西晋汲冢竹书的发现来看，至少在魏襄王或安釐王去世之前，《国语》就已经编纂成书并流传开来。与存有争议的左丘明作《国语》一说相比，汲冢竹书《国语》所标示的年代是更可靠的成书时间节点。当然，这一时间节点可能已经大大延后了。但是，从现有证据来看，《国语》编纂成书的准确时间已无法获知。这个问题在先秦时期并无特殊之处，很多先秦经典文本都存在着作者与成书年代不确定的问题。这种不确定往往成为古书辨伪过程中的论据，由此很多古书被贴上了伪书的标签。其实，先秦经典文本的编纂与流传过程有着极大的复杂性，这一点在《国语》一书中体现得尤为突出。可以说，《国语》正是经学奠基时代经典文本生成模式的典型。对《国语》成书过程的探寻，将有助于我们了解经典文本的生成与流传。

第一节　古书编纂的背景

先秦时期，古书的形成都经历了一个复杂的过程。但是，与诸子著作不同，《国语》的编纂成书少了私人撰作的色彩，倒是与《尚书》《诗经》等官书相似。得益于中国古代发达的史官文化，大量的史官记录留存下来，这些都成为编纂《国语》的第一手材料。从这个角度看，传统观点认为的左丘明采集列国之史以传《春秋》是有历史合理性的。不过，《国语》所采用的材料还有些特殊，是一种可以称为语书的文献。先秦时期流传着大量列国语书，这成为编纂《国语》的文献背景。

一 早期史官的记述

中国古代史官文化兴盛，《礼记·玉藻》记载：天子"动则左史书之，言则右史书之"。郑玄注"其书《春秋》《尚书》其存者"[①]。据此可知，古代史官分左右，前者记事，后者记言，而代表典籍即是《春秋》和《尚书》。对此，《汉书·艺文志》的论述稍为详细，班固说道："古之王者世有史官，君举必书，所以慎言行，昭法式也。左史记言，右史记事。事为《春秋》，言为《尚书》，帝王靡不同之。"[②] 依照班固所言，古代君王的言行都有史官记录，而且分工明细，具体言之则是左史记言，右史记事，《尚书》即是所记之言，《春秋》则是所记之事。

依据《礼记》和《汉书》的记载，古代史官确有记录言行的分工，尽管两书记载有所出入，一则左史记事、右史记言，一则左史记言、右史记事，二者正相反，但抛开这个细节性问题不谈，两书记载所反映的古代史官记言与记事的区分是存在的。除了《礼记》《汉书》的记载之外，其他文献中也有史官记言的具体例证。《国语·鲁语上》记载：

---

① （清）阮元校刻《十三经注疏》，中华书局，1980，第1474页。
② （汉）班固撰《汉书》，中华书局，1962，第1715页。

> 海鸟曰爰居，止于鲁东门之外三日，臧文仲使国人祭
> 之。展禽曰："越哉，臧孙之为政也！夫祀，国之大节
> 也，而节，政之所成也，故慎制祀以为国典。今无故而加
> 典，非政之宜也。……今海鸟至，己不知而祀之，以为国
> 典，难以为仁且智矣。夫仁者讲功，而智者处物。无功而
> 祀之，非仁也；不知而不能问，非智也。今兹海其有灾
> 乎！夫广川之鸟兽，恒知避其灾也。"是岁也，海多大
> 风，冬煖。文仲闻柳下季之言，曰："信吾过矣，季子之
> 言，不可不法也。"使书以为三策。①

海鸟落于鲁都城东门，臧文仲以为神鸟，让国人祭祀。展禽劝
谏，认为不在祀典不可祭祀，并指明海鸟前来只是为避海上之
灾。臧文仲听后，自承其过，并让人将展禽之言记于简书上，
此处"策"即是简书。稍后的《吕氏春秋·恃君览》也曾记齐
宣王命掌书将大臣春居的谏言记录下来。② 这种记录君臣言论的
行为，在当时无疑是作为一种制度存在的，由此也必定留存下
许多君臣言谈对话的资料。可以想见，这些资料与语书的形成
有着密切的关系。因此，这些材料往往成为学者论证语书材料
来源的论据。语书以对话问答为主，也即以言语为主，其中主
要记述先王之事，所以又与先王有关。在很多学者看来，这正
与史官记言相合。因此，在很多学者的论述中，史官所记言论

---

① 徐元诰撰，王树民、沈长云点校《国语集解》（修订本），中华书局，
2002，第 154～162 页。
② 许维遹撰，梁运华整理《吕氏春秋集释》，中华书局，2009，第 575～
576 页。

便成为语书材料的主要来源。① 当然，这并不意味着这些原始记言材料即是语书。语书应是有特定内容和规定形式的文体著作。与此相比，记言材料只能算作档案，为语书的编纂提供资料。

原始记言材料具有档案性质，其真实面目已经无从得知，但从出土文献的情况来看，当时确实流传着大量的语类文献。在上博楚简中，有很多古书可以被归为语类文献。李零先生曾为我们略做梳理，归纳出 20 种古书，认为属于语类文献。② 在更早的慈利楚简中，甚至有《国语·吴语》的内容，并可与原文对勘。③ 这些都在提醒我们，古代曾经有很多语类文献流行，因此才会在出土文献中大量出现。作为同一类文献，这些古书都具有相同的记述模式，而这种模式早已在《国语》中普遍存在。如上博楚简中的《昭王毁室》篇：

> 昭王为室于死溃之滤，室既成，将格之。王诚邦大夫以饮，饮既。劓条之，王入将格，有一君子丧服踊廷，将跖闺。稚人止之，曰："君王始入室，君之服不可以进。"不止，曰："小人之告緊将专于今日，尔必止小人，小人

① 不过，需要注意的是，《礼记》《汉书》所举记言例都是《尚书》，而《尚书》虽然以言论为主，但却是"诰""命"一类的讲话文告，与"语"之对话问答并不一致。对此的解释还应数王树民先生所言最为恰当，他指出古代史书记言、记事有两种形式，"其中记言之书，因内容性质不同而有多种名目"，如申叔时所说的《令》和《训典》虽也是记言之书，但其所记主要是正式文献，这便与《尚书》中的"诰""命"颇为相似。见王树民《〈国语〉的作者和编者》，载徐元诰撰，王树民、沈长云点校《国语集解》（修订本），中华书局，2002，第601、602页。

② 李零：《简帛古书与学术源流》（修订本），生活·读书·新知三联书店，2008，第295页。

③ 张春龙：《慈利楚简概述》，载艾兰、邢文编《新出简帛研究》，文物出版社，2004，第5~8页。

将訽寇。"稚人弗敢止。至闱，卜令尹陈省为见日告：
"仆之毋辱君王不逆，仆之父之骨在于此室之阶下，仆将
垰亡老。以仆之不得，并仆之父母之骨私自数。"卜令尹
不为之告。"君不为仆告，仆将訽寇。"卜令尹为之告。
曰："吾不知其尔葬，尔古须既格，安从事。"王徙居于
平漫，卒以大夫饮酒于平漫，因令至俑毁室。[①]

从整篇文字来看，对话为主体，叙事结构与《国语》非常相
似，可以看出李零先生将其归为语书，确属知文之论。就叙事
结构而言，此篇先简单介绍背景，后之部分则以对话言论为主
干，最后又以寥寥数语记述结果，这种三段式叙事结构以及以
对话为主体的行文模式是语书的重要特征。显而易见，这类以
对话为主的语书已经脱离了史官记言的原始档案属性。无论是
从形式，还是从内容上分析，它们都必定是重新编辑后的结果。

除了出土文献可资证明之外，《国语》书中也有着关于语
书的记载。在《国语·楚语上》中，楚庄王时的大夫申叔时
在论述如何教育太子时说道：

> 教之《春秋》，而为之耸善而抑恶焉，以戒劝其心；
> 教之《世》，而为之昭明德而废幽昏焉，以休惧其动；教
> 之《诗》，而为之导广显德，以耀明其志；教之礼，使知
> 上下之则；教之乐，以疏其秽而镇其浮；教之《令》，使

---

① 释文主要参考马承源主编《上海博物馆藏战国楚竹书》（四），上海古籍
出版社，2004，第182~186页；黄人二《上博藏简〈昭王毁室〉试释》，
《考古学报》2008年第4期；黄国辉《重论上博简〈昭王毁室〉的文本
与思想》，《历史研究》2017年第4期。

> 访物官；教之《语》，使明其德，而知先王之务，用明德
> 于民也；教之《故志》，使知废兴者而戒惧焉；教之《训
> 典》，使知族类，行比义焉。①

需要首先说明的是，不同版本的《国语》整理本在这段引文的符号使用上存在着明显差异。在上海师范大学古籍整理组点校的《国语》中，用以教育太子的"春秋""世""诗""礼""乐""令""语""故志""训典"等都未加书名号，而《国语集解》则除"礼""乐"外都加书名号。二者之间的差异所体现出的不仅仅是简单的符号使用区别，还有更深层的对先秦文献的不同理解。哪一种更为准确呢？对此，韦昭的注解无疑具有重要的参考价值。在这段文字的注解中，韦昭认为"以天时纪人事，谓之《春秋》""《世》，谓先王之世系也""《令》，谓先王之官法、时令也""《语》，治国之善语""《故志》，谓所记前世成败之书""《训典》，五帝之书"。②据其所言，"故志""训典"自是书籍无疑，"令""语"也应是记载于册的，而"春秋""世"也应有文字载体，毕竟当时已远过口耳相传的口述时代了。至于韦昭未提到的"诗""礼""乐"，当属后世的"六经"范畴，特别是前两者与传世的《诗》《礼》应属同一类别，而"礼""乐"除了指礼仪音乐之外，也应有文字教本。因此，申叔时所说的《春秋》《世》《诗》《令》《语》《故志》《训典》都应是书籍，是用

---

① 徐元诰撰，王树民、沈长云点校《国语集解》（修订本），中华书局，2002，第485页。
② 徐元诰撰，王树民、沈长云点校《国语集解》（修订本），中华书局，2002，第485～486页。

来教育太子的教材，从更广泛的角度说，这些书籍应当是当时的贵族教本。当然，这七种教本，特别是《春秋》《诗》等，与传世的同名典籍是否一致，我们无从得知，但至少应属于同一类书籍。同理，《语》也并不是指传世《国语》，二者只是属同类书籍而已。当然，先秦时期被称为"语"的并非只有申叔时所说这一种，当时"语"有着多种含义，对这些含义逐一辨析有助于我们对语书的理解。

二 诸子时代的语书

"语"，《说文解字》解为"论也，从言吾声"，段玉裁在注中做进一步解释时，摘引了两种观点，"如毛说，一人辩论是非谓之语"，"如郑说，与人相答问辩难谓之语"。① 二者区别在于人数不同，而这正是"语"之含义的关键处。在《说文解字》另一处关于"言"字的解释中，许慎称"直言曰言，论难曰语"，段氏征引多例为此做注，《诗经·大雅·公刘》毛传："直言曰言，论难曰语。"《周礼·春官·大司乐》郑注"发端曰言，答难曰语"。② 其又在之后的"议，语也"条注"上文云'论难曰语'，又曰'语，论也'。是论、议、语三字为与人言之称"，也就是说"论""议""语"三者都是指与人对话。③ 对此，王力先生也有过辨析。他指出"言"和

---

① （汉）许慎撰，（清）段玉裁注《说文解字注》，浙江古籍出版社，2006，第89页。

② （汉）许慎撰，（清）段玉裁注《说文解字注》，浙江古籍出版社，2006，第89页。

③ （汉）许慎撰，（清）段玉裁注《说文解字注》，浙江古籍出版社，2006，第92页。

"语"在古代汉语中的分别是很清楚的，"主动对人说话叫'言'，回答别人的问话或谈论事情叫'语'"。①因此，从古籍的使用情况来看，"语"即是指与人相问答。《国语》之所以被称为"语"，也正是因为书中内容以对话为主体。因此，语书的得名便是从此种问答形式而来。

在先秦传世古书中，"语"也常常指谚语、俗语，并大量地以"语曰""语云"的形式出现。如《春秋穀梁传·僖公二年》中，有"语曰：'唇亡则齿寒。'"范甯注"语，俗言也"②。《墨子·非攻中》也有相同表述，"古者有语：'唇亡则齿寒'"。同样称其为"语"，只是指出其是古者之语。③《孟子·万章上》也有"语云"，对此，赵岐同样注为"语者，谚语也"。④

在先秦时期，这种流传于世的谚语、俗语非常多，不仅以"语曰"为标识，还以"谚""有言""闻之"等为标识。如《左传·昭公十九年》中有"谚曰：'无过乱门'"⑤，此处之"谚"与前言之"语"当属同类，都是指谚语。《昭公廿二年》中有"人有言曰：唯乱门之无过"⑥，表意相同，只是"谚"成了"有言"，可见二者本可互用。有关"闻之"的表述也同样如此，与上述几种形式相同，大多也是指谚语。对于这一问题，如果我们借用俞志慧先生所举例证，将会更为明白。就"唇亡齿寒"一例而言，《墨子·非攻中》称其为"古者有语"，《春

---

① 王力主编《王力古汉语字典》，中华书局，2000，第1278页。
② （清）阮元校刻《十三经注疏》，中华书局，1980，第2392页。
③ （清）孙诒让撰《墨子间诂》，中华书局，2001，第139页。
④ （清）阮元校刻《十三经注疏》，中华书局，1980，第2735页。
⑤ （清）阮元校刻《十三经注疏》，中华书局，1980，第2087页。
⑥ （清）阮元校刻《十三经注疏》，中华书局，1980，第2099页。

秋穀梁传·僖公二年》是"语曰",《左传·僖公五年》则是"谚所谓",《吕氏春秋》变为"先人有言",《韩非子·存韩》与《战国策·韩策二》中又成为"臣闻之"。① 由此可知,上述诸种表述形式虽异,其实则一,都可用"语"来概括。对于这种谚语,俞志慧先生认为也应含括在申叔时所说的"《语》"中,并将其归入言类之"语"散见部分。②

但是,对于谚语来说,与上文词源考察中的"语"相参照,二者并不一致。前者是就内容而言,是凝练流行的谚语;后者是就形式而言,是与人问答的对话。当然,就内容和形式的区分而言,问答中也可含有谚语,在这种情况下,后者只是前者中的言谈内容,二者并不冲突。然而,一旦将谚语也认定为语书的呈现形式,并由此将语书划分为格言体和对话体,那问题就产生了。③

谚语是否可成为语书的表述形式,有学者举传世文献《逸周书》中《武称》《周祝》,《管子》中《枢言》《小称》,《淮南子》中《诠言》《说林》,以及郭店竹简《语丛》四篇、马王堆帛书《黄帝书·称》等为例,并引用李学勤、谭家健、徐复观等人观点,认为这些是由谚语汇集成书。④ 但是,观所举各

---

① 俞志慧:《古"语"有之——先秦思想的一种背景与资源》,华东师范大学出版社,2010,第18页。

② 俞志慧:《古"语"有之——先秦思想的一种背景与资源》,华东师范大学出版社,2010,第17页。

③ 夏德靠:《论先秦语类文献形态的演变及其文体意义》,《学术界》2011年第3期。夏德靠先生在文中将先秦语类文献区分为格言体、对话体和事语体。

④ 俞志慧:《古"语"有之——先秦思想的一种背景与资源》,华东师范大学出版社,2010,第23~37页;夏德靠:《论先秦语类文献形态的演变及其文体意义》,《学术界》2011年第3期。

书可知，李、谭、徐三位学者称之为"集萃汇编"确为的论，但是称其为谚语所集之语书便不准确。① 因为上列诸书行文短小精练，而且用语用韵皆精当，但是这并不意味着其皆是谚语。这与我们上文所梳理的谚语所指也并不一样，只能说其间或含有谚语，其文或与谚语相似，但不可说其即是汇集谚语而成的语书。李学勤先生便在定马王堆帛书《称》篇为"语句的汇集"之后，提到这种体裁"在先秦典籍中并不是唯一的"，另一例证即是《老子》。② 如果说《老子》不可说是语书的话，那么以《称》篇为代表的上列诸书又如何称为语书？

而且，当依申叔时所说之《语》的标准比照时，谚语的不同之处就更为明显。依照申叔时所言，语书在于"使明其德，而知先王之务，用明德于民也"，即指其效用而言。除使其明德的效用之外，我们还可以知道其内容一定涉及先王之事，而且主要是关于"用明德于民"，也就是韦昭对"语"的注解——"治国之善语"。就此而言，谚语无法达到"使明其德，而知先王之务，用明德于民也"的效用，其内容也多指常识或经验，与先王之事并无必然联系。因此，申叔时所言之《语》应不包含谚语之"语"。

在除去谚语、俗语等干扰之后，以对话问答为主要形式的

---

① 李学勤：《〈称〉篇与〈周祝〉》，载《简帛佚籍与学术史》，江西教育出版社，2001，第322~331页；谭家健：《先秦散文艺术新探》，首都师范大学出版社，1995，第171页；徐复观：《两汉思想史》，华东师范大学出版社，2001，第177页。

② 李学勤：《〈称〉篇与〈周祝〉》，载《简帛佚籍与学术史》，江西教育出版社，2001，第325页。

"语" 就成为我们的主要关注对象。我们有充足理由相信
"语" 字字义所呈现出的表述形式与语书之间存在着直接的关
系。除此之外，对于申叔时所说之《语》，我们所能够知道的
便是其提到的 "使明其德，而知先王之务，用明德于民也"
的效用标准，这是凭借现有线索所做出的最低限度的结论。不
过，需要说明的是，一些学者在论述先秦语书时所提及的书
籍，并不都属申叔时所说之列。如钱穆先生在论述《论语》
时，便将其与《国语》列为同类①，沈长云先生也曾直接将
《论语》归入 "语" 的范围②。依照语书的形式来看，《论语》
显然是符合其对话问答的标准的，但是仅此一条并不能作为充
分论据，其内容与申叔时所说便不相符。所以，是否为语书需
要满足三个条件才可以下结论。具体而言，申叔时所言之
"语"，就我们现在所掌握的证据来看，有三个特征，一是
"使明其德" 的效用，二是 "先王之务，用明德于民也" 的内
容，三是对话问答的形式。③

三 语书性质的认定

按照语书的标准来衡量，《国语》无疑属于语书的类别。

---

① 钱穆：《论语新解》，巴蜀书社，1985，第 1 页。
② 沈长云：《〈国语〉编撰考》，载《上古史探研》，中华书局，2002，第
326 页。
③ 俞志慧先生通过分析申叔时的论述得出语书之明德的体用特征，即语书之
用在于明德，而其内容也是有关明德的，由此认定 "语" 之所以能成立，
"主要不是因为某种特定的形式，而是特定的体用特征：明德"，并认为
"只要是围绕这种体用特征编选的，不论其篇幅长短，也不论是重在记
言，还是重在叙事，都可称之为 '语'"。见俞志慧《古 "语" 有之——
先秦思想的一种背景与资源》，华东师范大学出版社，2010，第 15 页。

首先《国语》有着明确的主旨思想，即明德。其开篇便点出了这一主旨，"穆王将征犬戎，祭公谋父谏曰：'不可。先王耀德不观兵'"（《周语上》），韦昭注"耀，明也"，耀德即明德。[①] 其次，《国语》全书内容都围绕先王之事展开，正如韦昭所说："采录前世穆王以来，下讫鲁悼、智伯之诛，邦国成败，嘉言善语，阴阳律吕，天时人事逆顺之数，以为《国语》。"[②] 全书以国为别，记述诸国国君及卿大夫等贵族阶层的"嘉言善语"，涉及"邦国成败""阴阳律吕""天时人事"等内容，而这一切都与申叔时所言无差。最后，《国语》的叙述形式主要是对话问答。《国语》有着统一的叙事结构，即背景、言论、结果的三段式，其中言论是主要部分，而背景和结果虽有记事成分，但都是为言论服务的。且言论部分中，大都是问答之辞，而非所谓谚语格言集锦，这也正是《国语》为语书的重要特征。

当然，也有学者指出《国语》全书格式并非完全统一，如《晋语》即是"事胜辞"（明陶望龄语）[③]，而《吴语》《越语》也与其他诸语不同，记事的部分多于记言的部分。[④] 但是，如果详细考察的话，那么会发现其实《晋语》《吴语》《越语》仍是以言为主，事仅是对言论背景或结果的叙述。张以仁先生曾细述《晋语》诸章以证明其记言的本质，《吴语》

---

① 徐元诰撰，王树民、沈长云点校《国语集解》（修订本），中华书局，2002，第 1 页。

② （吴）韦昭：《〈国语解〉叙》，载徐元诰撰，王树民、沈长云点校《国语集解》（修订本），中华书局，2002，第 594 页。

③ （清）朱彝尊撰《经义考新校》，上海古籍出版社，2010，第 3803 页。

④ 俞志慧先生便将《国语》分为记言和记事两部分，其中后者便包括《晋语》《吴语》《越语》，认为其属事类之语。

《越语》本质也同样如此。① 其实，认定《国语》为语书，已经成为很多学者的共识。当然，这仍然得益于出土文献的佐证。20 世纪后半叶，随着大量简帛文献的出土，学者对《国语》有了重新认识的机会。在出土简帛中，经常会遇到与《国语》相似的文献，马王堆汉墓出土的帛书《春秋事语》便是其中重要的一种。其原简本无篇题，而现名的由来则是因为其体裁的缘故。张政烺先生在《〈春秋事语〉解题》中说："一望而知这本书的重点不在讲事实而在记言论。这在春秋时期的书籍中是一种固定的体裁，称为'语'。"而在这种语类古书中，流传于今且最为重要的无疑便是《国语》。② 于是，因为《春秋事语》的发现，《国语》的语书性质获得了新的佐证，我们对作为一种文献类型的语书也逐渐获得更多认知。

自此以后，越来越多的学者开始认同《国语》属于语书这一定位，《国语集解》的点校者王树民、沈长云二位先生便是其中的代表。王树民先生基本认同《国语》语书的定位，认为《国语》是"列国之语"的集合，不过在其看来，"语"也只是史书的一种。③ 与其相比，沈长云先生的观点更为明确，他直接认为"其实《国语》并不是一部史……《国语》的特点在于它是一部'语'，是按国别汇集而成的'语'"。④

---

① 张以仁：《从〈国语〉与〈左传〉本质上的差异试论后人对〈国语〉的批评》，载《春秋史论集》，（台北）联经出版事业公司，1990，第 111 ~ 112 页。

② 张政烺：《〈春秋事语〉解题》，《文物》1977 年第 1 期。

③ 王树民：《〈国语〉的作者和编者》，载徐元诰撰，王树民、沈长云点校《国语集解》（修订本），中华书局，2002，第 602 页。

④ 沈长云：《〈国语〉编撰考》，载《上古史探研》，中华书局，2002，第 325 页。

对此，顾静先生也完全认同，他还借用英文表意，认为"《国语》的性质其实并非是 History，而是 Discourse"，并举国外翻译《国语》书名为"Discourses on the States"为例，由此他认为尽管人们也将《国语》材料作为史料使用，"但这与历史著作应该是有区别的"。① 上述诸位学者的开创性研究，无疑为《国语》语书性质的认定提供了坚实论据。之后，随着研究的继续深入，有关《国语》为语书的结论也逐渐明晰起来。不过，从三位学者的观点来看，尽管三人都认定《国语》为语书，但是王树民先生与另两位学者的观点还是有所不同，即在对语书与史书的关系认知上存在差异。王树民先生认为"语"也是史书的一种，而沈长云、顾静两位先生则认为《国语》并不是史。

对于《国语》的性质问题，综览历代相关论述，很早就有学者将其视为历史著作。唐人刘知幾在其名著《史通》中，将"古往今来""诸史之作"分为六家，《国语》居其一。清人浦起龙在注释《史通》时进一步将《国语》定为"国别家"，自此"国别史"便逐渐成为《国语》的属性标签。② 当然，《国语》在被视为国别史的同时，还有另外一种身份，即所谓的《春秋外传》。自东汉始，《国语》多被视为《春秋外传》。《汉书·艺文志》将其列入"春秋"家，而在《律历志》中班固更是直接写作《春秋外传》，之后《春秋外传》便

---

① 顾静：《〈国语译注〉前言》，载邬国义等撰《国语译注》，上海古籍出版社，1994，第 2 页。
② （唐）刘知幾撰，（清）浦起龙释《史通通释》，上海古籍出版社，1978，第 1 页。

成为《国语》的别名，长期为学者所使用。① 但是，这一定位一直受到质疑，特别是到清代时，《四库全书总目》径直认为将其"系之《春秋》，殊为不类"，于是将其列入杂史类。② 20世纪末以来，对《国语》的这一史书定性遭到越来越多的质疑。就其实质而言，《国语》是一部语书，而语是与史有着明显差别的一种文献类型。

在传统观点的影响下，以往很多学者对《国语》都存在误解，其中尤以柳宗元为著。柳宗元专门作《非国语》一书，并在与友人书信中指责《国语》说道："夫为一书，务富文采，不顾事实，而益之以诬怪，张之以阔诞，以炳然诱后生，而终之以僻，是犹用文锦覆陷阱也。"③ 其中，他指责《国语》"务富文采，不顾事实"，即是以史书的标准来衡量《国语》。对《国语》的这种批评，在将《国语》与《左传》比较之下，显得尤为明确。司马光便指《国语》"不若《春秋传》之简直精明"，"又多驳杂不粹之文"。④ 崔述也同样如此，称"《左传》之文，年月井井，事多实录，而《国语》荒唐诬妄，自相矛盾者甚多"。⑤ 如果与《左传》相比较，《国语》确实有诸多不同，在以史书的标准衡量下，这些不同便会成为显著的缺点和不足。但是，《国语》本就不是史书，其与《左传》之不同处，正是其自身特质所在，而非诸位学者所说的弊病。

---

① （汉）班固撰《汉书》，中华书局，1962，第 1714、1013 页。
② （清）永瑢等撰《四库全书总目》，中华书局，1965，第 461 页。
③ （唐）柳宗元：《答吴武陵论非国语书》，载《柳宗元集》，中华书局，1979，第 825 页。
④ （清）朱彝尊撰《经义考新校》，上海古籍出版社，2010，第 3801 页。
⑤ （清）崔述：《洙泗考信余录》，商务印书馆，1937，第 52 页。

张以仁先生便将历代学者对《国语》的批评归为三点，即"萎靡繁絮""琐屑""复沓"，并分别予以辩驳，指其种种批评盖源于"以史书的尺度评量其文"，最后指出《国语》一书"既不释经，复不叙史，它用记言的方式，求达到明德之目的，所以偏重说理"。[①] 张以仁先生对《国语》性质的这一认定，无疑是非常精准的，特别是其点出的"说理"二字。

《国语》全书不在记史，因此其所载之事并不以史事为准，各事之间也不追求叙事连贯，至于历史事件中所要求的时间、地点等关键要素也不是必备且精确的。[②] 如《国语》开篇只记"穆王将征犬戎"，之后便是祭公谋父的大篇谏言，最后也只点出"王不听""故荒服者不至"的结局。[③] 在这整章中，并无记载历史事件所必需的时间、地点等要件，最后也没有记穆王如何发兵征犬戎，整个事件只以"荒服者不至"作结。可见，这一章意不在记事，而只是借此事阐述何以明德的道理，也即是张以仁先生所说的"说理"。综观《国语》全书，含历史之要件者少，而无诸要素者多，即使在结尾点出时间，也只是意在增强整体说服力，而非为记事服务。由此可知，《国语》主旨在说理而非记事，已是非常明了。

关于这一点，在《越语下》中尤为明显，甚至为说理而虚构史事。其时，越王勾践伐吴，范蠡向其陈述天、地、人相和

① 张以仁：《从〈国语〉与〈左传〉本质上的差异试论后人对〈国语〉的批评》，载《春秋史论集》，（台北）联经出版事业公司，1990，第152、153、179页。

② 沈长云：《〈国语〉编撰考》，载《上古史探研》，中华书局，2002，第326页。

③ 徐元诰撰，王树民、沈长云点校《国语集解》（修订本），中华书局，2002，第1页。

的道理，勾践不听而致战败。之后为铺陈这一道理，勾践每年一问"可伐吴否"，范蠡逐年陈述"人事至矣，天应未也""天地未形""天应至矣，人事未尽"，仿佛即是为阐述其理而特意敷衍故事。① 有学者也已考证，《越语下》所载史事很多都与事实不符，如范蠡所说十年谋吴之十年便是虚构，最后吴军不战自溃也非事实。② 也有学者通过比较《左传》《国语》二书，认为《左传》作者选择材料更为谨严，而《国语》则稍显"驳杂"（司马光语）。③ 这当然是以史学著作的标准看待，但从根本上来说《国语》主旨并不在记事，或者说其只是以记事来说理，至于史事的准确性则不在其考虑范围之内。从这个意义上来说，《国语》也可以归为故事类。④ 当然，此处之故事并非指叙事而言，而只是就其不重记事而旨在说理着眼。

因此，《国语》之旨实不在记事，只是为阐述其明德之理而借用一些历史记述，但是对于这些叙述，却并不在意其准确性和真实性。由此也才有了历代对《国语》"务富文采，不顾事实，而益之以诬怪"（柳宗元语），"驳杂不粹"（司马光语）以及"荒唐诬妄"（崔述语）等的指责。其实，这一切皆

---

① 徐元诰撰，王树民、沈长云点校《国语集解》（修订本），中华书局，2002，第 575 ~ 582 页。

② 周学根：《对范蠡哲学思想研究的一点看法——从〈国语·越语下〉非实录谈起》，载《中国历史文献研究集刊》第四集，岳麓社，1984，第74 页。

③ 顾立三：《左传与国语之比较研究》，（台北）文史哲出版社，1983，第23 页。

④ 李零认为语书的"'故事性'胜于'记录性'"，"是一种'再回忆'和'再创造'"，但其仍指此类书为史书，这显得多少有些矛盾。李零：《简帛古书与学术源流》（修订本），生活·读书·新知三联书店，2008，第219 页。

源于对《国语》性质的误解。从其本质上说,《国语》并非一部严格意义上的史书,准确地说,应该是一部语书。

第二节 经典文本的生成

20 世纪以来,随着简帛文献的不断出土,我们对早期经典文本的流传过程有了全新的认识。如果说先前对经典文本的源流考察更多是基于对"流"的版本考证,那么简帛文献的出土则提供了一次对"源"的直接考察机会。特别是在简帛文献之"源"与传世文献之"流"的比对下,经典文本呈现了更为清晰的生成和演变脉络。上博楚简中即有 20 种记述春秋战国诸国历史的事语类文献,特别是其中以《昭王毁室》为代表的楚王故事与《国语·楚语》所记之事极为相似。这种相似性就为我们探索经典文本的生成过程提供了极大的便利。其实,作为出土文献的《昭王毁室》与作为传世文献的《国语》属于同类文献。在先秦时期,这种语类文献广泛流传,数量众多,《国语》即是基于这类文献编纂而成,而上博楚简《昭王毁室》的发现则为我们提供了更原始、更直观的文献佐证。《国语》的这种成书史为我们呈现出经典文本生成的一种重要模式,同时也体现出经典文本所特具的开放性。

一 出土文献的启示

在上博楚简中,有一批语类文献,总计达 20 种之多。这些文献主要记述了春秋中晚期及战国早期的诸国历史,包括楚、晋、齐、吴等国,其中尤以楚国内容最多。与传统史书不同,这些文献以事件为纲,以对话为主体,被很多学者归为语类文献,《昭王毁室》便是其中的典型。①

《昭王毁室》收于《上海博物馆藏战国楚竹书》第四册,全篇共 196 字,记叙楚昭王事,内容未见于其他传世文献。简文整理出版后,很多学者就简文排序、标点断句、文字释读等方面展开了讨论。② 尽管学者们对个别文字的释读仍然存在着分歧,但因其并不影响故事的整体行文叙事,故此类讨论不在本书关注范围内。现将全篇释文详列如下:

> 昭王为室于死滑之滤,室既成,将格之。王诫邦大夫以饮,饮既。劙条之,王入将格,有一君子丧服躅廷,将跖闺。稚人止之,曰:"君王始入室,君之服不可以进。"不止,曰:"小人之告緝将专于今日,尔必止小人,小人将韵寇。"稚人弗敢止。至闺,卜令尹陈省为见日告:"仆之毋辱君王不逆,仆之父之骨在于此室之阶下,仆将垓亡老。以仆之不得,并仆之父母之骨私自数。"卜令尹不为之告。"君不为仆告,仆将韵寇。"卜令尹为之告。曰:"吾不知其尔葬,尔古须既格,安从事。"王徙居于平漫,卒以大夫饮酒于平漫,因令至俑毁室。③

---

① 李零:《简帛古书与学术源流》(修订本),生活·读书·新知三联书店,2008,第 294~297 页。
② 黄人二:《上博藏简〈昭王毁室〉试释》,《考古学报》2008 年第 4 期;黄国辉:《重论上博简〈昭王毁室〉的文本与思想》,《历史研究》2017 年第 4 期。
③ 释文主要参考马承源主编《上海博物馆藏战国楚竹书》(四),上海古籍出版社,2004,第 182~186 页;黄人二《上博藏简〈昭王毁室〉试释》,《考古学报》2008 年第 4 期;黄国辉《重论上博简〈昭王毁室〉的文本与思想》,《历史研究》2017 年第 4 期。

此则故事大意是楚昭王在河边修建宫室，落成后与大夫宴饮庆贺，此时一"君子"穿丧服前来要面见昭王。稚人止之，曰："君王在宫室，你穿丧服不可以进。""君子"曰："今日一定要见君王，你如果要阻拦，我便要䚻寇。"[1] 稚人不敢阻拦。"君子"至宫中小门，遇到卜令尹陈省，对之言："我并非要侮辱君王，我父亲的尸骨埋在此宫室台阶之下，如今无法将父母尸骨合葬。"卜令尹不为之报告昭王。"君子"曰："你不为我报告君王，那我便要䚻寇。"卜令尹只好为之通报。昭王曰："我不知道这是他父亲的墓地，待典礼完成，就依他行事。"最终昭王移驾别处宴饮，命令至俑将宫室拆毁。根据这一主题，整理者将此则故事定名为《昭王毁室》。

在上博楚简中，与《昭王毁室》相类的事语文献还有许多，单有关楚王故事的就有《柬大王泊旱》《昭王与龚之脽》《庄王既成》《申公臣灵王》《平王与王子木》《平王问郑寿》等多篇在列。[2] 无论是结构，还是内容，这些故事都与《昭王毁室》相类，甚至有些故事的结语与另一故事的起句都写在同一支简上，因此可断定这些故事都属于同种文献。[3] 除了上述楚王故事之外，上博楚简中还存在着其他同种文献，如

---

[1] 此处简文"䚻寇"意义殊难解，众多学者意见不一，料为要挟之语。论点综述见黄国辉《重论上博简〈昭王毁室〉的文本与思想》，《历史研究》2017 年第 4 期。

[2] 〔日〕浅野裕一：《新出土文献与思想史的改写——兼论日本的先秦思想史研究》，柳悦译，《文史哲》2009 年第 1 期；〔日〕汤浅邦弘：《竹简学：中国古代思想的探究》，白雨田译，东方出版中心，2017，第 87~88 页。

[3] 《昭王毁室》末句与《昭王与龚之脽》始句在同一支简上。见马承源主编《上海博物馆藏战国楚竹书》（四），上海古籍出版社，2004，第 186 页。

《竞建内之》《景公疟》等。① 这些文献都有着相同的特征，即以事件为纲、以对话为主、自成体系、独立成章。以此作为典型特征来搜寻，那么在几十年来众多的出土简帛文献中，我们还可以寻找到更多同种文献，如 20 世纪 70 年代出土的马王堆汉墓帛书《春秋事语》即属此列。其书"记事十分简略，而每章必记述一些言论，所占字数要比记事多得多，内容既有意见，也有评论，使人一望而知这本书的重点不在讲事实而在记言论。这在春秋时期的书籍中是一种固定的体裁，称为'语'"。② 张政烺先生在此将"重点不在讲事实而在记言论"归为语类文献的特征，可谓一语中的。从这类文献的大量出土来看，这种语类文献在先秦时期曾广泛流传，且数量众多。尽管随着文本的演变，这类文献很多已佚失，但是仍有一定数量的文献传及后世，见于传世文献者以《国语》最为典型。

从内容上看，《国语》也是由众多事语类章节组成，全书共 243 章③，每一章可独立成文。如果从具体章节看，我们会发现很多章节与《昭王毁室》竟出奇的相似。如《国语·楚语下》载：

> 吴人入楚，昭王出奔，济于成白，见蓝尹亹载其孥。王曰："载予。"对曰："自先王莫坠其国，当君而亡之，君之过也。"遂去王。王归，又求见，王欲执之，子西

---

① 李零：《简帛古书与学术源流》（修订本），生活·读书·新知三联书店，2008，第 296 页。
② 张政烺：《〈春秋事语〉解题》，《文物》1977 年第 1 期。
③ 章数划分依据上海师范大学古籍整理研究所校点《国语》（上海古籍出版社，1998，第 1~18 页）。

曰："请听其辞，夫其有故。"王使谓之曰："成臼之役，
而弃不穀，今而敢来，何也？"对曰："昔瓦唯长旧怨，
以败于柏举，故君及此。今又效之，无乃不可乎？臣避于
成臼，以儆君也，庶悛而更乎？今之敢见，观君之德也，
曰：庶意惧而鉴前恶乎？君若不鉴而长之，君实有国而不
爱，臣何有于死，死在司败矣！惟君图之！"子西曰：
"使复其位，以无忘前败。"王乃见之。①

这一事件讲述的主体人物也是楚昭王，整理者将此章定名为
《蓝尹亹避昭王而不载》。观之可知，此章在叙事结构和记述
内容上都与《昭王毁室》极为相似。第一，从整体叙事看，
二文都是以事件为纲，一章即是一个完整故事，短小凝练，自
有起讫；第二，从叙事结构看，二文都具有背景、对话、结局
的叙事三段式结构，《昭王毁室》先是点出背景，即"昭王为
室于死滆之滦"，然后是以对话为主的事件过程，最后一句交
代事件结果，即"因令至俑毁室"，而《蓝尹亹避昭王而不
载》也是如此，先是叙述"吴人入楚，昭王出奔"的背景，
然后引出一系列对话，最后仅用"王乃见之"四字点出事件
结局，这就是《国语》叙事的典型三段式结构②；第三，从主
体内容看，二文的主体内容都以对话为主，并以对话推动事件
的发展，无论是《昭王毁室》中楚昭王、"君子"、"稚人"
及"卜令尹"之间的对话，还是《蓝尹亹避昭王而不载》中

---

① 上海师范大学古籍整理研究所校点《国语》，上海古籍出版社，1998，第
575 页。
② 俞志慧：《古"语"有之——先秦思想的一种背景与资源》，华东师范大
学出版社，2010，第 134～135 页。

楚昭王、蓝尹亹及子西等人之间的对话，这些无疑都是故事的主体部分，这也是《国语》称为"语"的原因所在；第四，从叙事要素看，二文叙事都不列时间，只交代故事背景，这与《左传》等史书明确记载某年月不同，缺少时间要素是二文的共同特征；第五，从故事主旨看，二文都意在明德，《昭王毁室》意在宣扬楚昭王感念"君子"孝行而毁室的爱民之德，《蓝尹亹避昭王而不载》则是宣扬楚昭王不念旧怨、励精图治的为君之德，二者都属于劝诫性故事。

由两篇文献的比对可知，《昭王毁室》与《蓝尹亹避昭王而不载》二文虽处不同文献序列，一是出土文献，一是传世文献，但从归结的五个方面看却惊人的相似。种种迹象表明，二者应属于同类文献。其实，不仅仅是这两篇文献，遍览《国语》全书可知，上博楚简诸多语书与《国语》各章都极为相似，完全可以将这些楚简文献编入《国语》书中，而丝毫不显突兀。因此，上博楚简诸多语书与《国语》必然归属同一类文献。从上博楚简中存留大量语类文献的情况看，这类文献在先秦时期一定流传广泛，诸国都有记述本国历史、讲述本国故事之语书，而《国语》的成书或许就与这些语类文献密切相关。①

二　早期文献的编纂

《国语》是先秦时期的重要文献，传世本共二十一卷，载有周、鲁、齐、晋、郑、楚、吴、越等八国事语，叙事时间自

---

① 李零：《简帛古书与学术源流》（修订本），生活·读书·新知三联书店，2008，第219、298页。

西周穆王至鲁悼公大约五百年之久，几乎覆盖了整个春秋时期。

关于《国语》的编纂成书情况，最早的是司马迁的有关论述，不过司马迁只说道"左丘失明，厥有《国语》"[1]，并没有述及《国语》的编纂详情。东汉班固则进一步说："及孔子因鲁史记而作《春秋》，而左丘明论辑其本事以为之传，又撰异同为《国语》。"[2] 班固于此点明《国语》是由左丘明搜集与《左传》相类的材料编纂而成。至于《国语》的编纂过程，班固并未多言。就这一点来说，后世很多学者都表认同。

三国时期的韦昭在《〈国语解〉叙》中说：

> 左丘明因圣言以摅意，托王义以流藻，其渊源深大，沈懿雅丽，可谓命世之才，博物善作者也。其明识高远，雅思未尽，故复采录前世穆王以来，下讫鲁悼、智伯之诛，邦国成败，嘉言善语，阴阳律吕，天时人事逆顺之数，以为《国语》。[3]

西晋孔晁也指出：

> 左丘明集其典雅令辞与经相发明者，以为《春秋传》，其高论善言别为《国语》。（《左传·僖公十一年》

---

① （汉）司马迁撰《史记》，中华书局，1959，第3300页。
② （汉）班固撰《汉书》，中华书局，1962，第2737页。
③ 徐元诰撰，王树民、沈长云点校《国语集解》，中华书局，2002，第594页。

"天王使召武公"句下孔颖达疏引）①

历魏晋南北朝，唐代刘知幾在《史通·六家》同样指出：

> 《国语》家者，其先亦出于左丘明。既为《春秋内
> 传》，又稽其逸文，纂其别说，分周、鲁、齐、晋、郑、
> 楚、吴、越八国事，起自周穆王，终于鲁悼公，别为
> 《春秋外传国语》，合为二十一篇。②

无论是韦昭说的"邦国成败，嘉言善语，阴阳律吕，天
时人事逆顺之数"，还是孔晁所说"高论善言"，抑或是刘知
幾说的"逸文""别说"，都是后世学者所认定的编纂《国
语》的材料。从上述引文可看出，这些后世学者抱定的观点
即是《国语》乃根据春秋时期留存于世的相关材料编纂而成
的，而这些材料与《左传》的成书也息息相关。那这些材料
究竟是何种文献呢？他所说《春秋》《诗》以及《世》《令》
《语》《故志》《训典》等文献都是用于教育太子的教本，并
且各有功用。当然，这并不意味着这些文献与同名的传世文献
拥有相同的内容，也不意味着当时各国已经采用了统一的教
本。换言之，文献名称尽管相同，但是这并不意味着此《春
秋》与传世《春秋》相同，也不意味着此《春秋》与鲁国
《春秋》相同，其他同名文献亦然。因此，鉴于先秦文献的复

---

① （清）阮元校刻《十三经注疏》，中华书局，1980，第 1802 页。
② （唐）刘知幾撰，（清）浦起龙释《史通通释》，上海古籍出版社，1978，
第 14 页。

杂情况，与不做辨别地将同名文献混淆为一相比，将这些同名文献视为同类文献无疑是一种更为谨慎的做法。上述经学类文献如此，其他文献也当如此，申叔时所说之"《语》"与《国语》便同属语类文献。

先秦时期，各诸侯国都存在并流传着大量记事记言文献，这主要是受史官传统的影响。班固就曾指出："古之王者世有史官，君举必书，所以慎言行，昭法式也。左史记言，右史记事。事为《春秋》，言为《尚书》，帝王靡不同之。"① 无论是记言还是记事，先秦时期各国都因这种史官传统产生了大量相关历史记录。以《春秋》为例，孟子曾说："晋之《乘》，楚之《梼杌》，鲁之《春秋》，一也。"(《孟子·离娄下》) 先秦时期各国都有本国史书，虽然名称不一，但实质是相同的。所以墨子自称"吾见百国春秋"②，并在《墨子·明鬼下》谈及"著在周之《春秋》""著在燕之《春秋》""著在宋之《春秋》""著在齐之《春秋》"等语。可见当时《春秋》类文献的繁多，只墨子亲见的就有多国《春秋》。因此，在孔子的时代，他面对着有关鲁国历史的大量文献材料，其中最重要的无疑就是鲁之《春秋》。司马迁称孔子"至于为《春秋》，笔则笔，削则削，子夏之徒不能赞一辞"③。司马迁所说这种"笔削"便应是基于鲁国《春秋》的编纂整理。

中国古老的史官传统也使得各种典章文献存留下来，《尚

① （汉）班固撰《汉书》，中华书局，1962，第1715页。
② （清）孙诒让：《墨子间诂》，中华书局，2001，第656页。
③ （汉）司马迁撰《史记》，中华书局，1959，第1944页。

书·多士》记载："惟殷先人，有册有典。"申叔时曾提及
《故志》《训典》，韦昭注"《故志》，谓所记前世成败之书"，
"《训典》，五帝之书"[①]，应属于此类文献，而这些文献或许就
是《尚书》的主要材料来源。至于《诗》也是如此，传世本
《诗经》305篇，其中"十五国风"即是采自各地歌谣，可以
想见当时存在着数量众多的"国风"类歌谣，申叔时所说之
《诗》应当就收有这类歌谣，而且极可能与传世本《诗经》收
录内容不同。另外，先秦文献大量引《诗》，其中就包含很多
逸诗，可见当时有大量诗歌流传于世，这些都是编辑《诗经》
的材料。换言之，传世本305篇《诗经》即是在大量《诗》
类文献基础上编集而成。据司马迁所说，"古者《诗》三千余
篇，及至孔子，去其重"。[②]孔子是否删《诗》暂且不论，这
句话反映出的《诗经》编选情况应属合理。总而言之，关于
孔子"删诗书、定礼乐、修春秋"的说法能否成立可按下不
表，但其中所透露出来的早期文本生成模式，即在大量相关文
献材料基础上编纂成书的模式确实存在。《国语》的成书模式
就是这种模式，即在诸国之语的基础上编纂成书。

　　《国语》收录有周、鲁、齐、晋、郑、楚、吴、越等八国
事语，而这八国事语应是以当时流传的八国之语为基础选编而
成。换言之，《国语》编纂成书时，编者面对着诸国众多的语类
文献，而这些语类文献也就成为《国语》编选材料的主要来源，
其中就可能包括申叔时所说之语。申叔时之语或许只是楚国之

---

① 徐元诰撰，王树民、沈长云点校《国语集解》（修订本），中华书局，
　　2002，第486页。
② （汉）司马迁撰《史记》，中华书局，1959，第1936页。

语，记载的是富于劝诫意义的楚王君臣故事，这与上博楚简所载楚王故事在内容上必定存在着高度相关性。当然，并无证据表明上博楚简所载楚王故事与申叔时所言之"《语》"《语》属同本文献，但属同类文献的结论还是可以断定的。其实，无论是上博楚简所载楚王故事，还是申叔时所言之"《语》"，这些相关文献在春秋时期广泛流传，都成为编纂《国语》的重要材料。甚至在《国语》编纂完成之后，仍然有大量未收入《国语》的文献素材流传于世。我们从上博楚简中大量的语类文献可以看出，当时未收入《国语》中的素材想必很多。

总而言之，《国语》的编纂成书是建立在春秋时期众多语类文献基础上的。面对春秋诸国之语，编纂者择其精要，选其精华，选编所谓"邦国成败，嘉言善语，阴阳律吕，天时人事逆顺之数"，最终编成《国语》。这种成书史是早期文本生成的一种重要模式，包括《春秋》《诗》《书》《论语》等经学文本的生成都可归入这种模式中，而这种模式的一个重要特征就是流传过程具有开放性。

三　先秦文本的流传

早期文本的流传过程，具有高度的开放性，《国语》的编纂成书就是最佳例证。先秦时期，诸国文献繁多，特别是语类文献，这些就成为当时学者共享的"资料库"[①] 或"公共素材"[②]。很多文本都是从这些"资料库"或"公共素材"中取

---

① 李零：《简帛古书与学术源流》（修订本），生活·读书·新知三联书店，2008，第221页。

② 徐建委：《文本革命：刘向、〈汉书·艺文志〉与早期文本研究》，中国社会科学出版社，2017，第25页。

材，《国语》即是基于这些资料和素材编纂成书的。而在流传过程中，《国语》始终保持着开放性。

《国语》全书共 8 语，21 卷，243 章。尽管每章字数不等，多则一千多字，少则一百多字，但每章都是一则故事，自有起讫，独立成文。就此而言，章即是《国语》的最小组成单位。从历史上看，这种形式也完全符合先秦古籍的普遍情形。在先秦时期的很多文献中，章都是具有独立性的、最小的文献单位。① 汉学家夏含夷先生就通过对传世文献与出土文献的比对，认为"我们可以清楚地看到许多早期文献由'章'这一基本单元构成……大多数章都讲述一个单独的事件、引文或者谚语"。② 这种以章为基本组成单位的文本结构又进一步影响了早期文本的生成和演变。正是因为章的组合结构，所以文献中的章数及次序就表现出高度灵活性，可以根据需要进行相应增删和调整，故而诸如《论语》《老子》等早期文献的不同版本之间的章数或章序都有着明显的差异。这种差异在一定程度上就是以章为单位的文本结构造成的，这也正是早期文本开放性的体现。李零先生曾指出："早期的古书多由'断片'（即零章碎句）而构成，随时所作，即以行世，常常缺乏统一的结构，因此排列组合的可能性很大，添油加醋的改造也很多，分合无定，存佚无常。"③ 李零先生所说"断片"就是很

---

① 徐建委：《文本革命：刘向、〈汉书·艺文志〉与早期文本研究》，中国社会科学出版社，2017，第 17 页。

② 〔美〕夏含夷：《重写中国古代文献》，周博群等译，上海古籍出版社，2012，第 46 页。

③ 李零：《简帛古书与学术源流》（修订本），生活·读书·新知三联书店，2008，第 214 页。

多早期文本的章。这种以章为单位的文本结构可能是由早期文本的载体形式决定的，竹简、木牍一类的书写载体以及由此形成的书籍编排形式都造成了书写字数的限制，从而导致古书以字数有限的章为组成单位。这种组成方式就成为早期文本开放变动的原因之一，也就是李零先生所说的"分合无定，存佚无常"。

从出土简帛文献来看，这种以章为单位的文本构成确实很普遍。就上博楚简所载楚王故事而言，《昭王毁室》《柬大王泊旱》《庄王既成》等文献都是如此，每一篇文献即是一章，而每章都是自有起讫、独立成文。《国语》在编纂之初，面对的就是这些语类文献，因此在编选内容时就必然以章为单位，同时在后期流传过程中也以章为单位来更换或删减内容，这种生成模式就使其保持了高度的文本开放性，这从传世文献的文本演变中就可窥见一二。与其他先秦文献相同，《国语》在流传过程中也存在着文字或内容佚失的情况。不过，这种佚失也有着与其他文献明显的差异。洪业先生就发现《太平御览》所引几条《国语》材料不见于今本《国语》。① 如其中《兵部》"决战"条引"《国语》曰"② 一段完全不见于今本《国语》。从一般文献的佚失情况看，大多都是因脱字、脱简造成的某几个字或某句话佚失，而不可能是完整的一章佚失。与此形成鲜明对比的是，《国语》此章整体佚失，这就无法再以脱字、脱简等原因解释，而最合理的解释可能就是此章在《国

---

① 洪业：《〈春秋经传引得〉序》，载《春秋经传引得》，上海古籍出版社，1983，第 84～85 页。

② （宋）李昉等编，夏剑钦等校点《太平御览》（第三卷），河北教育出版社，1994，第 795～796 页。

语》成书流传过程中被整章删减。这种删减正是《国语》等经典文本以章为基本单位编纂而成的生成模式决定的，同时这也是体现经典文本开放性的重要例证。

除了传世文献辑佚所见，历史上也出土过《国语》相关篇章。据《晋书·束皙传》载："初，太康二年，汲郡人不准发魏襄王墓，或言安釐王冢，得竹书数十车。"① 其中即有"《国语》三篇，言楚晋事"。西晋武帝时发掘的汲冢书中就有《国语》内容，可以说是《国语》最早的出土简书。不过汲冢竹书《国语》已经佚失，《晋书·束皙传》也仅只言片语，无法再获知详细情况。从有限信息来看，既然断定简文是《国语》，那就应与西晋时流传的《国语》有相同内容，所以才会有此论断。而只发现"三篇"则正是《国语》以章为文献单位编选的体现。余嘉锡先生就曾指出古书存在单篇流传的特征。② 夏含夷先生也指出："（古书）某些章节汇编或是完整的文章明显在当时独立流传着。它们通常被称作'篇'，而单独的一篇也可能和其他篇编在一起。无论具体编联方式如何，正是这些篇的编联最终形成了中国古代的'书籍'。"③ 与寥寥数语的汲冢竹书《国语》记述不同，1987 年慈利楚简中直接发现了《国语·吴语》部分内容。该楚墓年代在战国中期前段，所发现的《国语·吴语》竹简可以说是目前所见最早的《国语》抄本，只可惜相关竹简残损严重，十或存一，无法与传世文献进行有效对勘。不过从已识别部分

---

① （唐）房玄龄等撰《晋书》，中华书局，1974，第 1432 页。

② 余嘉锡：《古书通例》，中华书局，2009，第 265～268 页。

③ 〔美〕夏含夷：《重写中国古代文献》，周博群等译，上海古籍出版社，2012，第 47 页。

看，简文基本见于今本《吴语》，也有部分简文不见于今本，但是文字风格特点与今本《吴语》相同，内容也有密切关联，整理者认为是《吴语》佚文。① 从慈利楚简整理报告来看，这一发现无疑又为《国语》文本的开放性提供了更为直观的论据。一方面，与汲冢竹书《国语》情况相同，慈利楚简《国语》的出土也证明了经典文本以章为单位的编纂模式；另一方面，不见于今本的《吴语》佚文再次证明了《国语》等经典文本的开放性。

从经典文本的流传演变来看，文本一旦生成，就会进入不断变动的过程。无论是抄写过程中无意的漏字、错抄，还是有意的修改、添加，经典文本都会经历一个漫长的变动过程。从出土简帛与传世文献的对勘中，我们可以很轻易地发现二者之间存在的巨大差异。从简单的虚词、助词，到复杂的思想观点，这些差异都淋漓尽致地体现在郭店简《老子》与通行本《老子》的对比中。② 这种变动是几乎所有经典文本都必然经历的过程。不过，除此之外，还有一种变动乃是基于独特的文本生成模式，具体而言就是以《国语》为代表，其基于大量同类文献编选成书。这是经典文本生成的一种重要模式，很多经典文本的生成都可以归入这种模式中。而这种模式在以章为单位的经典文本构成布局下，体现出了更大的开放性。《国语》即是如此，在从与《昭王毁室》同类的诸国之语的众多材料中择取素材编选成书后，仍然可以继续以章为单位添加、

---

①　张春龙：《慈利楚简概述》，载艾兰、邢文编《新出简帛研究》，文物出版社，2004，第5~8页。

②　刘笑敢：《老子古今：五种对勘与析评引论》，中国社会科学出版社，2006，第4~35页。

删减或替换某些故事。这就是以《国语》为代表的经典文本生成演变的开放模式。不过,进入汉代之后,经学时代下的文本慢慢固化,特别是经过刘向校书,文本生成的开放模式逐渐消失,经典文本最终完成了经典塑造过程。

第三章　典范经学时代

在经学奠基时代成书之后，《国语》在两汉时期迎来了研究热潮，越来越多的学者开始关注《国语》，相关注解也纷纷涌现，特别是在汉末魏晋时期达到兴盛。① 在哲学史的叙事中，与诸子时代相对而言，经学时代自两汉时期一直延续到晚清时期，这是冯友兰先生在哲学史研究上的创见。尽管有学者试图将经学时代提前至先秦时期②，但是两汉时期作为经学典范化和制度化的重要阶段，将其作为经学时代的开端显得更为准确。两汉经学奠定的典范研究范式一直延续到魏晋时期，特别是从《国语》学史上看，两汉魏晋直至初唐时期都可因对典范研究范式的承继而被统一列为典范经学时代。③

---

① 从现代学术角度看，《国语》是形成于先秦时期并在编纂和流传过程中保持开放性的语书。但是，还原到历史语境中，历代学者并没有这种现代学术观念，左丘明作《国语》仍然是流行的主流观点。在与《左传》的密切关联中，《国语》的经学属性被无限凸显出来。

② 程元敏：《先秦经学史》，台湾商务印书馆，2013；〔美〕韩大伟（David B. Honey）：《中国经学史·周代卷：孔子、〈六经〉与师承问题》，唐光荣译，社会科学文献出版社，2018。

③ 这种阶段划分与通行的经学史分期并不一致，本书仅是从《国语》与经学的互动史角度做出的阶段划分，并非否认汉魏之后的经学史分期。关于经学史分期问题，众多学者都有讨论。姜广辉主编《中国经学思想史》（第一卷），中国社会科学出版社，2003，第 15～19 页。

第一节　春秋外传的崛起

在两汉今古文经学之争的背景下，《国语》被刘歆冠以《春秋外传》的名称，与作为《春秋内传》的《左传》共同成为古文经学的重要文献。由此，原本只是在西汉时期载于史籍并被贾谊、司马迁称引的《国语》，逐渐得到东汉学者的关注，以至于在东汉末期及魏晋时期涌现出大量注解，这成为经学史上的奇特现象。《国语》在两汉经学史上的升格，是应今古文经学之争形势发展的结果。在古文经学学者迫切需要扩大古文经学力量以对抗今文经学之时，《国语》这样一本既与《左传》记载内容相近又同为左丘明所作的文献正好成为重要支援力量。

一　西汉早期的流传

《国语》成书于先秦，但是一直到西汉初年，并没有明确的流传记载。与此相对，《左传》在西汉学者的学术史回顾中，有着清晰的传授谱系，贯穿整个先秦时期。[1] 其间的差别即可反映出是否将其纳入经学序列将给文本研究和传播带来的巨大差异。即便如此，《国语》仍因其对春秋历史的记述而被西汉初年学者留意，甚至成为史书撰写过程中的重要参考，这也是西汉时期《国语》研究的主要特征。而且，在这

---

[1]　据孔颖达《春秋左传正义》引刘向《别录》所言：《左传》是"左丘明授曾申，申授吴起，起授其子期，期授楚人铎椒，铎椒作《钞撮》八卷，授虞卿，虞卿作《钞撮》九卷，授荀卿，荀卿授张苍"。（清）阮元校刻《十三经注疏》，中华书局，1980，第1703页。

一过程中，《国语》自始便与《左传》并行。尽管这一阶段的《左传》尚未获得经学标识，《国语》《左传》两书也未获称"春秋内外传"，然而两书已经因相近的内容而被捆绑在一起。

秦统一六国之后，可以猜测，《国语》大概率地遭遇了秦代焚书之祸。在李斯所列焚书目录中，除了《诗经》、《尚书》、百家语被焚毁，"史官非秦记皆烧之"。[①]《国语》载有自周以下鲁、齐、晋、郑、楚、吴、越等多个诸侯国历史，无疑属于秦代禁焚书目的重点对象。不过，汉代文献中未记载《国语》文本在秦汉之际的流传情况，汉初历次古文经的发现记载中也不曾寻觅到《国语》的身影，这让我们很难获知《国语》在秦代焚书中的具体遭遇。值得庆幸的是，我们仍可以从一些文献中得到关于秦汉之际《国语》的踪迹。《孔丛子·答问》中记载，"陈王涉读《国语》言申生事"，孔鲋为之解答。[②]虽然《孔丛子》一直被视为伪书，但其中所载材料并非完全虚构，而是有

---

①　（汉）司马迁撰《史记》，中华书局，1959，第255页。

②　傅亚庶：《孔丛子校释》，中华书局，2011，第433页。兹录原文如下。"陈王涉读《国语》言申生事，顾博士曰：'始予信圣贤之道，乃今知其不诚也，先生以为何如？'答曰：'王何谓哉？'王曰：'晋献惑听谗，而书又载骊姬夜泣公，而以信入其言。人之夫妇夜处幽室之中，莫能知其私焉，虽黔首犹然，况国君乎？予以是知其不信，乃好事者为之辞，将欲成其说，以诬愚俗也，故使予并疑于圣人也。'博士曰：'不然也。古者，人君外朝则有国史，内朝则有女史。举则左史书之，言则右史书之，以无讳示后世，善以为式，恶以为戒。废而不记，史失其官。故凡若晋侯、骊姬床第之私、房中之事，不得掩焉。若夫设教之言，驱群俗，使人入道而不知其所以者也。今此皆书实事，累累若贯珠，可无疑矣。'王曰：'先生真圣人之后也。今幸得闻命，寡人无过焉。'"从陈涉的个人背景及其所提问题来看，此《国语》极有可能是孔鲋带给他的，而非陈涉所自有。

其史料来源。① 因此，《孔丛子》这一处关于《国语》的记载有其参考价值，至少可以说明《国语》在秦汉之际仍有流传。

西汉初年，《国语》开始出现在汉代文献中。三国时期的韦昭在《〈国语解〉叙》中提及《国语》的流传史："遭秦之乱，幽而复光。贾生、史迁颇综述焉。"② 韦昭将《国语》在汉代的出现称为"幽而复光"，可见《国语》在秦代的流传过程中确实遭受波折。同时，韦昭还指出在汉初《国语》"幽而复光"过程中，贾谊、司马迁起了重要的作用。

《史记·屈原贾生列传》载贾谊"年十八，以能诵诗属书闻于郡中。……颇通诸子百家之书。文帝召以为博士"③。贾谊治学以儒为主，并博览群书。在其所著《新书》中，贾谊大量引用了《国语》文字而未直称其名，这是《国语》出现在汉代文献中的最早记录，直观地反映了西汉早期《国语》的流传情况。④ 贾谊在《新书》中常常讲到春秋史事，其中有些地方就直接引用了《国语》文字。较为明显处，如《傅职》《礼容语下》等篇章部分内容即与《国语》之《楚语上》《周语下》等篇记述基本相同。为更清晰地展现二者异同，现将《新书》引文与《国语》原文比较如下。

---

① 《史记·孔子世家》载："子慎生鲋，年五十七，为陈王涉博士，死于陈下。"《史记·儒林外传》载："陈涉之王也，而鲁诸儒持孔氏之礼器往归陈王。于是孔甲为陈涉博士，卒与涉俱死。"由史书所载可知，陈涉与孔鲋之事确有历史依据。另可参考孙少华《孔丛子研究》，中国社会科学出版社，2011。

② （吴）韦昭：《〈国语解〉叙》，载徐元诰撰，王树民、沈长云点校《国语集解》（修订本），中华书局，2002，第594页。

③ （汉）司马迁撰《史记》，中华书局，1959，第2491页。

④ 历史上关于《新书》真伪问题存在争议，但经过众多学者考证，《新书》作为研究贾谊思想的可靠资料已经得到确认。陈司直：《贾谊〈新书〉思想探究》，（台北）花木兰文化出版社，2010，第8～10页。

《新书》引文同《国语》原文比较情况

《新书》引文	《国语》原文
《傅职》： 或称《春秋》，而为之耸善而抑恶，以革劝其心。教之《礼》，使知上下之则宜。或称《诗》，而为之广道显德，以驯明其志。教之《乐》，以疏其秽，而填其浮气。教之语，使明于上世而知先王之务明德于民也。教之故志，使知废兴者，而戒惧焉。教之任术，使能纪万官之职任，而知治化之仪。教之训典，使知族类疏戚，而隐比驯焉。此所谓学太子以圣人之德者也。 或明惠施以道之忠，明长复以道之信，明度量以道之义，明等级以道之礼，明恭俭以道之孝，明敬戒以道之事，明慈爱以道之仁，明侧雅以道之文，明除害以道之武，明精直以道之伐，明正德以道之赏，明齐肃以道之敬，此所谓教太子也。 左右前后，莫非贤人以辅相之，捴威仪以先后之，摄体貌以左右之，制义行以宜翼之，章恭敬以监行之，勤劳以劝之，孝顺以内之，敦笃以固之，忠信以发之，德言以扬之，此所谓顺者也。此傅人之道也，非贤者不能行。①	《楚语上》： 教之《春秋》，而为之耸善而抑恶焉，以戒劝其心；教之《世》，而为之昭明德而废幽昏焉，以休惧其动；教之《诗》，而为之导广显德，以耀明其志；教之礼，使知上下之则；教之乐，以疏其秽而镇其淫；教之《令》，使访物官；教之《语》，使明其德，而知先王之务，用明德于民也；教之《故志》，使知废兴者而戒惧焉；教之《训典》，使知族类，行比义焉。 若是而不从，动而不悛，则文咏物以行之，求贤良以翼之。悛而不摄，则身勤之，多训典刑以纳之，务慎惇笃以固之。摄而不彻，则明施舍以导之忠，明久长以导之信，明度量以导之义，明等级以导之礼，明恭俭以导之孝，明敬戒以导之事，明慈爱以导之仁，明昭利以导之文，明除害以导之武，明精意以导之罚，明正德以导之赏，明齐肃以耀之临。若是而不济，不可为也。 且夫诵诗以辅相之，威仪以先后之，体貌以左右之，明行以宣翼之，制节义以动行之，恭敬以临监之，勤勉以劝之，孝顺以纳之，忠信以发之，德音以扬之，教备而不从者，非人也。其可兴乎？夫子践位则退，自退则敬，否则赧。②
《礼容语下》： 晋叔向聘于周，发币大夫，及单靖公。靖公享之俭而敬，宾礼赠贿同，是礼而从，享燕无私，送不过郊，语说《昊天有成命》。 既而叔向告人曰："吾闻之曰，一姓不	《周语下》： 晋羊舌肸聘于周，发币于大夫，及单靖公。靖公享之，俭而敬，宾礼赠饯，视其上而从之，燕无私，送不过郊，语说《昊天有成命》。 单之老送叔向，叔向告之曰："异哉！

《新书》引文	《国语》原文
再兴,今周有单子以为臣,周其复兴乎?昔史佚有言曰:'动莫若敬,居莫若俭,德莫若让,事莫若资。'今单子皆有焉。夫宫室不崇,器无虫镂,俭也;身恭除洁,外内肃给,敬也;燕好享赐,虽欢不逾等,让也;宾之礼事,称上而差,资也。若是而加之以无私,重之以不侈,能辟怨矣。居俭动敬,德让事资,而能辟怨,以为卿佐,其有不兴乎?夫《昊天有成命》,颂之盛德也。其诗曰:'昊天有成命,二后受之,成王不敢康,夙夜基命宥谧。'"③	吾闻之曰:'一姓不再兴。'今周其兴乎?其有单子也。昔史佚有言曰:'动莫若敬,居莫若俭,德莫若让,事莫若咨。'单子之贶我,礼也,皆有焉。夫宫室不崇,器无彤镂,俭也;身耸除洁,外内齐给,敬也;宴好享赐,不逾其上,让也。宾之礼事,放上而动,咨也。如是而加之以无私,重之以不滑,能避怨矣。居俭动敬,德让事咨,而能避怨,以为卿佐,其有不兴乎!且其语说《昊天有成命》,《颂》之盛德也,其诗曰:'昊天有成命,二后受之,成王不敢康。夙夜基命宥密,于缉熙,亶厥心,肆其靖之。'"④
《礼容语下》: 晋之三卿郤锜郤犨郤至,从晋厉公会诸侯于加陵,周单襄公在会。晋厉公视远步高。郤锜见单子,其语犯;郤犨见,其语讦;郤至见,其语伐;齐国佐见,其语尽。 单襄公告鲁成公曰:"晋将有乱,其君与三郤其当之乎?"鲁侯曰:"寡人固晋而强其君,今君曰'将有乱',敢问天道乎?意人故也?" 对曰:"吾非诸史也,焉知天道?吾见晋君之容,而听三郤之语矣,殆必有祸矣。君子目以正体,足以从之,是以观容而知其心。今晋侯视远而足高,目不在体,而足不步目,其心必异矣。体目不相从,何以能久?夫合诸侯,国之大事也,于是观存亡之征焉。故国将有福,其君步言视听,必皆得适顺善,则可以知德矣。视远曰绝其义,足高曰弃其德,言爽曰反其信,听淫曰离其名。	《周语下》: 柯陵之会,单襄公见晋厉公,视远步高。晋郤锜见单子,其语犯。郤犨见,其语迂。郤至见,其语伐。齐国佐见,其语尽。 鲁成公见,言及晋难及郤犨之谮。单子曰:"君何患焉。晋将有乱,其君与三郤其当之乎!"鲁侯曰:"寡人惧不免于晋,今君曰'将有乱',敢问天道乎,抑人故也?" 对曰:"吾非瞽史,焉知天道?吾见晋君之容,而听三郤之语矣,殆必祸者也。夫君子目以定体,足以从之,是以观其容而知其心矣。目以处义,足以步目,今晋侯视远而足高,目不在体,而足不步目。目体不相从,何以能久?夫合诸侯,民之大事也,于是乎观存亡。故国将无咎,其君在会,步言视听,必皆无谪,则可以知德矣。视远曰绝其义,足高曰弃其德,言爽曰

续表

《新书》引文	《国语》原文
夫目以处义，足以践德，口以庇信，耳以听名者矣，故不可不慎也。偏亡有咎，既亡则国从之。今晋侯无一可焉，吾是以云。夫郤氏，晋之宠人也。是族在晋有三卿五大夫，贵矣，亦可以戒惧矣。今郤伯之语犯，郤叔讦，郤季伐。犯则凌人，讦则诬人，伐则掩人。有是宠也，而益之以三怨，其谁能忍之？齐国武子亦将有祸。齐，乱国也。立于淫乱之朝，而好尽言以暴人过，怨之本也。惟善人能受尽言，今齐既乱，其能善乎？" 居二年，晋杀三卿。明年，厉公弑于东门。是岁也，齐人果杀国武子。⑤	反其信，听淫曰离其名。目以处义，足以践德，口以庇信，耳以听名者也，故不可不慎也。偏丧有咎，既丧则国从之。晋侯爽二，吾是以云。夫郤氏，晋之宠人也，三卿而五大夫，可以戒惧矣。高位实疾颠，厚味实腊毒。今郤伯之语犯，叔迁，季伐。犯则陵人，迁则诬人，伐则掩人。有是宠也，而益之以三怨，其谁能忍之！虽齐国子亦将与焉。立于淫乱之国，而好尽言，以招人过，怨之本也。唯善人能受尽言，齐其有乎？吾闻之，国德而邻于不修，必受其福。今君逼于晋而邻于齐，齐、晋有祸，可以取伯，无德之患，何忧于晋？且夫长翟之人，利而不义，其利淫矣，流之若何？"鲁侯归，乃逐叔孙侨如。 简王十一年，诸侯会于柯陵。十二年，晋杀三郤。十三年，晋侯弑，于翼东门葬以车一乘。齐人杀国武子。⑥

注：①（汉）贾谊撰，阎振益、钟夏校注《新书校注》，中华书局，2000，第172~173页。

② 徐元诰撰，王树民、沈长云点校《国语集解》（修订本），中华书局，2002，第485~487页。

③（汉）贾谊撰，阎振益、钟夏校注《新书校注》，中华书局，2000，第378~379页。

④ 徐元诰撰，王树民、沈长云点校《国语集解》（修订本），中华书局，2002，第102~103页。

⑤（汉）贾谊撰，阎振益、钟夏校注《新书校注》，中华书局，2000，第380~381页。

⑥ 徐元诰撰，王树民、沈长云点校《国语集解》（修订本），中华书局，2002，第82~87页。

通过《新书》引文与《国语》原文的对照可知，《新书》存在着大量的明引《国语》的文字，有些稍有变动，有些则是原文。

其间的差异不知是贾谊自己改动，还是其所据版本与传世本不同，原因已无从追溯。但在如此鲜明对照之下，《新书》所引内容属于《国语》则毋庸置疑。由此亦可见，韦昭所言"贾生、史迁颇综述焉"并非虚言。从《新书》的引用情况看，《国语》主要是被贾谊在讲述春秋史事时摘引。《国语》此时的价值也正体现于此，即作为记述春秋历史的重要文献而为汉初学者所认知。

汉初，《国语》为何首次出现于《新书》中？如果联系到贾谊的《左传》学者身份，那这一问题就显得颇为有趣。《汉书·儒林传》载贾谊"修《春秋左氏传》"，并为"《左氏传》训故"。[①]《经典释文·序录》更是将贾谊明确置入《左传》传授谱系："左丘明作传，以授曾申，申传卫人吴起，起传其子期，期传楚人铎椒，铎椒传赵人虞卿，虞卿传同郡荀卿名况，况传武威张苍，苍传洛阳贾谊。"[②] 在这一谱系中，张苍之前的传承序列基本引自刘向《别录》[③]，而"张苍传贾谊"则是后起之说。徐复观先生就曾指出："因《左氏传》自战国中期后流行甚广，传习者多，所以《汉书·儒林传》对汉初张苍、贾谊、张敞、刘公子等'皆修《春秋左氏传》'，而未著其所受，且四人间更没有传承关系。"[④] 因此，张苍与贾谊

---

① （汉）班固撰《汉书》，中华书局，1962，第3620页。
② （唐）陆德明撰《经典释文》，中华书局，1983，第13页。
③ 据孔颖达《春秋左传正义》引刘向《别录》所言，《左传》是"左丘明授曾申，申授吴起，起授其子期，期授楚人铎椒，铎椒作《钞撮》八卷，授虞卿，虞卿作《钞撮》九卷，授荀卿，荀卿授张苍"。（清）阮元校刻《十三经注疏》，中华书局，1980，第1703页。
④ 徐复观：《中国经学史的基础·周官成立之时代及其思想性格》，九州出版社，2014，第171页。

之间是否存在师承关系可存疑。但是，贾谊修习《左传》并不能因为他不在谱系中而遭否定。《新书》中就有引用《左传》处，如《礼容语下》《容经》即引《昭公二十五年》《襄公三十一年》原文。① 由此看来，贾谊在撰写《新书》时，《国语》《左传》是其重要参考文献。两书之所以会被贾谊在讲述春秋史事时一并引用，主要是因为两书记述内容存在着广泛的相似性。两书都记载春秋历史，自然就会常常被相提并论，这一点在司马迁《史记》中再次得到确认。

　　贾谊《新书》之后，《国语》之名明确出现的最早文献是《史记》。司马迁在《史记》中提及《国语》之名共三次，分别是：

　　予观《春秋》、《国语》，其发明《五帝德》、《帝系姓》章矣，顾弟弗深考，其所表见皆不虚。②

　　于是谱十二诸侯，自共和讫孔子，表见《春秋》、《国语》学者所讥盛衰大指著于篇，为成学治古文者要删焉。③

　　左丘失明，厥有《国语》。④

---

① 潘铭基：《贾谊及其〈新书〉研究》，上海古籍出版社，2017，第 222 ~ 226 页。
② （汉）司马迁撰《史记》，中华书局，1959，第 46 页。此处有不同句读，有分为两书者，也有合称一书者，即《春秋》《国语》与《春秋国语》之不同。一般持今文经学观点的学者倾向于合为一书，以用作判定《左传》晚出的依据。
③ （汉）司马迁撰《史记》，中华书局，1959，第 511 页。
④ （汉）司马迁撰《史记》，中华书局，1959，第 3300 页。

这三处都是司马迁自言，非记他人事、他人言，可证是其个人观点。通过此三处文字，可将司马迁关于《国语》的观点归为两个：《国语》是司马迁撰写《史记》的重要参考；司马迁认为《国语》是左丘所作①。在传世文献中，《史记》不仅是首次出现《国语》之名的文献，也是首次明确《国语》作者的文献。在司马迁之前，《国语》相关信息及流传情况如何，已无文献可考。不过，司马迁给出的这两个信息绝非无中生有，应是有其依据。可以说，司马迁为后世有关《国语》的诸多讨论奠定了基础。当然，对于司马迁所说"左丘失明，厥有《国语》"之左丘是不是左丘明，后世仍有争论，但至少在汉代学者看来，左丘即是左丘明无疑。② 司马迁在另一处提及左丘明，"鲁君子左丘明惧弟子人人异端，各安其意，失其真，故因孔子史记具论其语，成《左氏春秋》"③。这一句就成为后世班彪、班固父子持论的依据。

东汉班彪、班固父子对司马迁的观点深信不疑，而且通过进一步阐述使其变得更为明确。班彪在讨论前史得失时曾说："定哀之间，鲁君子左丘明论集其文，作《左氏传》三十篇，

---

① "左丘失明，厥有《国语》"一语是否即证明左丘明作《国语》尚有争议，详见前文。

② 有学者指出刘向、刘歆父子不认为《国语》是左丘明所作，并举证说依例《艺文志》中同一人作品不分开，而《左传》与《国语》两书并不在一起，所以二书并非同一作者。虽然班固在两书后都注明左丘明所作，但是《艺文志》编目次序是由刘歆完成的，所以标注左丘明只是班固的个人意见，而刘歆并不认为两书作者为一。见华学诚汇证，王智群、谢荣娥、王彩琴协编《扬雄方言校释汇证》，中华书局，2006，第1178页。这一观点的前提即《艺文志》同一人作品不分开尚有可商榷处，所以观点本身也需要继续求证。

③ （汉）司马迁撰《史记》，中华书局，1959，第509～510页。

又撰异同，号曰《国语》，二十一篇，由是《乘》、《梼杌》之事遂暗，而《左氏》、《国语》独章。"又说："孝武之世，太史令司马迁采《左氏》、《国语》，删《世本》、《战国策》，据楚、汉列国时事，上自黄帝，下讫获麟，作本纪、世家、列传、书、表凡百三十篇，而十篇缺焉。"① 班固延续其父的观点，在《汉书·司马迁传》中说："及孔子因鲁史记而作《春秋》，而左丘明论辑其本事以为之传，又撰异同为《国语》。"② 通过班彪、班固父子的阐述，《左传》《国语》不仅皆是左丘明所作，而且同为司马迁撰写《史记》的重要参考文献。另外，由班彪所言，我们还可以获取更重要的一条信息，即司马迁所说"《春秋》、《国语》"之《春秋》即是《左传》。

当然，因为司马迁在此处并未明言《左传》，这就为后世学者的解读提供了猜想空间。司马迁两言"《春秋》、《国语》"，此处根据学者的不同理解，就可有两种句读方式：一是分为两种书，即《春秋》与《国语》；一是合为一种书，即《春秋国语》。依照前者句读方式，大多数学者认为两书即是指《左传》与《国语》，班彪、班固父子就是这样理解的，并将《春秋》替换为《左氏》；依照后者句读方式，司马迁撰写《史记》所据之书只是《国语》，并未见《左传》，这种观点一般用来证明《左传》晚出或为伪书，如蒙文通先生便认为："史迁书称《春秋国语》，两言左丘失明，厥有《国语》，是史公所见左氏书惟《国语》耳。《十二诸侯年表序》云：'左丘明因孔子史记，具论其语，成《左氏春秋》。'曰'具论其

---

① （宋）范晔撰《后汉书》，中华书局，1965，第1325页。
② （汉）班固撰《汉书》，中华书局，1962年，第2737页。

语'，知《左氏春秋》即《国语》也。《论衡·案书篇》：
'《左氏》传经，辞语尚略，故复选录《国语》之辞以实。'
则取《左氏春秋》、《国语》为《左氏传》，汉儒固知其事，
史公盖见《国语》而未见后出之《传》也。"① 不过，《左传》
是伪书的观点已经被众多学者证明不成立。② 司马迁所言《春
秋》即是《左传》，金德建先生在《司马迁所称〈春秋〉系
指〈左传〉考》一文中，认为《史记》中《春秋》一名依据
语境不同，有三种可能的解读，即分别指《春秋》经、《公羊
传》和《左传》。随后，他详列含《春秋》名之各条引文，分
析论证三种解读中只有《左传》准确。③ 因此，司马迁所言
《春秋》即是指《左传》，这已经为学界普遍认同。

由此看来，继贾谊之后，在司马迁那里，《左传》与《国
语》又再次并列成为西汉初年学者回顾春秋时期历史的重要
参考。值得注意的是，西汉初年，严格意义上的经学时代尚未
开启，《左传》与《国语》皆未坠入经学纷争的涡流中。此
时，两书仅仅因为所载内容近似，而后又加之作者相同，便常
常被相提并论。总之，《国语》经历经学奠基时代的流传后，
历秦汉之际战乱而不坠，在西汉初年"幽而复光"，与《左
传》共同成为贾谊、司马迁综述历史的重要参考。

二 外传之名的出现

西汉初年，经学的典范化和制度化尚未正式开始，《国

---

① 蒙文通著，蒙默编《蒙文通全集》，巴蜀书社，2015，第257页。
② 梁启超：《古书真伪及其年代》，中华书局，2015，第121页；杨伯峻编著《春秋左传注》（修订本），中华书局，1990，第42页。
③ 金德建：《司马迁所见书考》，上海人民出版社，1963，第105~111页。

语》也未被裹挟进经学纷争的旋流之中。在这一阶段，《国语》仅仅是作为记载春秋史事的文献，为"贾生、史迁颇综述焉"①，并未获得太多关注。即使当汉武帝于建元五年（公元前136年）设立五经博士，两汉经学时代正式开启之后，《国语》也并没有随之崛起。除了在《史记》中短暂的"幽而复光"，《国语》在之后的近百年时间里再次沉寂。一直到西汉末年，《国语》以新的身份即《春秋外传》出现在历史中，才真正开启了坎坷的经学历程。《春秋外传》这一身份如此鲜明地将其与《左传》联系在一起，并透露出两汉经今古文之争的时代背景。

《国语》被称为《春秋外传》起于何时？由何人所命名？传世文献留给我们的证据并不充分。从文献记载来看，最早提出《春秋外传》之名的是刘歆。《汉书·韦贤传》曾记载刘歆在讨论宗庙之礼时指出：

> 礼，去事有杀，故《春秋外传》曰："日祭，月祀，时享，岁贡，终王。"祖祢则日祭，曾高则月祀，二祧则时享，坛墠则岁贡，大禘则终王。德盛而游广，亲亲之杀也；弥远则弥尊，故禘为重矣。孙居王父之处，正昭穆，则孙常与祖相代，此迁庙之杀也。圣人于其祖，出于情矣，礼无所不顺，故无毁庙。自贡禹建迭毁之议，惠、景及太上寝园废而为虚，失礼意矣。②

---

① （吴）韦昭：《〈国语解〉叙》，载徐元诰撰，王树民、沈长云点校《国语集解》（修订本），中华书局，2002，第594页。

② （汉）班固撰《汉书》，中华书局，1962，第3129页。

汉元帝时，贡禹看到当时宗庙过多、祭祀靡费的状况，奏议罢郡国庙，裁撤吏卒，由此引发了长达数十年的宗庙礼制之争。在这一背景下，刘歆提出贡禹关于宗庙迭毁之议失于礼意。这一奏议获得汉哀帝肯定，并被班彪称赞，"考观诸儒之议，刘歆博而笃矣"。① 刘歆在此处所引"日祭，月祀，时享，岁贡，终王"，即是出自《国语·周语上》祭公谋父之言。在《国语》原文中，周穆王要征讨犬戎，祭公谋父劝谏说："夫先王之制：邦内甸服，邦外侯服。侯、卫宾服，蛮夷要服，戎、狄荒服。甸服者祭，侯服者祀，宾服者享，要服者贡，荒服者王。日祭、月祀、时享、岁贡、终王，先王之训也。"② 祭公谋父为周穆王讲述礼制，指出诸侯距王畿远近有别而朝见纳贡有不同，距己时间长短而祭祀先祖有不同。韦昭注"日祭，祭于祖、考"。"月祀于曾、高也。""时享于二祧也。""岁贡于坛、禅。""终，谓世终也。"③ 韦昭的注解与刘歆的解释相同，想必也是参考了刘歆的观点。刘歆将《国语》此段文字作为自己礼制观点的论据，并在引用时称"《春秋外传》曰"，这是传世文献中最早将《国语》称为《春秋外传》的记载。

从西汉早期贾谊、司马迁对《国语》的引用、参考，到西汉末年刘歆称其为《春秋外传》，这中间一百多年的时间里，《国语》的流传情况并不清晰，没有明确的文献记载可供梳理。在缺失直接文献记录的情况下，我们或许可以从《汉

---

① （汉）班固撰《汉书》，中华书局，1962，第 3131 页。

② 徐元诰撰，王树民、沈长云点校《国语集解》（修订本），中华书局，2002，第 6、7 页。

③ 徐元诰撰，王树民、沈长云点校《国语集解》（修订本），中华书局，2002，第 7 页。

书·艺文志》的著录书目中探知一些信息。自《国语》为贾谊引用并多次出现在《史记》中之后，《国语》一名一直到《汉书·艺文志》始被著录于册。《汉书·艺文志》录有：

> 《国语》二十一篇。左丘明著。
> 《新国语》五十四篇。刘向分《国语》。①

尽管《汉书》是班固所著，属于东汉时期文献，但是《汉书·艺文志》是以刘歆《七略》为基础编撰而成，所以从时间上看，《国语》被著录于史册应该可以向前推进到西汉末年刘向、刘歆父子校书时期。可以想象的是，《国语》必定在刘向、刘歆校书目录之中。韦昭在叙述《国语》流传史时，所言"及刘光禄于汉成世始更考校，是正疑谬"②，无疑即是指刘向、刘歆校正《国语》的事件。

刘向、刘歆校书是思想史上的重大事件，《汉书·艺文志》对此事有记载：

> 汉兴，改秦之败，大收篇籍，广开献书之路。迄孝武世，书缺简脱，礼坏乐崩，圣上喟然而称曰："朕甚闵焉！"于是建藏书之策，置写书之官，下及诸子传说，皆充秘府。至成帝时，以书颇散亡，使谒者陈农求遗书于天下。诏光禄大夫刘向校经传诸子诗赋，步兵校尉任宏校兵

---

① （汉）班固撰《汉书》，中华书局，1962，第1714页。
② （吴）韦昭：《〈国语解〉叙》，载徐元诰撰，王树民、沈长云点校《国语集解》（修订本），中华书局，2002，第594页。

书，太史令尹咸校数术，侍医李柱国校方技。每一书已，向辄条其篇目，撮其指意，录而奏之。会向卒，哀帝复使向子侍中奉车都尉歆卒父业。歆于是总群书而奏其《七略》，故有《辑略》，有《六艺略》，有《诸子略》，有《诗赋略》，有《兵书略》，有《术数略》，有《方技略》。今删其要，以备篇辑。①

《汉书·楚元王传》对此事也有简略记载，称汉成帝"诏向领校中《五经》秘书"。② 由此看来，汉成帝时秘府藏书有散亡情况，便让刘向领校群书，后又由其子刘歆续校。校书的程序基本是以"中书"为底本，参校大臣之书、民间之书，订正谬误，删汰重复，为"中书"写定一个善本。③《汉书·艺文志》中所录"《国语》二十一篇"即是经过刘向、刘歆整理过的文本，也就是韦昭所说"始更考校，是正疑谬"。另外《汉书·艺文志》尚录有"《新国语》五十四篇"，顾实先生认为："本旧有《国语》而分之，故曰《新国语》，即重新编定之书也。"④ 余嘉锡先生也指出："刘向校书之时，凡古书经向别加编次者，皆名新书，以别于旧本。故有《孙卿新书》《晁氏新书》之名。《汉书·艺文志》有左丘明《国语》二十一篇，又有《新国语》五十四篇，注云：'刘向分国语。'又《说苑叙

---

① （汉）班固撰《汉书》，中华书局，1962，第 1701 页。
② （汉）班固撰《汉书》，中华书局，1962，第 1950 页。
③ 徐建委：《文本革命：刘向、〈汉书·艺文志〉与早期文本研究》，中国社会科学出版社，2017，第 102 页。
④ （汉）班固编撰，顾实讲疏《汉书艺文志讲疏》，上海古籍出版社，1987，第 66 页。

录》云：'臣向所校中书《说苑》，更以造新事十万言，号曰
《新苑》。'皆其证也。"① 如此看来，《新国语》可能就是刘向
依己意重新编定后的《国语》。

不过，《汉书·艺文志》中并无《春秋外传》的说法。正
如钱大昕所说："《公羊外传》五十篇，《穀梁外传》二十篇，
汉时公、穀二家皆有外传，其书不传，大约似《韩诗外传》，
今人称《国语》为《外传》，汉志却无此名目。"②《春秋外
传》之名虽然不见于《汉书·艺文志》，但在《汉书》其他篇
章中多次出现。除《汉书·韦贤传》中刘歆曾言及之外，《汉
书·律历志》也有两处提及《春秋外传》。《汉书·律历志》
是班固根据刘歆相关著作删正而得，班固在《汉书·律历志》
开篇介绍说："汉兴，北平侯张苍首律历事，孝武帝时乐官考
正。至元始中王莽秉政，欲耀名誉，征天下通知钟律者百余
人，使羲和刘歆等典领条奏，言之最详。故删其伪辞，取正
义，著于篇。"又说："至孝成世，刘向总六历，列是非，作
《五纪论》。向子歆究其微眇，作《三统历》及《谱》以说
《春秋》，推法密要，故述焉。"③ 因此可以说，《汉书·律历
志》中的言论代表刘歆的观点。当然，班固对刘歆著作的摘
引也在一定程度上表明了其自身的认同态度。这种摘引与
《汉书·韦贤传》中的据史记录绝不相同，班固只有在认同刘
歆观点的前提下才会引为己用，而据史记录则具有相当的客观
性，并不代表作者认同其言论。这就如同《汉书·艺文志》

---

① 余嘉锡：《四库提要辨证》，中华书局，2007，第1018~1019页。
② （清）钱大昕：《三史拾遗》，凤凰出版社，2016，第66页。
③ （汉）班固撰《汉书》，中华书局，1962，第955、979页。

尽管是基于刘歆《七略》而成，但仍可以将其视为班固的观点。

在解释"颛顼帝"时，《汉书·律历志》称："《春秋外传》曰：'少昊之衰，九黎乱德，颛顼受之，乃命重黎。'"[1] 此语与传世本《国语·楚语下》中观射父所言近似，其言曰："及少皞之衰也，九黎乱德……颛顼受之，乃命南正重司天以属神，命火正黎司地以属民。"[2] 两文相比照，应不是刘歆所据版本不同，而是刘歆对《国语》原文表述进行了简化。随后，在解释"帝喾"时，《汉书·律历志》又称："《春秋外传》曰：'颛顼之所建，帝喾受之。'"[3] 此条与传世本《国语·周语下》伶州鸠所言基本相同，只少了一个语气词。[4] 由此看来，刘歆对《国语》非常熟悉，同时其称《国语》为《春秋外传》也成为惯例，绝非偶尔为之。另外，《汉书·律历志》也在一定程度上反映出班固的态度。当然，更能直接表露班固对此问题所持观点的是《汉书·艺文志》对《国语》的分类。在《汉书·艺文志》的图书分类法中，《国语》被归入"六艺略"之"《春秋》类"。从中可以看出班固对《国语》的认知。

在《春秋外传》之名出现后，《国语》与《春秋》的关系逐渐得到东汉学者的确认。一方面，越来越多学者接受并使

---

① （汉）班固撰《汉书》，中华书局，1962，第1013页。

② 徐元诰撰，王树民、沈长云点校《国语集解》（修订本），中华书局，2002，第514~515页。

③ （汉）班固撰《汉书》，中华书局，1962，第1013页。

④ 徐元诰撰，王树民、沈长云点校《国语集解》（修订本），中华书局，2002，第124页。

用《春秋外传》的称谓。《春秋外传》作为《国语》的专名时常出现在东汉后期的典籍中，如赵岐在注《孟子》时就说："《春秋外传》曰'五声昭德'，言五音之乐声可以明德也。"[①] 这是对《国语》文字的直接引用，并称其为《春秋外传》。另一方面，有些典籍也开始使用《春秋国语》之名，这无疑也是由《春秋外传》而来，表明使用者对《国语》与《春秋》关系的肯定。如应劭在《风俗通义》中说："《春秋国语》曰：'木石之怪夔魍魉。'物恶能害人乎。"[②] 许慎《说文解字》中也多有"《春秋国语》曰"。[③] 除了上述这些文字摘引，《国语》还直接被用于注解经文，如经学大师郑玄就在其《周礼注》中引《国语》来注经，并称其为《春秋传》。[④] 郑玄对《国语》的使用和重新命名，标志着《国语》被东汉经学家正式接纳而得入经学序列。从这一系列的论据中可以看出，从西汉末年刘歆首倡，到东汉时诸多学者普遍认同，《国语》的《春秋外传》身份在东汉古文经学兴盛时期最终明确下来。

三 今古之争的背景

刘歆以及其他东汉学者称《春秋外传》而不称《国语》，或许就是因这一称谓更能凸显其经学价值，将其引为论据也更有说服力。这种处理方式与当时正逐步激化的今古文经学之争

---

① （清）焦循：《孟子正义》，中华书局，1987，第 218 页。
② （汉）应劭撰，王利器校注《风俗通义校注》，中华书局，1981，第 434 页。
③ （汉）许慎撰，（清）段玉裁注《说文解字注》，上海古籍出版社，1981，第 18、52 页。
④ （清）阮元校刻《十三经注疏》，中华书局，1980，第 851 页。

密切关联。《春秋外传》这一身份是如此鲜明地将其与《左传》联系在一起，并映射出两汉今古文经学之争的时代背景。因此，在东汉魏晋时期突现《国语》研究热潮，这一现象与《左传》以及《左传》所引发的今古文经学之争密不可分。

在经学历史上，今古文经学之争是两汉经学中的重要问题。不过，在西汉末期之前，今古文经学之争尚未凸显，真正掀起这场争论的是刘歆。① 在校书期间，刘歆见到了大量古文经书，其中就包括《左传》。《汉书·楚元王传》记载："及歆校秘书，见古文《春秋左氏传》，歆大好之。时丞相史尹咸以能治《左氏》，与歆共校经传。歆略从咸及丞相翟方进受，质问大义。初《左氏传》多古字古言，学者传训故而已，及歆治《左氏》，引传文以解经，转相发明，由是章句义理备焉。"② 刘歆在校书过程中，见到《左传》并做了进一步整理。在刘向的学术史回顾中，《左传》有着清晰的传授谱系。这一谱系自左丘明始，一直到汉初张苍都未曾中断。③ 到西汉初，贾谊"修《春秋左氏传》"，并为"《左氏传》训故"。④ 但西汉前期学者对《左传》的研究，只是就其中"古字古言"进行训诂通解。与此不同，刘歆则进一步试图"引传文以解经"，将《左传》与《春秋》经联系在一起，坐实《左传》解《春秋》经的观点。但如此一来，《左传》与今文经学《公

---

① 周予同：《中国经学史论著选编》，复旦大学出版社，2015，第8页。

② （汉）班固撰《汉书》，中华书局，1962，第1967页。

③ 据孔颖达《春秋左传正义》引刘向《别录》所言，《左传》是"左丘明授曾申，申授吴起，起授其子期，期授楚人铎椒，铎椒作《钞撮》八卷，授虞卿，虞卿作《钞撮》九卷，授荀卿，荀卿授张苍"。（清）阮元校刻《十三经注疏》，中华书局，1980，第1703页。

④ （汉）班固撰《汉书》，中华书局，1962，第3620页。

羊传》的正面冲突就无法避免。于是，刘歆便开始了与今文经学家的正面对抗。史载："及歆亲近，欲建立《左氏春秋》及《毛诗》、《逸礼》、《古文尚书》皆列于学官。哀帝令歆与《五经》博士讲论其义，诸博士或不肯置对，歆因移书太常博士。"① 刘歆欲将《左氏春秋》《毛诗》《逸礼》《古文尚书》立于学官，而当时立于学官的今文经学博士则不予理会，由此引得刘歆著《移太常博士书》。

刘歆在文中言辞激烈，痛斥"二三君子"，指出他们"犹欲保残守缺，挟恐见破之私意，而无从善服义之公心，或怀妒嫉，不考情实，雷同相从，随声是非，抑此三学，以《尚书》为备，谓《左氏》为不传《春秋》，岂不哀哉"②。结果可想而知，刘歆的批驳最终引来今文经学博士的怨恨斥责。《汉书·楚元王传》记载："其言甚切，诸儒皆怨恨。是时，名儒光禄大夫龚胜以歆移书上疏深自罪责，愿乞骸骨罢。及儒者师丹为大司空，亦大怒，奏歆改乱旧章，非毁先帝所立。……歆由是忤执政大臣，为众儒所讪，惧诛，求出补吏，为河内太守。"③对于刘歆的激切言论，诸儒都生怨恨之心，其中不乏当世名儒，光禄大夫龚胜以辞职来表明态度。这难免又激起了其他儒者的愤怒，大司空师丹为刘歆安下重罪。在这种环境下，刘歆心生恐惧，主动离京。今古文经学的第一次争论就这样以刘歆的落荒而逃结束，但今古文经学之争问题的核心已经显现。

① （汉）班固撰《汉书》，中华书局，1962，第 1967 页。
② （汉）班固撰《汉书》，中华书局，1962，第 1970 页。
③ （汉）班固撰《汉书》，中华书局，1962，第 1972 页。

刘歆在《移太常博士书》中总结了当时今文经学家反对古文经学立学官的理由，其中主要一条即是"《左氏》为不传《春秋》"，可见今文经学家就这一问题指摘最烈。而刘歆对《左传》则用力最深、推广最力，因此《左传》问题就成为此次争论的核心。刘向、刘歆父子对《左传》深有研究。桓谭《新论》记载："刘子政（向）、子骏（歆）、子骏兄弟子伯玉，俱是通人，尤重《左氏》，教授子孙，下至妇女，无不读诵。"① 王充《论衡·案书篇》也记载："刘子政玩弄《左氏》，童仆妻子皆呻吟之。"② 不过，刘歆对《左传》绝不仅满足于读诵引用，而是要将其推立列于学官，与今文经学《公羊传》相抗衡。所以，刘歆对今文经学家"《左氏》为不传《春秋》"的批评极为看重。为了证明"《左传》传《春秋》"，刘歆"引传文以解经，转相发明，由是章句义理备焉"，这种做法迥异于其他学者"训故"的初始研究。通过对《左传》与《春秋》经的重新关联解释，刘歆《左传》学已脱离了西汉《左传》研究的传统，并与西汉整个《春秋》官学传统发生冲突，甚至会颠覆今文经学的思想体系。③ 正因为刘歆推立《左传》列于学官将有如此重大影响，所以当时一众今文经学家才会对此事反应强烈，极力反对刘歆所为。其中原因并非简单的经学家的利禄之争，更多是今古文经学根本观念的冲突。在这种激烈冲突的背景下，刘歆为张大《左传》声势，将同为左丘明所作的《国语》纳入《春秋》学序列便是当然之

---

① （汉）桓谭：《新论》，上海人民出版社，1967，第38页。
② 黄晖：《论衡校释》，中华书局，1990，第1164页。
③ 程苏东：《从六艺到十三经——以经目演变为中心》，北京大学出版社，2018，第261～273页。

举了。

对于《国语》与《左传》的这种密切关系，东汉王充有着更为深入的认识。他说："《国语》，《左氏》之外传也，《左氏》传经，辞语尚略，故复选录《国语》之辞以实。然而《左氏》、《国语》，世儒之实书也。"[1] 从传世文献看，在王充之前，各文献都只是引《国语》内容而称"《春秋外传》曰"，并没有对《国语》何以称《春秋外传》进行解释，而王充第一次对这一问题做了详细解说。《国语》是《左传》之"外传"，《左传》传《春秋》经，但是因为辞语简易，不免有言未尽、事不详处，所以需要《国语》之辞来充实、参照。这一论点的基础在于《左传》与《国语》同为左丘明所作，而西汉前期司马迁写作《史记》时就已对此开始了历史建构。至东汉时，班彪、班固父子在司马迁论点基础上进一步阐述和引申，直接指出"及孔子因鲁史记而作《春秋》，而左丘明论辑其本事以为之传，又撰异同为《国语》"[2]，这就彻底完成了左丘明撰写《左传》《国语》并解《春秋》经的历史叙述。在这一观念支配下，《国语》虽然不是直接解经之作，但作为辅助解经之作是完全可以的，这就成为东汉学者关于《国语》的最新认知，也就是王充所说"（《左传》）辞语尚略，故复选录《国语》之辞以实"的含义。

当然，除了王充对《外传》的解释之外，还存在着其他的解释维度。稍后于班固、王充的刘熙在《释名·释典艺》中释"《国语》"时说："记诸国君臣相与言语谋议之得失也。

---

① 黄晖：《论衡校释》，中华书局，1990，第1165~1166页。
② （汉）班固撰《汉书》，中华书局，1962，第2737页。

又曰《外传》,《春秋》以鲁为内,以诸国为外,外国所传之事也。"① 按照刘熙所说,《国语》之所以被称为《春秋外传》,是因为《春秋》以鲁为内,以诸国为外。当然,这种解读忽略了《国语》中有《鲁语》的事实,所以毕沅指出:"《外传》亦有《鲁语》,则此语为不可通。"② 因此,对《国语》何以称《春秋外传》的解释,还是韦昭之言更为恰当允妥,他说:"其文不主于经,故号曰'《外传》'。"③ 当然,《外传》之名素来有之,用之于《国语》也是遵循了经学解经传统,正如余嘉锡先生所说:"《提要》谓'此书与经义在离合之间',愚谓昔人解经有内、外传之不同,内传循文下意,外传则本与经不必相比附。譬犹《国语》为《春秋》外传,而起于宣王时之荒服不至,终于三家之分晋,与《春秋》之始隐终哀不合。始于宣王者,所以著王者之迹熄,明《春秋》之不得不作也;终于三家者,见春秋之所由变为战国也。是书之与经,在离合之间者,盖外传之体耳。"④ 在《国语》被称为《春秋外传》之前,《外传》之名就已经出现,其属于经学解经体例之一种特殊形式,如《韩诗外传》即是《外传》体例的早期文献。因此,并非《国语》因不与经比附才被称为《外传》,而是《外传》的传统体例决定了其本就不必与经相比附。

---

① (汉)刘熙,(清)毕沅疏证,(清)王先谦补《释名疏证补》,中华书局,2008,第214页。

② (汉)刘熙,(清)毕沅疏证,(清)王先谦补《释名疏证补》,中华书局,2008,第214页。

③ (吴)韦昭:《〈国语解〉叙》,载徐元诰撰,王树民、沈长云点校《国语集解》(修订本),中华书局,2002,第594页。

④ 余嘉锡:《四库提要辨证》,中华书局,2007,第31页。

自西汉初年，《国语》便与《左传》如影随形，常常被同时关注。特别是汉代学者认定两书皆为左丘明所作之后，《国语》与《左传》更是成为记载春秋时期历史的文献双子而熠熠生辉。在《左传》成为古文经学的重要文献之后，《国语》也相应受到古文经学家的关注。在古文经学家眼中，《左传》解《春秋》经自是不疑之论，那么同为左丘明所作且与《左传》同记春秋历史的《国语》自然也就与《春秋》密切相关。今文经学家批评刘歆立《左传》于学官时指出"《左氏》为不传《春秋》"，故而刘歆要"引传文以解经"。面对同为左丘明所作但并不解《春秋》经的《国语》，刘歆称其为《外传》便解决了其定位问题，且进一步壮大了《左传》学的势力。在今古文经学之争的复杂背景下，《春秋外传》的名称就成为古文经学赢得《春秋》学之争的重要支援力量。《国语》也自然成为汉魏之际的研究热点，短期内涌现出大量注解，这成为经学史上的奇特现象。

总而言之，自汉武帝立五经博士之后，《易》《书》《诗》《礼》《春秋》五经成为核心经典文献，与之相关的文献研究成为热点。不过，随着西汉末年今古文经学之争的开启，新的经典文献逐渐进入经学论域，如《左传》等文献就成为古文经学重要文本，并与原有今文经学文献《公羊传》产生直接冲突。在争论愈演愈烈之际，与《左传》密切相关的《国语》就得到了越来越多学者的关注。在两汉学者看来，《国语》与《左传》同为左丘明所作，而两书记载内容又大致相当。由此，《国语》便被冠以《春秋外传》的专名，并随着《左传》及古文经学的崛起而进入经学研究的序列，形成了汉魏之际《国语》研究热潮。

第二节　汉魏注解的兴盛

西汉末年，随着以《左传》为代表的古文经学与立于学官的今文经学之间争斗的加剧，在汉代学者眼中同为左丘明所作的《国语》便以《春秋外传》的身份进入了经学序列。其实，自西汉初年《国语》就因记载春秋历史而与《左传》并行，此时更是成为与《左传》相表里的古文经学重要辅助文献，与《左传》一起被称为左氏之学。①进入经学序列的《国语》逐渐为东汉及魏晋学者所重视，注解《国语》的专著纷纷涌现，同时《国语》也屡屡被征引以解诸经，这都使得《国语》深深嵌入两汉经学肌理，开启了《国语》与经学之间长期的互动史。

一　两汉注解的发端

在两汉时期《国语》很早便被学者注意和引用，贾谊和司马迁在各自著作中的征引和参考即是属于这种情况。贾谊在《新书》之《傅职》《礼容语》等篇大段摘引《国语》文，用以论证自己观点，讲述春秋历史。司马迁同样将《国语》作为撰写《史记》的重要参考。无论是贾谊还是司马迁，都只是在引证春秋历史材料的意义上使用《国语》，这种趋势一直延续到班固撰写《汉书》。在《汉书》中，班固多次引用《国语》事。如《五行志》所载"成公十六年，公会诸侯于周，

---

① （宋）王应麟撰，武秀成、赵庶洋校证《玉海艺文校证》，凤凰出版社，2013，第229页。

单襄公见晋厉公视远步高",“周单襄公与晋锜、郤犨、郤至、齐国佐语",“鲁定公时,季桓子穿井,得土缶",“鲁襄公二十三年,穀、洛水斗,将毁王宫",“周幽王二年,周三川皆震",“鲁哀公时,有隼集于陈廷而死,楛矢贯之",“夏后氏之衰,有二龙止于夏廷"诸事,都引自《国语》。①

不过,由于早期文献流传中《国语》仅仅属于研究春秋历史的参考文献,因此两汉学者也只是从文字训诂角度对其进行基本的文献梳理工作。这与《左传》的情形应大体一致,如《汉书》所载:"初《左氏传》多古字古言,学者传训故而已。"② 西汉初年,《国语》也属于古文典籍。

司马迁曾在《史记》中多次提及"古文",如:

> 于是谱十二诸侯,自共和讫孔子,表见《春秋》、《国语》学者所讥盛衰大指著于篇,为成学治古文者要删焉。③

并自述为学经历:

---

① （汉）班固撰《汉书》,中华书局,1962,第 1354、1377、1419、1437、1451、1463、1464 页。《汉书》引上述诸事皆曰"史记",此处并非指司马迁所作《史记》,而是实指《国语》。刘知幾在《史通》中说:"今班志所引,上自周之幽、厉,下终鲁之定、哀,而不云《国语》,惟称《史记》,岂非忘本徇末,逐近弃远者乎?"此说不确,程千帆先生辩之甚详。见程千帆《史通笺记》,中华书局,1980,第 311 页。陈直亦言:"齐召南谓《史记》指《国语》,驳颜注是也。司马迁之《史记》,在班固时尚称《太史公书》,至桓灵时始改称《史记》,说详拙著《太史公书名考》。"见陈直《汉书新证》,中华书局,2008,第 187 页。
② （汉）班固撰《汉书》,中华书局,1962,第 1967 页。
③ （汉）司马迁撰《史记》,中华书局,1959,第 511 页。

　　迁生龙门，耕牧河山之阳。年十岁则诵古文。①

司马贞于此注解称："迁及事伏生，是学诵《古文尚书》。刘氏以为《左传》、《国语》、《系本》等书，是亦名古文也。"②司马迁所说之"古文"并非古文经学，只是战国文字而已，汉初《左传》《国语》等书都是以古文字书写，所以被司马迁称为"古文"。王国维先生曾对《史记》中的"古文"所指进行详细考证，他指出：

　　《太史公自序》言："秦拨去古文，焚灭诗书，故明堂石室金匮玉版图籍散乱。"而武帝元封三年，司马迁为太史令，绌石室金匮之书，是秦石室金匮之书，至武帝时未亡也。故太史公修《史记》时所据古书，若《五帝德》，若《帝系姓》，若《谍记》，若《春秋历谱谍》，若《国语》，若《春秋左氏传》，若《孔氏弟子籍》，凡先秦六国遗书，非当时写本者，皆谓之古文。……《十二诸侯年表》云："于是谱十二诸侯，自共和讫孔子，表见《春秋》《国语》学者所讥盛衰大指著于篇，为成学治古文者要删焉。"由是言之，太史公作《十二诸侯年表》，实为《春秋》《国语》作目录，故云"为成学治古文者要删"，是《春秋》《国语》皆古文也。③

---

① （汉）司马迁撰《史记》，中华书局，1959，第3293页。
② （汉）司马迁撰《史记》，中华书局，1959，第3294页。
③ 王国维：《观堂集林》，中华书局，1959，第307~308页。

其实，汉初用古文书写的文献的来源并非只有"石室金匮之书"，孔壁所藏、河间献王所集、张苍所献，都是古文文献的重要来源。面对古文文献，文献学上的梳理是基本工作，对"多古字古言"的《左传》如此，对《国语》亦如此。因此，在《国语》早期研究史上，基本文献学研究是题中应有之义。随着《国语》在两汉之际越来越得到重视，被称为《春秋外传》的《国语》也逐渐有了专门的注解著作。

随着《国语》进入经学序列，越来越多的学者开始关注并研究《国语》，此时简单的文字训诂已经不能满足要求，专门的《国语》注解开始出现。作为两汉时期仅有的两本注解，贾逵的《国语解诂》与郑众的《国语章句》开启了《国语》的注解史。一直到魏晋时期，《国语》注解纷纷涌现，形成了《国语》学史上的高峰。

从学脉上看，贾逵对《国语》的研究可以追溯至刘歆。刘歆主修《左传》，自然也会关注《国语》，并将其提升为《春秋外传》，可见对《国语》的重视。尽管《汉书》刘歆本传中并没有相关记载，但是从其他记述中仍可窥其踪迹。《后汉书·贾逵传》记："（贾逵）父徽，从刘歆受《左氏春秋》，兼习《国语》、《周官》，又受《古文尚书》于涂恽，学《毛诗》于谢曼卿，作《左氏条例》二十一篇。"[1] 贾逵之父贾徽曾跟从刘歆学习《左传》，同时也学习《国语》。由此看来，《国语》也在刘歆的研究目录之中。而且在刘歆对贾徽的教学中，《左传》《国语》是统而兼之的，主学《左传》并兼习《国语》，二者相并而行，不可偏废。贾徽在教育贾逵时，同

---

① （南朝宋）范晔撰《后汉书》，中华书局，1965，第 1234 页。

样按照刘歆的教学方式,《左传》《国语》兼学。史载贾逵自幼跟随其父学习:

> 逵悉传父业,弱冠能诵《左氏传》及《五经》本文,以《大夏侯尚书》教授,虽为古学,兼通五家《穀梁》之说。……尤明《左氏传》、《国语》,为之《解诂》五十一篇,永平中,上疏献之。显宗重其书,写藏秘馆。①

在贾逵的学业中,《左传》自然是主要文献,但从贾徽的从学历程看,学《左传》必学《国语》似乎已经成为惯例,因此贾逵在习《左传》的同时也学《国语》。而且,贾逵对《国语》较之刘歆和贾徽更为重视,甚至专门撰写《国语解诂》,并进献给汉明帝,看来贾逵对此书一定颇为自得。不过,这本《国语解诂》已经佚失,从汪远孙《〈国语〉三君注辑存》中贾逵部分看,留存内容大多是对字义的疏释、对制度的讲明,主要还是传统训诂。②

除了贾徽、贾逵父子之外,《后汉书》中还记载了郑兴、郑众父子的《国语》之学,同样可以追溯到刘歆。《后汉书·郑兴传》记载:"(郑兴)少学《公羊春秋》。晚善《左氏传》,遂积精深思,通达其旨,同学者皆师之。天凤中,将门人从刘歆讲正大义,歆美兴才,使撰条例、章句、传诂,及校《三统历》。"③郑兴在王莽朝时也曾跟从刘歆学习《左传》,并

---

① (南朝宋)范晔撰《后汉书》,中华书局,1965,第1235页。
② 宋志英选编《〈国语〉研究文献辑刊》第八册,国家图书馆出版社,2012,第731页。
③ (南朝宋)范晔撰《后汉书》,中华书局,1965,第1217页。

深受刘歆器重。后郑兴成为《左传》大师，史载"世言《左氏》者多祖于兴"，郑兴之学与贾逵之学并称郑贾之学。郑兴之子郑众同样秉承家学，跟随父亲学习《左传》，并作《国语章句》，韦昭《国语解》屡有摘引，但《隋书·经籍志》不载。清代马国翰辑有《国语章句》一卷，共录得五则；黄奭辑有《国语解诂》一卷，共录得二十九则。虽然名称不同，但是内容并无差异。

　　从贾逵《国语解诂》与郑众《国语章句》看，《国语》早期注解主要还是将重点放在文字训诂、制度解释、史事引证等内容上。当然，因为现在所见《国语解诂》与《国语章句》本就是从多种文献中辑佚所得，而那些文献之所以引用两书也多是看重其文字及所载制度、史事等内容，所以目前两书的辑佚材料的样本量不足以支撑考察整本文献情况。但是，从仅存的注解来看，二人也稍有不同。如注《周语中》"郑，伯南也"一句，韦昭引了贾逵、郑众二人的注解，其中贾逵注"南者，在南服之侯伯也"。或曰："南，南面君。"而郑众注解更为详细："南为子男，郑，今新郑。新郑之于王城在畿内，畿内之诸侯虽爵有侯伯，周之旧法皆食子男之地。"在引用了二人注解之后，韦昭自下断语，说："以此言之，郑在南服明矣。周公虽制土中设九服，至康王而西都鄗京，其后衰微，土地损减，服制改易，故郑在南服。"[①] 由此也可看出，贾逵、郑众等所作注解佚失，虽然依赖后人如韦昭引用而部分留存，但是由于引用时存在观念差异，或为满足注释需求，留

---

① 　徐元诰撰，王树民、沈长云点校《国语集解》（修订本），中华书局，2002，第48页。

存下的部分注解只是经过引用人选择之后的结果。

总体来说，两汉时期关于《国语》的注解不多。即使在《国语》更受重视的东汉时期，越来越多的学者开始关注《国语》，注解《国语》者也仅有贾逵、郑众二人而已。这一现象到魏晋时期得到彻底改观，《国语》注解著作在魏晋短短一百多年间涌现出六部。当然，这种兴盛局面也并非突然形成，而是得益于两汉时期《国语》研究奠定的深厚基础。正是由于西汉之后以《左传》为代表的古文经学蓬勃发展，《国语》研究才得以乘势而起，在东汉时期受到越来越多学者的重视，由此开创了经学时代《国语》研究的兴盛局面。

二 魏晋注解的突起

自西汉末年以来，随着古文经学尤其是《左传》的崛起，《国语》受到越来越多学者的重视。除贾逵、郑众对《国语》的注解之外，应劭在《风俗通义》中及许慎在《说文解字》中都屡屡引用《国语》。除了学者的研究，《国语》还逐渐进入一般士人的视野中，如《汉故执金吾丞武荣碑》记载武荣"治《鲁诗经韦君章句》、《阙帻传》，讲《孝经》、《论语》、《汉书》、《史记》、《左氏》、《国语》"[1]。由此可见，《国语》在东汉末期已经得到广泛普及。

魏晋南北朝时期，《国语》见于史籍的次数大幅增加，其普及度更高，影响力更大。《三国志·吴书·吕蒙传》中裴松之注引《江表传》：

---

[1] （清）严可均校辑《全上古三代秦汉三国六朝文》，中华书局，1958，第2031页。

　　初，权谓蒙及蒋钦曰："卿今并当涂掌事，宜学问以
自开益。"蒙曰："在军中常苦多务，恐不容复读书。"权
曰："孤岂欲卿治经为博士邪？但当令涉猎见往事耳。卿
言多务孰若孤，孤少时历《诗》、《书》、《礼记》、《左
传》、《国语》，惟不读《易》。至统事以来，省三史、诸
家兵书，自以为大有所益。如卿二人，意性朗悟，学必得
之，宁当不为乎？宜急读《孙子》、《六韬》、《左传》、
《国语》及三史。"①

　　孙权劝吕蒙不忘读书，并自述少时就曾读《国语》，为吕蒙开
列的书单中也有《国语》，可见孙权对《国语》的重视程度。
《三国志·魏书·钟会传》裴松之注中也记载了钟会之母教子
书单，其中也含有《国语》。② 至南朝梁时，《国语》也出现在
王筠年少时的书单中。③ 与两汉时期相比，《国语》在史籍中
出现的次数明显增加，而且是屡屡作为幼时的学习书目出现，
据此可见《国语》广泛普及度之一斑。

　　魏晋时期，《国语》不仅是一般士人的阅读书目，其相关

---

① （晋）陈寿撰，（南朝宋）裴松之注《三国志》，中华书局，1982，第
1274、1275 页。

② 其母传曰："夫人性矜严，明于教训，会虽童稚，勤见规诲。年四岁授
《孝经》，七岁诵《论语》，八岁诵《诗》，十岁诵《尚书》，十一诵
《易》，十二诵《春秋左氏传》、《国语》，十三诵《周礼》、《礼记》，十
四诵成侯《易记》，十五使入太学问四方奇文异训。"（晋）陈寿撰，（南
朝宋）裴松之注《三国志》，中华书局，1982，第 785 页。

③ 王筠"幼年读五经，皆七八十遍。爱《左氏春秋》，吟讽常为口实，广
略去取，凡三过五抄。余经及《周官》、《仪礼》、《国语》、《尔雅》、
《山海经》、《本草》并再抄。子史诸集皆一遍"。（唐）姚思廉撰《梁
书》，中华书局，1973，第 486 页。

研究著作数量也集中增长。从《隋书·经籍志》著录的《国语》注解著作看，隋代之前共有六种，魏晋时期就占了五种。① 如果再算上《隋书·经籍志》未著录的三国孙炎的注解，那么魏晋时期《国语》注解共计六种之多，分别是：

> 《春秋外传国语》二十一卷，虞翻注。
>
> 《春秋外传国语》二十一卷，唐固注。
>
> 《春秋外传章句》一卷，王肃注。
>
> 《春秋外传国语》，孙炎注。
>
> 《春秋外传国语》二十二卷，韦昭注。
>
> 《春秋外传国语》二十卷，孔晁注。

以上六人，王肃、孙炎、孔晁是魏人，虞翻、唐固、韦昭是吴人，南北各占一半。可见在《国语》受众的分布上，并未有明显的地域之分。当然，从年代上看，《国语》注解集中出现于三国时期，可算作东汉学术思潮的延续。

在注《国语》的六人中，虞翻以《易》见长，"又为《老子》、《论语》、《国语》训注，皆传于世"。② 唐固则"修身积学，称为儒者，著《国语》、《公羊》、《穀梁》传注，讲授常数十人"③。王肃则是遍注群经，形成与郑玄相抗衡的王学，"初，肃善贾、马之学，而不好郑氏，采会同异，为《尚

---

① （唐）魏徵、令狐德棻撰《隋书》，中华书局，1973，第 932 页。

② （晋）陈寿撰，（南朝宋）裴松之注《三国志》，中华书局，1982，第 1322 页。

③ （晋）陈寿撰，（南朝宋）裴松之注《三国志》，中华书局，1982，第 1250 页。

书》、《诗》、《论语》、《三礼》、《左氏解》，及撰定父朗所作《易传》，皆列于学官。其所论驳朝廷典制、郊祀、宗庙、丧纪、轻重，凡百余篇"。① 孙炎则"受学郑玄之门，人称东州大儒。征为秘书监，不就。肃集《圣证论》以讥短玄，叔然驳而释之，及作《周易》、《春秋例》、《毛诗》、《礼记》、《春秋三传》、《国语》、《尔雅》诸注，又注书十余篇"。② 孔晁属王肃学派，当时孙炎、马昭等人"申郑难王"，孔晁则是"申王难郑"。③ 六人注解中，唯有韦昭《国语解》流传于世，其他五种注解都在隋唐后亡佚了。清人马国翰《玉函山房辑佚书》收录虞翻《春秋外传国语虞氏注》一卷、唐固《春秋外传国语唐氏注》一卷、孔晁《春秋外传国语孔氏注》一卷。黄奭《黄氏逸书考》收录虞翻《国语注》一卷、唐固《国语注》一卷、孔晁《国语注》一卷、王肃《国语章句》一卷。汪远孙《国语三君注辑存》辑有贾逵、唐固与虞翻三人注解。这些注解能够留存，很大一部分得益于韦昭对众家注解的摘引。

在汉魏八家《国语》注解中（魏晋六家再加东汉贾逵、郑众两家），韦昭《国语解》能够独存于世，有其独特价值。北宋宋庠在《国语》被忽视时独撰《国语补音》，当时汉魏注解只余韦昭《国语解》传世，他指出韦昭《国语解》"历世离乱，经籍亡逸，今此书唯韦氏所解传于世，诸家章句遂无存

---

① （晋）陈寿撰，（南朝宋）裴松之注《三国志》，中华书局，1982，第419页。

② （晋）陈寿撰，（南朝宋）裴松之注《三国志》，中华书局，1982，第420页。

③ （清）孙诒让撰，雪克点校《周书斠补》，中华书局，2010，第184页。

者。然观韦氏所叙，以郑众、贾逵、虞翻、唐固为主而增损之，故其注备而有体，可谓一家之名学"①。韦昭《国语解》能够传世，是因为其吸收众家注解所长，同时又保留了自身特点。韦昭曾综述《国语》学史，他说：

> 遭秦之乱，幽而复光。贾生、史迁颇综述焉。及刘光禄于汉成世始更考校，是正疑谬。至于章帝，郑大司农为之训注，解疑释滞，昭析可观，至于细碎，有所阙略。侍中贾君敷而衍之，其所发明，大义略举，为已憭矣，然于文闲时有遗忘。建安、黄武之间，故侍御史会稽虞君，尚书仆射丹阳唐君，皆英才硕儒，洽闻之士也，采掘所见，因贾为主而损益之。观其辞义，信多善者，然所理释，犹有异同。昭以末学，浅暗寡闻，阶数君之成训，思事义之是非，愚心颇有所觉。今诸家并行，是非相贸，虽聪明疏达识机之士知所去就，然浅闻初学犹或未能祛过。切不自料，复为之解。因贾君之精实，采虞、唐之信善，亦以所觉增润补缀，参之以《五经》，检之以《内传》，以《世本》考其流，以《尔雅》齐其训，去非要，存事实，凡所发正三百七事。又诸家纷错，载述为烦，是以时有所见，庶几颇近事情，裁有补益。犹恐人之多言，未详其故，欲世览者必察之也。②

---

① 徐元诰撰，王树民、沈长云点校《国语集解》，中华书局，2002，第596页。
② 徐元诰撰，王树民、沈长云点校《国语集解》，中华书局，2002，第594～595页。

汉兴，贾谊、司马迁都曾引用《国语》；刘歆考校详细，纠正谬误；郑众开始为之作注，解释疑难，但较简略；贾逵继之，略举大义；虞翻、唐固在贾逵基础上进一步完善注解。韦昭寥寥数语勾勒出了西汉以来《国语》的学术史，可见其作注之前对《国语》以往研究情状已有总体了解。韦昭自述其承贾逵，采虞翻、唐固，参照五经、《左传》、《世本》、《尔雅》，在如此广泛研究基础上撰成《国语解》，这或许就是《国语解》独传于世的重要原因。

从汉魏学术史来看，自汉兴开始出现于典籍，到刘歆称其为《春秋外传》，再到东汉郑众、贾逵两家注解，《国语》在贯穿两汉数百年研究史中一直处于逐渐发展提升的过程。这一过程为《国语》研究奠定了深厚的研究基础，到魏晋时期尤其是三国时期的短短百年间，《国语》便有六部注解集中涌现，不能不说这是一个值得关注的现象。其实，魏晋时期，也就是从 220 年曹魏代汉至 420 年东晋灭亡，这 200 年间兴起了被冠以玄学的新思潮，由此魏晋时期在学术史上一直占据着重要的地位。不过，对于经学史来说，魏晋却一直被视为“中衰时代”[1]，受到诸多传统经学家的贬斥。即使在现代学术体系中，魏晋时期在经学通史中的论述篇幅所占比例也不多。然而，魏晋经学紧承两汉，传旧开新，断不可以“中衰”一词笼括。其实，只要略观“十三经注疏”中魏晋时期著作便可知绝非如此。于“十三经”而言，魏晋短短 200 年间出现的注解之作就独占了六部，这无疑是魏晋经学史应有地位的直观

---

① （清）皮锡瑞著，周予同注释《经学历史》，中华书局，1959，第 141 页。

体现。① 魏晋时期政治上历经了剧烈的变动。但是，通常而言，思想史上的变革远远没有政治史来得急促，所以魏晋时期的经学在很多方面仍然延续着两汉经学的传统。特别是三国时期，大量的经师学者都学成于汉末，无论是师承还是治经范式，都不离两汉经学的范畴。因此，在魏晋经学呈现出经学新面貌的同时，两汉经学主面相也仍得以延续。这种传旧开新的局面正是彼时展开经学研究的时代背景。

集中涌现的《国语》注解正是这种时代背景的产物。《国语》的地位也随着《春秋外传》称号的不断强化而得到提升，尤其是《国语》与《左传》的密切关系，使得《国语》从东汉以来古文经学大发展的成果中获益。韦昭便给予《国语》很高的评价，他说：

> 昔孔子发愤于旧史，垂法于素王。左丘明因圣言以摅意，托王义以流藻，其渊源深大，沈懿雅丽，可谓命世之才，博物善作者也。其明识高远，雅思未尽，故复采录前世穆王以来，下讫鲁悼、智伯之诔，邦国成败，嘉言善语，阴阳律吕，天时人事逆顺之数，以为《国语》。其文不主于经，故号曰"《外传》"。所以包罗天地，探测祸福，发起幽微，章表善恶者，昭然甚明，实与经艺并陈，非特诸子之伦也。②

---

① 《十三经注疏》采用魏何晏《论语集解》、魏王弼《周易注》、晋杜预《春秋经传集解》、晋范宁《春秋穀梁传集解》、晋郭璞《尔雅注》，另《尚书正义》所用孔传内有魏王肃部分注解。（清）阮元校刻《十三经注疏》，中华书局，1980，第125页。
② 徐元诰撰，王树民、沈长云点校《国语集解》，中华书局，2002，第594页。

韦昭延续了司马迁、班固等汉代学者对《国语》成书历史的观点，认为左丘明作《春秋传》，而"雅思未尽"，便采录"邦国成败，嘉言善语，阴阳律吕，天时人事逆顺之数"以成《国语》。与《左传》传《春秋》不同，《国语》并不解经，所以有《外传》之称，明其辅翼《左传》以传《春秋》。虽然只是《外传》，但是《国语》仍然被视为"与经艺并陈，非特诸子之伦"。这俨然已将《国语》纳入经学序列。

八百年后，当时间足够久远，后世学者有了更全面的视野之后，宋庠指出了《国语》研究在东汉魏晋时期繁盛的关键，他说：

> 当汉世，《左传》秘而未行，又不立于学官，故此书亦弗显，唯上贤达识之士好而尊之，俗儒弗识也。逮东汉，《左传》渐布，名儒始悟向来《公》、《穀》肤近之说，而多归《左氏》。及杜元凯研精训诂，木铎天下，古今真谬之学一旦冰释，虽《国语》亦从而大行，盖其书并出丘明。自魏、晋以后，书录所题，皆曰《春秋外传国语》，是则《左传》为内，《国语》为外，二书相副，以成大业。凡事详于内者略于外，备于外者简于内，先儒孔晁亦以为然。自郑众、贾逵、王肃、虞翻、唐固、韦昭之徒并治其章句，申之注释，为《六经》流亚，非复诸子之伦。自余名儒硕生好是学者不可胜纪。①

---

① 徐元诰撰，王树民、沈长云点校《国语集解》，中华书局，2002，第596页。

宋庠认为，《左传》在西汉秘而未行，流传不广。东汉时期，《左传》逐渐为人所知，与《公羊传》《穀梁传》相比，《左传》更优，所以学《左传》者日众。尽管此语掺杂有宋庠的个人偏好，但宋庠确实指出了问题的关键，即"虽《国语》亦从而大行，盖其书并出丘明"。《国语》在两汉时期之所以能够引起关注，在魏晋时期之所以能够涌现众多注解，主要是因为与《左传》同为左丘明所作，《左传》大兴而《国语》因之而兴。作为解《春秋》之传，《左传》为内，《国语》为外，"详于内者略于外，备于外者简于内"，内外二传各有详略，所以两书需结合在一起，才能更得《春秋》之旨。因此，郑众、贾逵、王肃、虞翻、唐固、韦昭、孔晁等汉魏学者纷纷为之做注解，《国语》已然超出诸子之列，成为"《六经》流亚"。

当我们回望历史惊奇于魏晋短短两百年间涌现众多《国语》注解时，我们应当认识到这是有其时代背景和深层原因的。魏晋时期守旧开新的经学研究孕育了大批优秀的经学著作，而《国语》伴随着古文经学的流行特别是《左传》的崛起受到了较之以往更多的关注，于是新的《国语》注解纷纷涌现。而且，《国语》也深度参与到整体经学史之中，成为其他经学注解的重要参考。

自东汉至魏晋，《国语》相关注解出现八部之多。除了专门的注解专著，《国语》也深度参与到汉魏经学之中。最显著的例子就是各种经书注解中大量出现《国语》引文，经学家们开始将《国语》作为解经的论据材料。越来越多的汉魏经学家利用《国语》来解说经文，甚至采择《国语》引文作为强证据，来推翻之前的注解，这是之前西汉时期所未曾出现的情况。这一现象在强烈昭示着《国语》研究的新动态，不仅

《国语》注解直接成为汉魏经学的实践范例，而且《国语》本身也成为汉魏经学史的重要文献。与注解《国语》所彰显出的意义一样，援引《国语》注解经书也是《国语》逐渐进入经学序列的重要表征。从引述春秋史事到支撑论证经义，《国语》最终深度融入汉魏经学的学术肌理。

从文献记载看，最早将《国语》引入经学讨论的是刘歆。汉元帝时，曾有过一场关于宗庙祭祀礼制的讨论，主要是天子祭祀庙数以及诸庙存毁的问题。这场讨论旷日持久，一直到汉哀帝时，刘歆上奏称述汉武帝功绩，奏议不宜毁武帝庙，其中引用《礼记》《穀梁传》《左传》等典籍作为论据。汉哀帝从其议。刘歆又再次上奏，说："礼，去事有杀，故《春秋外传》曰：'日祭，月祀，时享，岁贡，终王。'"① 其中，"日祭，月祀，时享，岁贡，终王"即出自《国语·周语上》。刘歆认为毁庙之举"失礼意"，而《国语》为其论点提供了论据支撑。对于刘歆的这一奏议，班彪给予了高度赞赏，他说："汉承亡秦绝学之后，祖宗之制因时施宜。自元、成后学者蕃滋，贡禹毁宗庙，匡衡改郊兆，何武定三公，后皆数复，故纷纷不定。何者？礼文缺微，古今异制，各为一家，未易可偏定也。考观诸儒之议，刘歆博而笃矣。"② 班彪认为之所以西汉后期礼制往复修改，是因为古今不同，而论者又各自观点不一，而刘歆的奏议允当，赞其"博而笃"。想必班彪对刘歆的引经据典印象深刻，故而有此赞语。《国语》被称为《春秋外传》，并作为论据能够有效地增强说服力，与《礼记》《穀梁

---

① （汉）班固撰《汉书》，中华书局，1962，第 3129 页。

② （汉）班固撰《汉书》，中华书局，1962，第 3130、3131 页。

传》《左传》等经典发挥着相同的影响作用，这从另一个角度显示出《国语》在当时学者心中的地位。

东汉时期，越来越多的经学家在注解经书时引用《国语》，其中就包括东汉经学大师郑玄。郑玄师事古文经学大师马融，当郑玄辞归时，马融曾感叹："郑生今去，吾道东矣。"① 可见马融对郑玄的推重。之后，郑玄又与今文经学大师何休论辩，何休也感叹："康成入吾室，操吾矛，以伐我乎！"② 东汉时期，经今古文之争愈演愈烈，马融、郑玄与今文学家展开多次论辩，"义据通深，由是古学遂明"③。在东汉古文经学的发展中，郑玄可谓功不可没，称其为东汉古文经学的集大成者绝非过誉。④ 当然，郑玄的经学意义远不止此，其治学最大特色在于"通"，兼通今古，不守一经。这种以古文经学为主、融会贯通的开放精神使其博采众长，遍注群经，形成了在经学史上影响深远的郑学。《后汉书·郑玄传》给予其高度评价，称："郑玄括囊大典，网罗众家，删裁繁诬，刊改漏失，自是学者略知所归。"⑤

在郑玄的这种通学范式之下，《国语》屡屡出现在其注解之中，成为解经的重要文献支撑。在《周礼注》中，郑玄注解"节服氏掌祭祀朝觐衮冕，六人维王之大常。诸侯则四人，其服亦如之。郊祀裘冕，二人执戈，送逆尸从车"（《周礼·

---

① （南朝宋）范晔撰《后汉书》，中华书局，1965，第1207页。
② （南朝宋）范晔撰《后汉书》，中华书局，1965，第1208页。
③ （南朝宋）范晔撰《后汉书》，中华书局，1965，第1208页。
④ 姜广辉主编《中国经学思想史》（第二卷），中国社会科学出版社，2003，第469页。
⑤ （南朝宋）范晔撰《后汉书》，中华书局，1965，第1212～1213页。

夏官·节服氏》），其注曰："裘冕者，亦从尸服也。裘，大裘也。凡尸，服卒者之上服。从车，从尸车送逆之往来。《春秋传》曰：'晋祀夏郊，董伯为尸。'"① 其中"晋祀夏郊，董伯为尸"出自《国语·晋语八》："宣子以告。祀夏郊，董伯为尸。"② 郑玄所言之《春秋传》，无疑即是指《春秋外传》，可见《国语》的这一名称在东汉时期已经被学者们接受。郑玄引《国语》意在证明郊祀过程中存在"尸"的环节。据许慎《五经异议》，对于祭天有无尸的问题，"《公羊》说：祭天无尸。《左氏》说：晋祀夏郊，以董伯为尸。《虞夏传》云：'舜入唐郊，以丹朱为尸。'是祭天有尸也"③。今文经学主张祭天无尸，而古文经学主张祭天有尸。此处《左氏》实则是《国语》，可见《国语》已经成为古文经学的重要文献。郑玄在注中引用《国语》，即是在论证祭天有尸的古文经学观点。

在《毛诗笺》中，郑玄再次引用了《国语》，不过由此也引发了争议。在《诗经·小雅·皇皇者华》中，"皇皇者华，于彼原隰。驰驰征夫，每怀靡及"，《毛传》注"每，虽。怀，和也"。《郑笺》云："《春秋外传》曰：'怀私为每怀也。'和当为私。众行夫既受君命，当速行，每人怀其私，相稽留，则于事将无所及矣。"④ 郑玄所引《春秋外传》语出自《国语·鲁语下》"叔孙穆子聘于晋"。叔孙穆子在听闻《皇皇者华》

---

① （清）孙诒让：《周礼正义》，中华书局，2015，第3001页。
② 徐元诰撰，王树民、沈长云点校《国语集解》，中华书局，2002，第437页。
③ （清）陈寿祺撰《五经异义疏证》，中华书局，2014，第22页。
④ （清）阮元校刻《十三经注疏》，中华书局，1980，第407页。

后，说："臣闻之曰：'怀和为每怀，咨才为诹，咨事为谋，咨义为度，咨亲为询，忠信为周。'"① 从《国语》的记载来看，叔孙穆子对《皇皇者华》的理解无疑具有权威性，代表着春秋时期对《诗经》的第一手解读。两相比对可以看出，《毛传》即参考《国语》，而《郑笺》则引出《国语》原文，点明二者关联。② 但是，郑玄所引明显与《国语》原文有出入，原文作"怀和为每怀"，而郑玄引作"怀私为每怀"，并指出"和当为私"。对此，孔颖达明确支持郑说，认为"是《外传》以为'怀私'，故郑引其文因正其误云：'和当为私'，为'和'误也。""观此《晋语》之文及《郑诗》之意，皆以'怀'为'私'，'怀'之义明。《鲁语》所亦当为'怀私'，不得为'和'也。郑所以引《外传》而破之者，以《毛传》云'怀和'是用《外传》为义，故引而破之。"③

但是，清代学者却大多不同意此说，如马瑞辰认为："怀和以双声为义，故《外传》以怀和为每怀，而毛《传》本之。《笺》易和为私，失其义矣。《郑》引《外传》而破之云'和当为私'，其所引《外传》仍当作怀和，《正义》本作私，亦误。《释训》：'每有，虽也。'此毛《传》'每，虽'所本。

---

① 徐元诰撰，王树民、沈长云点校《国语集解》，中华书局，2002，第180页。

② 其实《毛传》中就多用《国语》解《诗经》义，清人陈奂指出："故毛公说诗，其意取诸《左传》者，亦不一而足。《葛覃》'服之'，《天作》'荒之'，《旱麓》'干禄'，《皇皇者华》'六德'，《新台》'籧篨戚施'，以及《既醉》、《昊天有成命》等篇义，皆取诸《国语》，其时《左氏》未立学官，而毛公作《诂训传》同者，用师说也。"见徐世昌等编纂《清儒学案》，中华书局，2008，第5773页。

③（清）阮元校刻《十三经注疏》，中华书局，1980，第407页。

又证以末章《传》云'虽有中和，当自谓无所及'，则《传》有'每，虽'二字明矣。《正义》谓郑所据本无'每，虽'，亦非。郑改和为私，自易毛义，非述毛也。"① 王引之也持批评态度，他说：（郑玄）"以怀和为怀私，摈诸六德之外，与《国语》之文不合，而又以中和为忠信，则是以怀和之训强附于忠信为周，《国语》及《毛传》皆无此意，且曰虽得此于忠信之贤人，犹当云己将无所及于事，则成六德，则是以忠信为周，与每怀靡及合为一德，既乖《国语》之文，又失《毛传》之意矣。"至于何以如此，王引之认为，对于《皇皇者华》的解释，《左传》讲五善，《国语》讲六德，"五善六德其说各异，不可比而同之也"②。从郑玄的引用看，汉代学者确实面临着如何理解《左传》《国语》之间记载差异的问题。当然，对于郑玄来说，其以《左传》为主的态度是明确的。《左传》《国语》有一事记载完全不同，在黄池之会上，《左传》称"乃先晋人"③，但是《国语·吴语》却称"吴公先歃，晋侯亚之"④，孔颖达引郑玄之言："不可以《国语》乱周公所定法。"⑤ 郑玄此言何意？皮锡瑞认为"郑君说亦不详"，他的猜测是"盖郑用《左氏》说，以《春秋》本鲁史，为周公所定，不从《公羊》之义，故亦不取《国语》事实也"⑥。皮锡瑞此说可从。

除了解经之外，《国语》还常常出现在汉代和魏晋南北朝

① （清）马瑞辰撰《毛诗传笺通释》，中华书局，1989，第500页。
② （清）王引之撰《经义述闻》，上海书店出版社，2012，第158页。
③ （清）阮元校刻《十三经注疏》，中华书局，1980，第4716页。
④ 徐元诰撰，王树民、沈长云点校《国语集解》，中华书局，2002，第553页。
⑤ （清）阮元校刻《十三经注疏》，中华书局，1980，第4716页。
⑥ （清）皮锡瑞撰，吴仰湘编《郑志疏证》，中华书局，2015，第416页。

各朝史书《刑法志》《律历志》《礼仪志》中。如《汉书·刑法志》中对"五刑"的解读："《书》云'天秩有礼','天讨有罪'。故圣人因天秩而制五礼，因天讨而作五刑。大刑用甲兵，其次用斧钺；中刑用刀锯，其次用钻凿；薄刑用鞭扑。大者陈诸原野，小者致之市朝，其所繇来者上矣。"① 此处"五刑"说出自《国语·鲁语上》，"臧文仲言于僖公曰：'夫卫君殆无罪矣。刑五而已，无有隐者，隐乃讳也。大刑用甲兵，其次用斧钺，中刑用刀锯，其次用钻笮，薄刑用鞭扑，以威民也。'"② 这种"五刑"说又常被引来作为对《尚书》"五刑"的注解。③《魏书·律历志》记载"博士孙惠蔚、太乐祭酒公孙崇等考《周官》、《国语》及《后汉·律历志》，案京房法作准以定律，吹律以调丝，案律寸以孔竹，八音之别，事以粗举"④。《隋书·音乐志》记载后周时，长孙绍远引《国语》泠州鸠云："武王伐殷，岁在鹑火。"⑤《宋书·礼志》记载司徒右长史王俭议公府长史应服朝服，引用《春秋国语》云："貌者情之华，服者心之文。"⑥《南齐书·武帝本纪》记载当时诏书引用《春秋国语》云："生民之有学斆，犹树木之有枝叶。"⑦《南齐书·礼志》引《国语》"周人禘喾郊稷，祖文王，宗武王"及韦昭注"周公时，以文王为宗，其后更以文

---

① （汉）班固撰《汉书》，中华书局，1962，第 1079 ~ 1080 页。

② 徐元诰撰，王树民、沈长云点校《国语集解》，中华书局，2002，第 152 页。

③ 顾颉刚、刘起釪：《尚书校释译论》，中华书局，2005，第 425 页。

④ （北齐）魏收撰《魏书》，中华书局，1974，第 2658 页。

⑤ （唐）魏徵、令狐德棻撰《隋书》，中华书局，1973，第 354 页。

⑥ （梁）沈约撰《宋书》，中华书局，1974，第 511 页。

⑦ （梁）萧子显撰《南齐书》，中华书局，1972，第 49 ~ 50 页。

王为祖，武王为宗"。①《隋书·礼仪志》记载梁武帝引用《国语》来讲明藉田礼，"梁初藉田，依宋、齐，以正月用事，不斋不祭。天监十二年，武帝以为：'启蛰而耕，则在二月节内。《书》云："以殷仲春。"藉田理在建卯。'于是改用二月。'又《国语》云："王即斋宫，与百官御事并斋三日。"乃有沐浴裸飨之事。前代当以耕而不祭，故阙此礼。《国语》又云："稷临之，太史赞之。"则知耕藉应有先农神座，兼有赞述耕旨。今藉田应散斋七日，致斋三日，兼于耕所设先农神座，陈荐羞之礼。赞辞如社稷法。'"② 两汉之后，《国语》大量出现在魏晋南北朝各朝史书中。有据以定乐律的，有据以定礼仪的，甚至诏书也以《国语》起始。《国语》内容在诸书中的这种爆发式涌现是其影响扩大的直接体现。

总体来看，魏晋时期是《国语》学史上的兴盛期，许多学者关注、学习甚至注解《国语》。《国语》也越来越多地出现在各种文献中，被人们不断提起并影响着人们的选择。不过，在经历了魏晋时期的兴盛之后，《国语》逐渐开始转入新的发展阶段。典范经学时代正在慢慢成为过往，而新的思潮在逐渐形成，一个新的理学经学时代将会降临。当然，在新的变化发生之前，唐初《五经正义》的颁布可算作典范经学时代最后的荣光。

三　唐初典范的延续

隋唐的统一结束了中古时期政治上长达数百年的分裂状

---

① （梁）萧子显撰《南齐书》，中华书局，1972，第130页。
② （唐）魏徵、令狐德棻撰《隋书》，中华书局，1973，第143页。

态，也为经学上的一统提供了外部环境。南北朝时期，经学有了南学、北学之分，《隋书·儒林传》记载："南北所治，章句好尚，互有不同。江左《周易》则王辅嗣，《尚书》则孔安国，《左传》则杜元凯。河、洛《左传》则服子慎，《尚书》、《周易》则郑康成。《诗》则并主于毛公，《礼》则同遵于郑氏。大抵南人约简，得其英华，北学深芜，穷其枝叶。"因此，"自正朔不一，将三百年，师训纷纶，无所取正"①。南北朝时期经学的南北分立问题，至隋朝统一后引起官方重视。据载，隋文帝曾在开皇初年即下诏"正定经史"，但"各执所见，递相是非，久而不能就，上遣而罢之"②。因此，短暂统一的隋朝并没有在经学上有太多成就。不过，在统一时代，经学上的莫衷一是绝非应有之状态，"正定经史"是必然的举措。随后，一统天下的唐又将此事提上议程，史载"太宗又以经籍去圣久远，文字多讹谬，诏前中书侍郎颜师古考定《五经》，颁于天下，命学者习焉。又以儒学多门，章句繁杂，诏国子祭酒孔颖达与诸儒撰定《五经》义疏，凡一百七十卷，名曰《五经正义》，令天下传习"③。由此，在历经数百年发展后，唐代经学正式开启了统一经典文本与释义之路。

由于《五经正义》的编订是针对"儒学多门，章句繁杂"的问题，以孔颖达为首的唐初经学家删繁就简，于《易》《书》《诗》《礼》《春秋》五经中各选取一家注文，如《周易正义》用王弼注，《尚书正义》用伪孔安国传，《毛诗正义》

---

① （唐）魏徵、令狐德棻撰《隋书》，中华书局，1973，第1705、1706页。

② （唐）魏徵、令狐德棻撰《隋书》，中华书局，1973，第1715页。

③ （后晋）刘昫等撰《旧唐书》，中华书局，1975，第4941页。

用郑玄笺,《礼记正义》用郑玄注,《春秋左传正义》用杜预注。《五经正义》对于经文注本的选取,以汉魏旧注为主,并且在编订过程中树立了"疏不破注"的原则。皮锡瑞曾总结《五经正义》的特点,指出其书"著书之例,注不驳经,疏不驳注;不取异义,专宗一家"①。"专宗一家,疏不驳注"成为《五经正义》最显著的特点,这在一定程度上体现出唐初经学遵循着汉魏经学开创出的路径。当然,关于"疏不破注",有些学者已指出《五经正义》并未完全依照这一原则,其中有疏破注的例子。② 但是,仅举数则"破注"之例来反证并不能完全推翻《五经正义》"疏不破注"这一原则。正如皮锡瑞所指出的那样,《五经正义》存在很多问题,但"官修之书不满人意,以其杂出众手,未能自成一家。……究之功过非一人所独擅,义疏并非诸儒所能为也"③。《五经正义》杂出众手,又内容庞杂,其间存在与"疏不破注"相反的例子尚可接受,这并不能驳倒"疏不破注"的原则。张宝三先生在检讨《五经正义》"疏不破注"问题时曾说:"知世所谓'疏不破注'者,固不可据以言唐前之义疏;而唐修正义,虽大体遵注,亦非全不破注也。若谓正义以'不破注'为原则乃可,谓其严守此例,则非确论也。"④ 其实,"疏不破注"只是表明《五经正义》在编订过程中遵循旧注的原则,至于其中可找到几则

---

① （清）皮锡瑞著,周予同注释《经学历史》,中华书局,1959,第141页。
② 吕友仁:《孔颖达〈五经正义〉义例研究》,上海古籍出版社,2019,第1~44页。
③ （清）皮锡瑞著,周予同注释《经学历史》,中华书局,1959,第141~142页。
④ 张宝三:《五经正义研究》,华东师范大学出版社,2010,第395页。

"破注"的例证，并不影响《五经正义》遵循旧注的倾向。当《五经正义》编订之初，"疏不破注"被作为原则确立时，就已明白无误地显示出唐初经学家所受汉魏经学的深远影响。当然，这些经学家本身就是在汉魏经学范式下培养起来的，他们的工作自然也是对传统经学的延续。因此，由《五经正义》的编订情况可知，唐初一直延续着两汉魏晋时期经学的传统范式，这一点从《国语》在隋唐时期的际遇也可看出。

东汉末年至魏晋时期，有关《国语》的大量注解集中问世，形成了《国语》学史上的研究兴盛期。尽管经过南北朝的不断战乱，但这些注解绝大多数仍得以流传到隋唐。《隋书·经籍志》便著录从东汉至晋的《国语》注解共计六种，包括：

> 《春秋外传国语》二十卷，贾逵注。
> 《春秋外传国语》二十一卷，虞翻注。
> 《春秋外传章句》一卷，王肃注。
> 《春秋外传国语》二十二卷，韦昭注。
> 《春秋外传国语》二十卷，晋五经博士孔晁注。
> 《春秋外传国语》二十一卷，唐固注。[①]

综观两汉魏晋的《国语》注解史，只东汉郑众和三国孙炎的两种注解未收录，郑众的《国语章句》散在多种文献中，清人黄奭和马国翰有所辑录，而孙炎的《国语注》则无从查考。从《隋书·经籍志》著录情况看，两书佚失时间很早。据载，

---

① （唐）魏徵、令狐德棻撰《隋书》，中华书局，1973，第932页。

东汉末年，累年战乱，官府藏书损毁严重。董卓之乱，"图书缣帛，军人皆取为帷囊"。三国时期，魏收录书籍，藏书颇丰，但是西晋"惠、怀之乱，京华荡覆，渠阁文籍，靡有孑遗"。南北朝时期，战乱不断，书籍散落难集，"周武平齐，先封书府，所加旧本，才至五千"，可见当时惨状。隋朝统一后，搜访图书，"经籍渐备"。但是，到了唐初，发生了载书船只翻覆事故，导致搜罗到的隋朝旧籍"多被漂没，其所存者，十不一二"。①即使经历如此之多的磨难，《隋书·经籍志》所收《国语》注解仍较为完整，亦可见《国语》在魏晋南北朝时期流传甚广，注解大多能保存下来。

除了流传情况之外，《隋书·经籍志》所蕴藏的信息还有很多，尤其是关于《国语》的名称和定位，更是反映出唐初以孔颖达为首的经学家对《国语》的认知和理解。《隋书·经籍志》所收录《国语》六种注解都冠以《春秋外传》之名，而且将其列入"春秋类"，这显然是在遵循刘歆以来对《国语》的定位，将《国语》视为解经之辅助。在唐初文献中，不只是《隋书》，与其同时编纂的《群书治要》对《国语》的定位也是如此。受唐太宗之命，魏徵等人于贞观初年编纂《群书治要》，博采经、史、百家之文，辑成五十卷，"其书前十卷为经，凡《周易》、《尚书》、《毛诗》、《春秋左氏传》、《礼记》、《周礼》、《周书》、《国语》、《韩诗外传》、《孝经》、《论语》、《孔子家语》十二种"。②从《群书治要》的内容编

---

① （唐）魏徵、令狐德棻撰《隋书》，中华书局，1973，第 906~908 页。
② （清）周中孚：《郑堂读书记》，上海书店出版社，2009，第 1692 页。又见（清）钱大昕《十驾斋养新录》，凤凰出版社，2016，第 574 页。

排看，《国语》也被视为经学序列中的重要文献。当然，《国语》的这种经学定位是与《左传》密不可分的，《群书治要》"春秋类"便只列《左传》，可见《左传》在唐初盛行。史载，"晋时，杜预又为《经传集解》。《穀梁》范宁注、《公羊》何休注、《左氏》服虔、杜预注，俱立国学。然《公羊》、《穀梁》，但试读文，而不能通其义。后学三传通讲，而《左氏》唯传服义。至隋，杜氏盛行，服义及《公羊》《穀梁》浸微，今殆无师说"①。西晋时，三传尚并行，但是《公羊》《穀梁》两传已经呈现衰势。到了隋代，三传中只有《左传》杜预注盛行，《公羊》《穀梁》两传的研究已经式微，而到了唐代《隋书》撰作的年代，除杜预注之外，其他都已不传。与此形成鲜明对比的是，《左传》自汉魏以来一直盛行于世，而作为《外传》的《国语》自然地位牢固。

唐初不仅《国语》诸多注解仍然延续传统经学定位，《国语》本身也依然被作为解经制礼的必要文献，尤其是在商定礼制时，《国语》所载周代礼仪制度成为唐代礼制的重要参考。唐高宗时封嵩山，下诏礼官"详定仪注"，并详求射牲之礼，李行伟、裴守贞等议曰："据《周礼》及《国语》，郊祀天地，天子自射其牲。"并制定了详细的礼仪规定，主张"非亲射之仪，事不可行"，而后唐高宗从之。② 在议定射牲之礼时，天子亲射的主张依据即是《国语》中记载的周代礼制，这是《国语》影响唐代礼制的明证。唐代宗时，针对郊祭之

---

① （唐）魏徵、令狐德棻撰《隋书》，中华书局，1973，第933页。
② （后晋）刘昫等撰《旧唐书》，中华书局，1975，第889、890页。《旧唐书·孝友传》亦载此事，见是书第4925页。

礼问题又出现争论，《旧唐书·礼仪志》载唐玄宗天宝十年之前，"郊祭天地，以高祖神尧皇帝配座，故将祭郊庙，告高祖神尧皇帝室"，但到唐代宗宝应元年，杜鸿渐等人认为"禘谓冬至祭天于圆丘，周人则以远祖帝喾配，今欲以景皇帝为始祖，配昊天于圆丘"，欲变更礼制。黎干上疏反对，列举"十诘""十难"，开篇即言："《国语》曰：'有虞氏、夏后氏俱禘黄帝，商人禘舜，周人禘喾。'俱不言祭昊天于圆丘。"[1] 面对郊祭天地这等礼仪大事的讨论，唐人仍然是选择诉诸《国语》，以之作为制定礼仪的文献依据。除封禅、祭天等重大礼仪之外，制定其他具体礼仪规范时也同样屡引《国语》。如唐玄宗开元年间议定祭品多少时，时人便举《国语》观射父之言"郊禘不过茧栗，蒸尝不过把握"来作为依据。[2]

由此可见，在唐初人们的视野中，《国语》自两汉魏晋以来的传统定位依旧得以延续。无论是对《国语》的图书分类，还是作为讨论礼制的依据，《国语》都一如既往地被归入经学序列中。这种对汉魏传统观念的遵循自然与唐初经学家的经学观念密切相关，《五经正义》就是在这种观念指导下完成的。不过，中唐之后，经学史中的论述开始发生变化，新的经学范式逐渐萌发，《国语》也由此开启了新的历程。

---

① （后晋）刘昫等撰《旧唐书》，中华书局，1975，第836页。此事又载于（宋）欧阳修、宋祁撰《新唐书》，中华书局，1975，第4718页。

② （后晋）刘昫等撰《旧唐书》，中华书局，1975，第971页。

第四章　理学经学时代

在经历了魏晋南北朝长达三百多年的纷乱之后，中国在隋唐时期重又步入了统一的时代。从学术史发展来看，《五经正义》的编订成为这一统一时代的经学表征。《五经正义》是魏晋南北朝义疏经学的集中展示，是过去数百年经学发展的集成汇总。但是，从另一个角度看，集大成往往也就意味着类型的终结。中唐之后，学术思潮的创新因子逐渐显现。韩愈、李翱的心性讨论开创了后世宋明理学时代的核心论域，而啖助、赵匡、陆淳的《春秋》学则开启了理学时代的新经学。与此相对应，宋明时期的《国语》学史在初期延续先前两汉魏晋南北朝时期的论述和范式之外，也酝酿着新的变化。《国语》因作者问题陷入争论，进而受到更进一步的质疑。随着宋明时期经学范式的变革，《国语》在理学家们视野中的形象也面临着重估。在结束了经今古文之争后，《国语》渐渐褪去附着在其上的经学光环，重回本初的历史叙述序列，并因其本身具有的文学价值而丰满了自身形象。总之，在经学变革的时代，始终处于经学序列边缘位置的《国语》面临着被审视、被重估的境遇。在理学时代，以《论语》《孟子》《大学》《中庸》等四书为代表的经典文本进入经学序列，而如《国语》这样的传统文本则在边缘徘徊，这毫无疑问地标示着经学新时代的到来。

第一节　质疑之风的开启

作为经学时代的重要阶段，两汉经学奠定的经学范式影响深远，其关于经学的种种论述虽经魏晋时期的新发展有所变化，但其基本观点与经典范式一直延续下来。隋唐统一之后，这种经学仍然在王朝早期阶段畅行，并通过《五经正义》的修撰得到集大成式的巩固。不过，新的变革因素也在逐渐显现。这种变革是理学时代新经学的先声，并试图对两汉经学奠基的经典范式进行重估，而《国语》作为经学边缘文本便首当其冲遭到质疑，由此开启了理学经学时代。

一　柳氏宗元的非驳

自司马迁在《史记·太史公自序》中说"左丘失明，厥有《国语》"后，班彪、班固父子进一步明确左丘明既作《左传》又作《国语》。《国语》因与《左传》作者相同的这种特殊关系，又被冠以《春秋外传》，以与作为《春秋内传》的《左传》相携。东汉经师郑众、贾逵以及魏晋王肃、孙炎、虞翻、唐固、韦昭、孔晁等人都有注解《国语》专书。《国语》之所以在汉魏时期得到如此程度的重视，与其《春秋外传》的称谓有着莫大关系。但也正因为有此一重大关联，在《春秋》学革新之际，《国语》必然会牵扯其中。在中唐时期啖助、赵匡、陆淳开启《春秋》新学研究时，《国语》开始遭到种种质疑，其中最为著名的当数柳宗元《非〈国语〉》。

柳宗元何以作《非〈国语〉》？这与《春秋》新学有着密切关联。柳宗元曾追随陆淳学习《春秋》，并执弟子礼。柳

宗元曾与人言，读陆淳《春秋微旨》《春秋集注》两书，
"恒愿扫于陆先生之门"①。在表达完崇敬之情后，柳宗元又
因与陆淳居所相近，"始得执弟子礼"②。在陆淳去世后，柳
宗元又为其作《陆先生墓表》，赞其"能知圣人之旨。故
《春秋》之言，及是而光明"③。由此看来，柳宗元之所以作
《非〈国语〉》，与其接受陆淳《春秋》学观点有着莫大的关
系。清人姚范曾指出："子厚学《春秋》于陆质；质之学，本
于啖助。……啖助之学，不喜左氏，故子厚喜《穀梁》，作
《非〈国语〉》。"④ 其所言柳宗元作《非〈国语〉》的原因，可
谓识见透彻。柳宗元就曾自言："今余为是书，非左氏尤
甚。"⑤ 可见，柳宗元受《春秋》新学影响之深。

柳宗元对《国语》非常熟悉，历代学者都曾指出其文章
之道学自《国语》。宋代吕祖谦就说："看柳文法，关键出于
《国语》。"⑥ 明代胡应麟也指出："柳宗元爱《国语》，爱其文
也。"⑦ 当然，柳宗元对此并不讳言，他在《非〈国语〉序》
中说："左氏《国语》，其文深闳杰异，固世之所耽嗜而不已
也。而其说多诬淫，不概于圣。余惧世之学者溺其文采而沦于
是非，是不得由中庸以入尧、舜之道。本诸理，作《非〈国
语〉》。"⑧ 在柳宗元看来，《国语》文采卓绝，但是内容多诬

① （唐）柳宗元：《柳宗元集》，中华书局，1979，第 819 页。
② （唐）柳宗元：《柳宗元集》，中华书局，1979，第 819 页。
③ （唐）柳宗元：《柳宗元集》，中华书局，1979，第 819、209 页。
④ 吴文治编《柳宗元资料汇编》，中华书局，1964，第 399 页。
⑤ （唐）柳宗元：《柳宗元集》，中华书局，1979，第 823 页。
⑥ （宋）吕祖谦：《古文关键》，浙江古籍出版社，2017，第 1 页。
⑦ （明）胡应麟撰《少室山房笔丛》，上海书店出版社，2009，第 134 页。
⑧ （唐）柳宗元：《柳宗元集》，中华书局，1979，第 1265 页。

淫，有违圣人之意。正是由于担心学者为其书文采所遮蔽，而不明其中理之是非，最终误入歧途，所以才作《非〈国语〉》来辨明道理。在《非〈国语〉》篇末，柳宗元又再次强调："宋、卫、秦，皆诸侯之豪杰也。左氏忽弃不录其语，其谬耶？吴、越之事无他焉，举一国足以尽之，而反分为二篇，务以相乘，凡其繁芜蔓衍者甚众，背理去道，以务富其语。凡读吾书者，可以类取之也。《越》之下篇尤奇峻，而其事多杂，盖非出于左氏。吾乃今知文之可以行于远也。以彼庸蔽奇怪之语，而黼黻之，金石之，用震曜后世之耳目，而读者莫之或非，反谓之近经，则知文者可不慎邪？呜呼！余黜其不臧，以救世之谬，凡六十七篇。"① 柳宗元将这一作《非〈国语〉》的缘由反复申说，在与友人信中也曾提到"尝读《国语》，病其文胜而言厖，好诡以反伦，其道舛逆。而学者以其文也，咸嗜悦焉，伏膺呻吟者，至比六经。则溺其文必信其实，是圣人之道翳也。余勇不自制，以当后世之讪怒，辄乃黜其不臧，救世之谬。凡为六十七篇，命之曰《非〈国语〉》"②。

在以上三处有关撰述缘由的论述中，柳宗元对于《国语》有两个最关键的认识，一是《国语》文采可观，二是《国语》背理去道。对于前者来说，柳宗元多次提及，称《国语》其文"深闳杰异""奇峻""文胜"等，都是就其文采而言。作为唐宋八大家之著名代表，柳宗元对作文之道特予关注，这开启了后世从文学角度研究《国语》的路径。但是，仅因其文采可观，世人就"耽嗜而不已"，"黼黻之，金石之，用震曜后世之耳

---

① （唐）柳宗元：《柳宗元集》，中华书局，1979，第1328页。
② （唐）柳宗元：《柳宗元集》，中华书局，1979，第822页。

目", "以其文也, 咸嗜悦焉, 伏膺呻吟者", 甚至因此而"反谓之近经""至比六经", 那就是"溺其文采而沦于是非"。在此, 柳宗元特别提到世人对《国语》的经学认知, 明确反对将《国语》比附六经, 这无疑是针对东汉以来《春秋外传》的称谓而言的。柳宗元之所以反对此说, 就在于其认为《国语》"背理去道", 这就是其关于《国语》的第二个认识。柳宗元用了很多词语来批评《国语》, 称其"言龙", "繁芜蔓衍者甚众", "庸蔽奇怪之语", "其说多诬淫, 不概于圣", "好诡以反伦, 其道舛逆", "是圣人之道斁也", "不得由中庸以入尧、舜之道", 总之, 一言以蔽之即是"背理去道", 所以他要"黜其不臧, 以救世之谬", "本诸理, 作《非〈国语〉》"。从柳宗元这一长串批评中, 大致可见其对《国语》成见之深。《国语》言语庞杂、繁芜, 且多讲诬淫、奇怪之语, 这些都是柳宗元所认为的"背理去道"之表征, 与圣人之道也就是尧、舜之道相违。

柳宗元在此特标"尧舜之道"并非泛言, 而是有具体所指。清人姚范对此已有察觉, 他指出:

> 啖助云: 公羊子言乐道尧、舜之道, 以拟后圣, 《春秋》用二帝三王法, 不壹守周典明矣。子厚学《春秋》于陆质; 质之学, 本于啖助, 故云见圣人之道与尧、舜合, 不惟文、武、周公之志独取其法。而陆质墓表云: 以尧、舜为的, 以文、武为首, 以周公为翼。而他文亦曰: 理不一断于古书, 老生直趣尧、舜大道, 其渊源本于此也。[1]

---

① 吴文治编《柳宗元资料汇编》, 中华书局, 1964, 第399页。文中陆质即陆淳, 为避唐宪宗名讳而改名质。

姚范认为柳宗元屡屡提及尧舜之道，是受啖助、陆淳影响，而在《春秋》新学的思想体系中，尧舜之道是非常核心的范畴，担负着革新旧学的重任，承载着啖助等人的思想抱负，同时也是柳宗元《非〈国语〉》的根本宗旨所在。换而言之，柳宗元是以尧舜之道为宗旨、标准来审视、批判《国语》。因此，不明啖助所说的尧舜之道，就不知柳宗元何以作《非〈国语〉》。

二 春秋新学的兴起

作为唐代统一时期的学术表征，《五经正义》确立了经学的一元化，结束了南北朝以来"师训纷纭，无所取正"的局面。特别是与科举制度相结合，《五经正义》成为天下士子靡不遵从的官方经学定本。不过，唐代科举试经制度存在着严重缺陷，导致诸经发展并不平衡。

唐代经目为九经，《易》、《诗》、《书》、三《礼》、三《传》合为九经。诸经篇幅字数悬殊，所以又分为大经、中经与小经三类。这种制度区分本是为了考试公平，但在执行过程中却出现了诸经发展不平衡的问题。唐玄宗开元年间，问题就已经显现，《通典·选举典》记载：

> 开元八年七月，国子司业李元瓘上言："三《礼》、三《传》及《毛诗》、《尚书》、《周易》等，并圣贤微旨。生人教业，必事资经远，则斯道不坠。今明经所习，务在出身，咸以《礼记》文少，人皆竞读。《周礼》经邦之轨则，《仪礼》庄敬之楷模，《公羊》、《穀梁》，历代崇习，今两监及州县，以独学无友，四经殆绝。事资训诱，不可因循。其学生请各量配作业，并贡人参试之，日

习《周礼》、《仪礼》、《公羊》、《穀梁》。"①

唐代这种以字数多寡为标准的分经制度初衷可谅，但是在施行过程中习经者会因功利性而选易避难，导致如人人都熟读《礼记》这样文少的经典，而《周礼》《仪礼》《公羊传》《穀梁传》"四经殆绝"。开元十六年（728），国子祭酒杨玚上奏称：

> 且今之明经，习《左传》者十无二三，若此久行，臣恐左氏之学，废无日矣。臣望请自今已后，考试者尽帖平文，以存大典。又《周礼》、《仪礼》及《公羊》、《穀梁》殆将废绝，若无甄异，恐后代便弃。望请能通《周》、《仪礼》、《公羊》、《穀梁》者，亦量加优奖。②

杨玚表达了同样的忧虑，并希望制定更具体的政策来鼓励士子学习冷门经书。从上述两则事例可看出，《五经正义》很多经目在唐玄宗时就已经受到冷落，除《周易》《礼记》《尚书》等经之外，其余大多被束之高阁了。③

在此背景下，新的经学范式在暗自酝酿，并最终通过中唐时期的《春秋》学显现出来。在这个被后世称为《春秋》新学④的学派中，啖助、赵匡、陆淳三个亦师亦友的学者开创了

---

① （唐）杜佑撰《通典》，中华书局，1988，第355页。
② （后晋）刘昫等撰《旧唐书》，中华书局，1975，第4820页。
③ （清）皮锡瑞著，周予同注释《经学历史》，中华书局，1959，第148页；〔日〕本田成之：《中国经学史》，孙俍工译，漓江出版社，2013，第191页。
④ 姜广辉主编《中国经学思想史》（第二卷），中国社会科学出版社，2003，第783页。

新的解经范式，影响所及一直到宋代《春秋》学。唐玄宗末年，啖助"善为《春秋》，考三家短长，缝绽漏阙，号《集传》，凡十年乃成，复摄其纲条为例统"。[①] 但是，啖助不幸早逝，其思想的推广主要由陆淳完成。其弟子陆淳在自述中说："痛师学之不彰，乃与先生之子异，躬自缮写，共载以诣赵子，赵子因损益焉，淳随而纂会之。"最终《春秋啖赵集传纂例》行世。[②] 此处赵子即赵匡，曾与啖助"深话经义，事多响合"[③]，可见其深得啖助思想精义。所以，陆淳向赵匡请益，并将其观点也载入书中。这一学派，首创者是啖助，发挥者是赵匡，推广者是陆淳。[④]

这一学派之所以被称为《春秋》新学，主要在于抛开传统《春秋》三传，开启以意解经之路。啖助首先认为，《春秋》经义存于经文而非传中，他指出：

> 惜乎！微言久绝，通儒不作，遗文所存，三《传》而已。《传》已互失经指，注又不尽传意，《春秋》之意，几乎泯灭。……但先儒各守一传，不肯相通，互相弹射，仇雠不若，诡辞迁说，附会本学，鳞杂米聚，难见易滞，益令后人不识宗本。因注迷经，因疏迷注，党于所习，其俗若此。[⑤]

---

① （宋）欧阳修、宋祁撰《新唐书》，中华书局，1975，第5705页。

② （唐）陆淳纂《春秋啖赵集传纂例》，商务印书馆，1936，第14页。

③ （唐）陆淳纂《春秋啖赵集传纂例》，商务印书馆，1936，第14页。

④ 姜广辉主编《中国经学思想史》（第二卷），中国社会科学出版社，2003，第785页。

⑤ （唐）陆淳纂《春秋啖赵集传纂例》，商务印书馆，1936，第4页。

《春秋》三传虽是前代遗文，但是各自拘守，互不相通，导致并不能通过各传见《春秋》之意。由此，啖助主张会通三传，但其根本处还是以己意采择三传内容。所以，啖助进一步指出："予所注经传，若旧注理通，则依而书之；小有不安，则随文改易；若理不尽者，则演而通之；理不通者则全削而别注。"① 这种以理通经、以理改注的解经方式开启了后世宋代理学经学的先风。皮锡瑞曾就此下断语："今世所传合三《传》为一书者，自唐陆淳《春秋纂例》始。淳本啖助、赵匡之说，杂采三《传》，以意去取，合为一书，变专门为通学，是《春秋》经学一大变。宋儒治《春秋》者皆此一派。"②

在《春秋啖赵集传纂例》中，陆淳以《春秋宗指议》开篇，集中讨论《春秋》主旨问题。他引啖助之论，指出：

> 夫子所以修《春秋》之意，三《传》无文。……吾观三家之说，诚未达乎《春秋》大宗，安可议其深指？可谓宏纲既失，万目从而大去者也。予以为《春秋》者，救时之弊，革礼之薄。何以明之？前志曰：夏政忠，忠之弊野；殷人承之以敬，敬之弊鬼；周人承之以文，文之弊僿。救僿莫若以忠，复当从夏政。夫文者，忠之末也，设教于本，其弊犹末，设教于末，弊将若何。武王周公承殷之弊，不得已而用之。周公既没，莫知改作，故其颓弊甚于二代。以至东周，王纲废绝，人伦大坏。夫子伤之，曰：虞夏之道，寡怨于民，殷周之道，不胜其弊。

---

① （唐）陆淳纂《春秋啖赵集传纂例》，商务印书馆，1936，第5页。
② （清）皮锡瑞著，吴仰湘点校《经学通论》，中华书局，2017，第446页。

又曰：后代虽有作者，虞帝不可及已。盖言唐虞淳化，
难行于季末；夏之忠道，当变而致焉。是故《春秋》以
权辅正，以诚断礼，正以忠道，原情为本，不拘浮名，
不尚狷介，从宜救乱，因时黜陟。或贵非礼勿动，或贵贞
而不谅，进退抑扬，去华居实，故曰救周之弊，革礼之薄
也。古人曰：殷变夏，周变殷，春秋变周。又言：三王之
道如循环。太史公亦言：闻诸董生曰《春秋》上明三王
之道。《公羊》亦言：乐道尧舜之道，以俟后圣。是知
《春秋》参用二帝三王之法，以夏为本，不全守周典理，
必然矣。[①]

啖助这一长论的核心要点即是指出《春秋》是为"救周之弊，
革礼之薄"而作。夏商周三代各有弊病，"周人承之以文"，
其表现为周礼烦琐虚饰。《礼记·表记》曾记夏商周三代因革
利弊，其中讲周人尊礼尚施，其弊在于"利而巧，文而不惭，
贼而蔽"。[②]啖助在此便是借鉴化用其文，并指出周政之弊导
致东周"王纲废绝，人伦大坏"，而救周之弊需要回归夏政，
革周礼之失，济之以忠。因此，啖助主张"以权辅正，以诚
断礼，正以忠道，原情为本"，即是以真实之内心来革除徒具
其表的周礼。由此看来，尧舜之道是与周礼相对的，是解决周
代之弊的治世之道。而这两种相对立的方案，正是《公羊传》
与《左传》分别秉持的理念。啖助指出："据杜氏（杜预）所
论褒贬之指，唯据周礼。若然，则周德虽衰，礼经未泯，化人

① （唐）陆淳纂《春秋啖赵集传纂例》，商务印书馆，1936，第1、2页。
② （清）阮元校刻《十三经注疏》，中华书局，1980，第1642页。

足矣，何必复作《春秋》乎？……斯则杜氏之言陋于是矣。何氏（何休）所云：变周之文，从先代之质。虽得其言，用非其所。"① 杜预注《左传》纯言周礼，因此最不适宜。而何休注《公羊传》则提出"变周之文，从先代之质"，虽然具体指向有问题，但是其立场无疑是正确的。啖助的这些观点深刻影响了柳宗元，使其发出"见圣人之道与尧、舜合，不唯文王、周公之志独取其法耳"② 的感悟，并据尧舜之道以驳周礼，最终将与《左传》关系紧密的《国语》作为靶标，并一一梳理批驳其中的周代之弊。

三 今文经学的影响

在《非〈国语〉》中，柳宗元共分六十七篇来针对《国语》存在的问题进行反驳非难。章士钊对此进行了详细分类，划分成五类：（1）子厚最恶称天以诬人；（2）子厚最恶饰礼以欺民；（3）言必称神，肆其迂诞，为子厚所鄙耻；（4）子厚之轻视礼乐，固与墨家非乐薄葬之义未同；（5）子厚恶夫立数核史。③ 其实，这五类仍可以继续合并，第一、三类都称天、称神，第五类所谓立数核史即是先设一说而后以史事做预言之验，也属于神其预言，所以三类可并为一类。第二、四类

---

① （唐）陆淳纂《春秋啖赵集传纂例》，商务印书馆，1936，第 2 页。啖助在前文指出："说《左氏》者，以为《春秋》者，周公之志也，暨乎周德衰，典礼丧，诸所记注，多违旧章，宣父因鲁史成文，考其行事而正其典礼，上以遵周公之遗制，下以明将来之法。言《公羊》者则曰，夫子之作《春秋》，将以黜周王鲁，变周之文，从先代之质。"见（唐）陆淳纂《春秋啖赵集传纂例》，商务印书馆，1936，第 1 页。
② （唐）柳宗元：《柳宗元集》，中华书局，1979，第 819 页。
③ 章士钊：《柳文指要》，中华书局，1971，第 974 ~ 979 页。

都同周礼有关，也可并为一类。因此，柳宗元主要非驳《国语》两点问题，一是神，一是礼，言必称神则诬诞，处处饰礼则虚阔。苏轼在评价《非〈国语〉》一书时就曾指出："柳子之学，大率以礼乐为虚器，以天人为不相知云云。虽多，皆此类也。"[①] 如在《不藉》篇中，针对《国语·周语》记载"宣王不藉千亩"事，柳宗元起首便"非曰：古之必藉千亩者，礼之饰也"，指斥周礼的形式化。[②] 在《料民》篇中，针对"宣王料民于太原"事，柳宗元指出："圣人之道，不穷异以为神，不引天以为高，故孔子不语怪与神。"他认为君子谏君主，不应采用神怪愚诬之说。[③]《非〈国语〉》内容大多可归为上述两类，都是柳宗元针对周礼之虚饰和鬼神之愚诬进行的驳斥。

柳宗元的这一批评取径与《春秋》新学有着直接关系。啖助等人杂采三传，但是对三传的态度也有厚薄之分。《新唐书·儒学传》记载，啖助"爱公、穀二家，以左氏解义多谬，其书乃出于孔氏门人。且《论语》孔子所引，率前世人老彭、伯夷等，类非同时；而言'左丘明耻之，丘亦耻之'。丘明者，盖如史佚、迟任者。又《左氏传》、《国语》，属缀不伦，序事乖刺，非一人所为。盖左氏集诸国史以释《春秋》，后人谓左氏，便傅著丘明，非也"[④]。由此可见，对于《春秋》三传，啖助更偏向《公羊传》与《穀梁传》，而对《左传》指责最多。这与啖助所处时代密切相关，啖助亲历安史之乱，之

---

① （宋）苏轼：《苏轼文集》，中华书局，1986，第 1703 页。
② （唐）柳宗元：《柳宗元集》，中华书局，1979，第 1267~1268 页。
③ （唐）柳宗元：《柳宗元集》，中华书局，1979，第 1270~1271 页。
④ （宋）欧阳修、宋祁撰《新唐书》，中华书局，1975，第 5706 页。

后唐朝更是陷入藩镇割据的混乱状态。在此历史背景下，强调大一统的今文经学必然成为身处乱世学者的选择。因此，啖助明确提出："今《公羊》《穀梁》二传殆绝，习《左氏》者，皆遗经存传，谈其事迹，玩其文彩（采），如览史籍，不复有《春秋》微旨。呜呼！买椟还珠，岂足怪哉！"①

在啖助观点基础上，赵匡更是提出了对《左传》作者的质疑，《国语》也不可避免地被牵涉其中。赵匡直白地批评道：

> 啖氏依旧说，以左氏为丘明，受经于仲尼。今观《左氏》解经，浅于《公》《穀》，诬谬实繇。若丘明才实过人，岂宜若此。推类而言，皆孔门后之门人。但《公》《穀》守经，《左氏》通史，故其体异耳。且夫子自比，皆引往人，故曰窃比于我老彭，又说伯夷等六人，云我则异于是，并非同时人也。丘明者，盖夫子以前贤人，如史佚、迟任之流，见称于当时耳。焚书之后，莫得详知。学者各信胸臆，见《传》及《国语》俱题左氏，遂引丘明为其人。此事既无明文，唯司马迁云丘明丧明，厥有《国语》，刘歆以为《春秋左氏传》是丘明所为。且迁好奇多谬，故其书多为《淮南》所驳。刘歆则以私意所好，编之《七略》，班固因而不革，后世遂以为真。所谓传虚袭误，往而不返者也。……左氏决非夫子同时，亦已明矣。……且《左传》《国语》，文体不伦，序事又多乖剌，定非一人所为也。盖左氏广集诸国之史以释《春秋》，传成之后，盖其家子弟及门人，见嘉谋事迹，多不

---

① （唐）陆淳纂《春秋啖赵集传纂例》，商务印书馆，1936，第5页。

入传，或有虽入传而复不同，故各随国编之，而成此书，以广异闻尔。自古岂止有一丘明姓左乎？何乃见题左氏，悉称丘明？近代之儒，又妄为记录云，丘明以授鲁曾申，申传吴起，起传其子期，期传楚人铎椒，椒传虞卿，卿传荀况，况传张苍，苍传贾谊。此乃近世之儒，欲尊崇左氏，妄为此记。向若传授分明如此，《汉书》张苍、贾谊及儒林传，何故不书？则其伪可知也。[①]

在此，赵匡就《左传》问题做了长篇大论。他先是指出《左传》解经不如《公羊传》《榖梁传》，其中谬误甚多。这与啖助观点是一致的，啖助就曾说"二《传》传经，密于《左氏》，《榖梁》意深，《公羊》辞辨"。[②] 由此愈见此学派解《春秋》虽然杂采三传，但是明显更倾向今文经学，而这也是他们指摘《左传》的根本原因。除了指责《左传》解经浅薄之外，赵匡还将焦点引到了《左传》作者问题上。自两汉以来，《左传》虽然一直受今文学家的批评，但是关于其作者乃左丘明并无异议。赵匡在此批评了司马迁、刘歆和班固的观点，指出《左传》作者题为左氏，但左氏并非左丘明，而且《国语》也非左丘明所作，两书"定非一人所为"。并认为唐代的陆德明所列《左传》传授谱系，只是为了尊崇《左传》而虚设。赵匡的这一系列针对《左传》作者的质疑，特别是关于《左传》与《国语》关系的观点，可以说是抓住了批评的核心问题。在历史上，《左传》作者问题以及衍生出的《左传》与《国语》关系

① （唐）陆淳纂《春秋啖赵集传纂例》，商务印书馆，1936，第8、10页。
② （唐）陆淳纂《春秋啖赵集传纂例》，商务印书馆，1936，第4页。

问题，本就是司马迁之后才著录于书的。这就给批评者提供了模糊化处理的条件，只要质疑司马迁、刘歆等人的观点，就能从作者问题上根本否定《左传》《国语》的经学价值。具体到《国语》，赵匡认为其只是《左传》作者左氏的弟子门人将未入《左传》的材料汇编而成的，仅是"广异闻"而已。《国语》不仅不是左丘明所作，也非《左传》作者所作，由此其《春秋外传》身份自然就不复存在，遑论其经学定位。

《春秋》新学的这种今文经学倾向与中唐时期的社会政治环境直接相关。安史之乱后的藩镇割据乱状促使中唐学者寻找新的思想资源来保障秩序的稳定，由此推崇大一统理念的今文经学在"《公羊》、《穀梁》殆将废绝"的形势下重新获得关注，而其中微言大义式的解经范式也得到新的发展。《国语》便是在这种背景下，从东汉以来的《春秋外传》转而成为被质疑的对象。

总体来看，柳宗元秉持着理性的实用主义立场，对《国语》记载的周穆王至春秋时期的历史进行了梳理批驳，特别是抓住礼之虚与神之诬两点，详列史事，一一驳斥。但是，这种批驳是有预设立场的，是柳宗元深受《春秋》新学影响，抱着抨击周礼之弊的目的，同时又怀着对《公羊传》《穀梁传》的倾向，对《国语》进行的集中批评。因此，《非〈国语〉》及其背后经学思潮的出现是中唐时期经学演变发展的结果，是这一时期经学变革的时代表征。其中缘由，或许可归为两汉经学今古文之争的延续，也可视为中唐以后经学范式的革新。[1]

---

[1]　陈弱水：《中晚唐文人与经学》，《历史语言研究所集刊》第八十六本第三分，2015 年 9 月。

第二节　宋明境遇的衰微

从哲学史角度来看，两宋时期理学思潮的出现完全改变了两汉以来的思想发展脉络。作为延续至近代的时代思想背景，理学影响了近千年的传统社会，而作为传统社会意识形态的经学也因之发生了重大变革。一直到唐代仍然被遵奉的两汉经学范式被质疑，中晚唐之后形成了一股强烈的疑经疑传风潮，其实质是理学思想革新的先声。这股寻求突破传统经学樊篱的、具有强烈自我表达诉求的风潮最终演化为理学思潮。在理学思潮影响下，先前经学的种种既有定论都遭到了重新审视，其中就毫无意外地包括《国语》。自东汉以来，《国语》以《春秋外传》的身份侧身经学序列之中，而此时随着两汉经学范式被冲破，作为经学边缘文献的《国语》也面临着被重估的境遇。其地位在重估之后不可避免地下降，直接表现就是《国语》在宋明时期文献中出现次数大为减少。在以"四书"为主体的理学经学领域内，已经没有了《国语》的经学位置。

一　理学时代的变革

两汉之后，魏晋南北朝虽然经过了长达数百年的战乱纷争，但是这一时期的经学发展仍然处于两汉经学范式的框架之中。随着隋唐统一时代的到来，南北学分立的经学也得到了形式上的统一。但是，新的变革在悄然发生，中晚唐时期，以韩愈、李翱为代表的学者在思想上正尝试着突破，而经学上也由以啖助、赵匡、陆淳为代表的《春秋》新学完成了某种程度上的革新。

这种革新是以舍传求经的途径实现的，马宗霍曾说："前儒大都遵传过甚，苟有经传不合之处，宁言经误。啖、赵、陆则以经攻传，自谓深得圣人之旨。"① 此所谓"圣人之旨"恐怕更多是个人创见，在阐发经文过程中，不合己意的传显然已经成为阻碍，因此创见的实现必然要舍传求经。韩愈赠友人诗中有"《春秋》三传束高阁，独抱遗经究终始"② 的名句，虽然是夸赞友人之言，但也经常被研究者用来作为描述中晚唐经学的诗句，脱离原诗语境单独来看，倒是也很贴切，简洁而准确地点出了这种舍传求经的风气。这种风气正契合了韩愈、李翱发轫的儒学革新思潮。到了宋初，这种经学风气更是与理学相呼应，最终促成了经学范式的变革。当然，自传统经学卫道者来看，其弊病也是影响极大，《新唐书》就指责道：

> 三家言经，各有回舛，然犹悉本之圣人，其得与失盖十五，义或缪误，先儒畏圣人，不敢辄改也。啖助在唐，名治《春秋》，摭讪三家，不本所承，自用名学，凭私臆决，尊之曰"孔子意也"，赵、陆从而唱之，遂显于时。呜呼！孔子没乃数千年，助所推著果其意乎？其未可必也。以未可必而必之，则固；持一己之固而倡兹世，则诬。诬与固，君子所不取。助果谓可乎？徒令后生穿凿诡辨，诟前人，舍成说，而自为纷纷，助所阶已。③

---

① 马宗霍、马巨：《经学通论》，中华书局，2011，第 286 页。
② （唐）韩愈：《韩昌黎诗系年集释》，上海古籍出版社，1984，第 782 页。
③ （宋）欧阳修、宋祁撰《新唐书》，中华书局，1975，第 5707～5708 页。

自啖助、赵匡、陆淳始，以《春秋》新学为代表的这种舍传求经风气不专守一家之传，而是以己意为准则采择众传，表面是"变专门为通学"①，但与东汉郑玄所谓通学完全不同，其实质是以己意解经。所以，《新唐书》批评啖助等人助长了"穿凿诡辨，诟前人，舍成说"的风气。但是，从理学角度看，这种舍传求经无疑是破除思想束缚的革新之举，于是宋人毅然沿着这一路径大踏步走下去。

北宋初年，依然有很多学者继续延续汉唐经学路径，博通经书，《宋史·儒林传》所载宋初诸儒如邢昺、孙奭等人大多如此。当然，新的风气正在逐渐发挥影响，如《儒林传》记载，田敏"虽笃于经学，亦好为穿凿，所校《九经》，颇以独见自任，如改《尚书·盘庚》'若网在纲'为'若纲在纲'，重言'纲'字。又《尔雅》'椴，木槿'注曰：'日及'，改为'白及'。如此之类甚众，世颇非之"②。从最后"世颇非之"的评语来看，宋初学者对这种直接改经的做法依然持保留态度。不过，仅仅数十年之后，司马光就已指责当时经学风气大变，他说：

> 新进后生，未知臧否，口传耳剽，翕然成风。至有读《易》未识卦、爻，已谓《十翼》非孔子之言。读《礼》未知篇数，已谓《周官》为战国之书。读《诗》未尽《周南》、《召南》，已谓毛、郑为章句之学。读《春秋》未知十二公，已谓《三传》可束之高阁。循守注疏者，

---

① （清）皮锡瑞著，吴仰湘点校《经学通论》，中华书局，2017，第446页。
② （元）脱脱等撰《宋史》，中华书局，1985，第12819～12820页。

谓之腐儒；穿凿臆说者，谓之精义。①

司马光的叙述，多是对"新进后生"不学无术的斥责，但是从中透露出的时代学风已然是不满汉唐注疏，开始追求个人创见。对于宋初至仁宗朝的这一系列变化，皮锡瑞准确地指出："经学自唐以至宋初，已陵夷衰微矣。然笃守古义，无取新奇；各承师传，不凭胸臆；犹汉、唐注疏之遗也。……乃不久而风气遂变。"② 作为相近时代的学者，南宋王应麟说得更具体，他在《困学纪闻》中指出："自汉儒至于庆历间，谈经者守训故而不凿。《七经小传》出而稍尚新奇矣。至《三经义》行，视汉儒之学若土埂。"③《七经小传》是刘敞所作，《三经义》即《三经新义》，是王安石等人承袭刘敞之学而来。王应麟距北宋仁宗朝不远，所说当是切近之论。由此看来，刘敞在北宋经学变革上影响颇深。

刘敞《七经小传》是以笔记形式，为《尚书》《毛诗》《周礼》《仪礼》《礼记》《公羊传》《论语》作传。④ 其主要目的是论辩旧注之非，并根据己意对经书进行修改，王应麟所说"新奇"大概乃就此而言。刘敞学识渊博，从其《七经小传》遍注群经就可看出。但其学问最有根底的还是《春秋》学，其学上承啖助、赵匡、陆淳，下启胡安国，可谓承前启

---

① （宋）司马光著，李之亮笺注《司马温公集编年笺注》，巴蜀书社，2009，第122页。
② （清）皮锡瑞著，周予同注释《经学历史》，中华书局，1959，第156页。
③ （宋）王应麟著，（清）翁元圻辑注，孙通海点校《困学纪闻注》，中华书局，2016，第1192页。
④ （宋）刘敞撰，项杨整理，朱维铮审阅《七经小传》，上海书店出版社，2012，第437页。

后，同时也最能体现宋代经学舍传求经之风气。《四库全书总目》评价其《春秋传》：

> 其书皆节录三《传》事迹，断以己意。其褒贬义例，多取诸《公羊》、《穀梁》。如以庄公围郕师还为仁义，以公孙宁、仪行父为有存国之功，以晋杀先縠为疾过，以九月用郊为用人，而"赵鞅入晋阳以叛"一条，尚沿二传以地正国之谬，皆不免于胶固。其经文杂用三《传》，不主一家。每以经传连书，不复区画，颇病混淆。又好减损三《传》字句，往往改窜失真。如《左传》"惜也，越竟乃免"句，后人本疑非孔子之言，敞改为讨贼则免，而仍以"孔子曰"冠之，殊为蹖驳。则宋代改经之例，敞导其先，宜其视改传为固然矣。[1]

刘敞之《春秋》学一方面改易传文，一方面多取《公羊传》《穀梁传》义。改易传文，实乃宋代经学研究风气，为求阐发己意，不惜擅改经传文字，经传重要性已然降低。而在重要性降低的三传之中，《左传》较之其他二传又再低一等。据学者研究，在刘敞《春秋传》第一卷中，其所作《春秋》经文解说几乎都与《公羊传》或《穀梁传》相关，而对《左传》则只限于摘引史事。而且，《春秋传》的行文用语都模仿《公羊传》《穀梁传》采用的自设问答的方式。对于《公羊传》《穀梁传》观点不同之处，刘敞则遵从《公羊传》居多，由此看

---

[1] （清）永瑢等撰《四库全书总目》，中华书局，1965，第215页。

出，刘敞之《春秋》学以《公羊传》为主。①

其实，刘敞对于《春秋》三传的这种倾向，是宋代《春秋》学普遍存在的现象。一方面，两宋王朝自建立始就处于北方民族政权环伺的境地，因此宋代《春秋》学大多强调大一统、尊王、华夷之辨、复仇等主题，北宋孙复的代表作即命名为《春秋尊王发微》，推崇《春秋》"尊天子，贵中国"的主张。胡安国作《春秋传》，也是强调"尊君父，讨乱贼，辟异说，正人心，用夏变夷"②。这些观点本就为《公羊传》《穀梁传》所主张，因此宋代《春秋》学自然倾向《公羊传》《穀梁传》。另一方面，《左传》因其固有特点，多被宋人视为史学。刘敞就赞同今文学家"《左传》不传《春秋》"的观点，认为《左传》与经文有很多不同之处。③ 胡安国更是认为《左传》繁碎，不值一读。朱熹明确指出："以三《传》言之，《左氏》是史学，《公》《穀》是经学。史学者，记得事却详，于道理上便差；经学者，于义理上有功，然记事多误。"④ 对于《春秋》三传来说，作为史学的《左传》只能提供史料供解经者采择，而《公羊传》《穀梁传》所蕴含的大义却是宋人解经的主题。因此，在理学时代，汉唐注疏被有意忽略，《左传》更因其特性而陷入经史的争论中。在这种背景下，东汉以来与《左传》相表里而被视为《春秋外传》的《国语》，处境可想而知。

---

① 赵伯雄：《春秋学史》，山东教育出版社，2004，第456页。

② （宋）胡安国：《春秋胡氏传》，浙江古籍出版社，2010，第2页。

③ （宋）刘敞撰，项杨整理，朱维铮审阅《七经小传》，上海书店出版社，2012，第458页。

④ （宋）黎靖德编，王星贤点校《朱子语类》，中华书局，1986，第2152页。

从《宋史·艺文志》看，两宋时期《国语》流传情况已大不如前。

　　左丘明《春秋外传国语》二十一卷（韦昭注）
　　柳宗元《非国语》二卷
　　宋庠《国语补音》三卷①

《隋书·经籍志》中尚记录六种汉魏注解，至两宋时期只有韦昭注传世，另有较大影响者仅柳宗元《非〈国语〉》与宋庠《国语补音》。宋庠主要活动时间处于北宋仁宗朝，其在《国语补音序》中谈道："历世离乱，经籍亡逸，今此书惟韦氏所解传于世。诸家章句遂无存者。"② 依宋庠所言，《国语》汉魏注解至北宋前期就大多已散佚，只剩汇集众家注解的韦昭注行世。更可悲的是，终宋一世三百余年，也仅有宋庠一人著有《国语》专门之作。

　　由此看来，《国语》的确不为宋代学者所关注。如果将检索年限延长，在由宋至明的整个理学时代，《国语》出现在这七百年间文献中的次数也大为减少。或许可以猜测，这与理学时代经学发展的整体趋势是有密切关联的。在这种大背景下，《国语》在宋人眼中的地位已大大降低。朱熹虽曾多次点评《国语》，但评价并不高，如"《国语》辞多理寡，乃衰世之书，支离蔓衍，大不及《左传》。看此时文章若此，

① （元）脱脱等撰《宋史》，中华书局，1985，第5066页。
② 徐元诰撰，王树民、沈长云点校《国语集解》（修订本），中华书局，2002，第596页。

如何会兴起国家！""有治世之文，有衰世之文，有乱世之文。《六经》，治世之文也。如《国语》委靡繁絮，真衰世之文耳。是时语言议论如此，宜乎周之不能振起也。至于乱世之文，则战国是也。然有英伟气，非衰世《国语》之文之比也。"① 以上种种，都显示出《国语》在理学经学时代地位衰微的尴尬境遇。

二 作者成说的否定

自司马迁首发"左丘失明，厥有《国语》"的感叹之后，后世学者一直将《国语》作者定为左丘明。经过班彪、班固父子的进一步详细论述，左丘明作《左传》后继而又作《国语》便成为定论，为研究《左传》《国语》的很多学者所遵奉。从两书内容来看，二者所记载的历史年代都集中于春秋时期，所叙述历史事件也有不少重合之处，加之又有司马迁、班固等著名史家的论断，那么《国语》作者本就不成为问题。而且，从历史上看，汉唐学者大多也不视其为问题。但是，随着理学经学时代的开启，宋代学者开始就《国语》作者展开了争论。《国语》作者是否为左丘明？《国语》《左传》作者是否为同一人？《左传》作者是否为左丘明？这些延续千年的论断突然之间不再是天经地义、不可置辩的定论，很多学者对其产生了怀疑。如果将这一现象与理学经学时代的开启相联系，那么有理由相信二者之间的同步并不是巧合，而是理学经学时代疑经思潮的重要表征。

---

① （宋）黎靖德编，王星贤点校《朱子语类》，中华书局，1986，第2187、3297页。

宋代疑经思潮与理学经学时代的开启互为表里。中唐啖助、赵匡、陆淳等人的《春秋》学舍传求经，某种程度上已经开启了疑经思潮。到北宋时期，经学研究中的疑经思潮由孙复、刘敞等人首先发声。仁宗庆历之后，借由王安石《三经新义》的颁行，疑经思潮更是成为科举考试的制度化安排。司马光对庆历时期经学风气的指责，确是针砭时弊之言。到南宋时，陆游激烈地指出："唐及国初，学者不敢议孔安国、郑康成，况圣人乎！自庆历后，诸儒发明经旨，非前人所及，然排《系辞》，毁《周礼》，疑《孟子》，讥《书》之《胤征》、《顾命》，黜《诗》之《序》，不难于议经，况传注乎！"[①] 其中，"排《系辞》"即是欧阳修所为，他在《易童子问》中质疑《易传》非孔子作，"童子问曰：《系辞》非圣人之作乎？曰：何独《系辞》焉，《文言》、《说卦》而下，皆非圣人之作"[②]。可见当时不仅疑内容，还疑作者。马宗霍曾概述宋一代疑经之作，如"冯椅《厚斋易学》、李过《西谿易说》、赵汝梅《周易辑闻》，皆改《易》；龚鼎臣《东原录》、刘敞《七经小传》、王柏《书疑》，皆改《尚书》；苏辙《诗集传》删节《诗》之小序；据陈振孙《直斋书录解题》卷二，郑樵《夹漈诗传》及《诗辩妄》以自作之序言取代小序；陈鹏飞《诗解》以为《商颂》当阙、《鲁颂》可废；王柏《诗疑》于《召南》、《邶风》、《鄘风》等多篇皆有所删节更改；俞廷椿《周礼复古编》截取《周官》五官六十以外为冬官；朱熹切

① （宋）王应麟著，（清）翁元圻辑注，孙通海点校《困学纪闻注》，中华书局，2016，第1192页。
② （宋）欧阳修著，李逸安点校《欧阳修全集》，中华书局，2001，第1119页。

割、改编《礼记》之《大学》与《中庸》；刘敞《春秋传》删节、混编三传。此外，程颐于《论语》、朱熹于《孝经》皆有所改动"①。从以上所列书目看，终宋一代，《诗》《书》《礼》《易》《春秋》都曾受到质疑。这种疑经思潮的实质是学者试图挣脱经传的束缚从而使思想获得更为直接的表达，对这一点表述最激烈的无疑是陆九渊"六经注我"的宣言。疑经思潮影响所及，先秦古籍概不能免，东汉以来成为《春秋外传》的《国语》自然是首当其冲。

自西汉初年，《国语》进入历史叙述中，其作者为左丘明这一观点一直到魏晋时期都未曾受到质疑，即使在东汉时期经今古文之争异常激烈时，今文学家也并没有批驳《左传》《国语》非左丘明所作。从传世文献来看，率先就《国语》作者问题提出质疑的是魏晋傅玄，他说："《国语》非丘明所作，凡有共说一事而二文不同，必《国语》虚而《左传》实，其言相反不可强合也。"②（《左传·哀公十三年》"乃先晋人"句下孔颖达疏引）傅玄著作已经佚失，不知此言是在何种语境下所说。究其语意，大概是在比较《国语》《左传》之后，发现提及同一事时，二文记载不同，如《左传·哀公十三年》"乃先晋人"一事便与《国语》记载不同，于是孔颖达疏中引傅玄此语。但是，孔颖达或许对傅玄之言并不认可，对于此事的记载差异，孔颖达给出的解释是："《国语》之书，当国所记，或可曲笔直己，辞有抑扬，故与《左传》异者多矣。"③

---

① 马宗霍、马巨：《经学通论》，中华书局，2011，第 293~294 页。

② （清）阮元校刻《十三经注疏》，中华书局，1980，第 2171 页。

③ （清）阮元校刻《十三经注疏》，中华书局，1980，第 2171 页。

《左传》记"乃先晋人"，《国语·吴语》作"吴公先歃，晋侯亚之"①，《吴语》所记自当以本国优先，故而有此差异，这并不能成为二书作者不同的论据。同为魏晋时人的孔晁曾注解《国语》，其注虽已佚失，但孔颖达也曾在疏中摘引其关于《国语》的言论，即"左丘明集其典雅令辞与经相发明者，以为《春秋传》，其高论善言别为《国语》。凡《左传》、《国语》有事同而辞异者，以其详于《左传》而略于《国语》，详于《国语》而略于《左传》"②（《左传·僖公十一年》"天王使召武公"句下孔颖达疏引）。孔晁同样是指出《左传》《国语》记事不同，但他并没有得出二书作者不同的结论。面对同样的论据，何以得出相反的结论？因为这样的论据并非强论据，其本身有着宽广的解释自由度，所以如何解读就变成立场问题，立场的不同决定了面对相同论据时得出结论的差异。在魏晋时期，质疑《国语》并非主流，只有傅玄这一孤例。但是，当中唐之后，疑经思潮流行，对《国语》作者的争论就成为一种必须正视的现象。③

在开启疑经思潮的中唐《春秋》新学中，《国语》作者成为赵匡等人阐发新意的重要一环。赵匡先是发前人所未发，作惊人之论，认为《左传》作者并非左丘明。其理由有二：一是《左传》解经水平较之其他二传为差，"今观《左氏》解经，浅

---

① 徐元诰撰，王树民、沈长云点校《国语集解》（修订本），中华书局，2002，第553页。

② （清）阮元校刻《十三经注疏》，中华书局，1980，第1802页。

③ 隋代刘炫曾指出："《国语》非丘明所作。"但这也只是孔颖达疏中所引，只此一句引文无法获取更多信息。见《左传·襄公二十六年》"栾范易行以诱之"句孔颖达疏。（清）阮元校刻《十三经注疏》，中华书局，1980，第1992页。

于《公》《榖》，诬谬实繇。若丘明才实过人，岂宜若此。推类
而言，皆孔门后之门人"。二是左丘明乃孔子之前贤人，并非当
世之人，"丘明者，盖夫子以前贤人，如史佚、迟任之流，见称
于当时耳。焚书之后，莫得详知。学者各信胸臆，见《传》及
《国语》俱题左氏，遂引丘明为其人"。① 对于司马迁、刘歆、
班固等人的观点，赵匡一概无视，认为并非信史。因此，赵匡
的结论就是《左传》作者是左氏，而不是左丘明。在否定《左
传》作者乃左丘明之后，赵匡提及《国语》，他说：

> 且《左传》《国语》，文体不伦，序事又多乖剌，定
> 非一人所为也。盖左氏广集诸国之史以释《春秋》，传成
> 之后，盖其家子弟及门人，见嘉谋事迹，多不入传，或有
> 虽入传而复不同，故各随国编之，而成此书，以广异闻
> 尔。自古岂止有一丘明姓左乎？何乃见题左氏，悉称
> 丘明？②

赵匡所用理由与傅玄相同，也是从《左传》《国语》二书对同
一事件记述不同入手，否认二书是同一作者所作，并进而指出
《国语》是左氏子弟门人所作。赵匡不仅首次质疑《左传》作
者（在东汉时期经今古文之争最激烈之时，今文学家都未曾
提出这等质疑），而且也提出关于《国语》作者的新观点。不
过，赵匡的观点在当时并未得到其他学者的认可，即使是追随
《春秋》新学写出《非〈国语〉》的柳宗元也并没有否认左丘

---

① （唐）陆淳纂《春秋啖赵集传纂例》，商务印书馆，1936，第 8 页。
② （唐）陆淳纂《春秋啖赵集传纂例》，商务印书馆，1936，第 10 页。

明作《国语》一事。① 有关《国语》作者的问题直到疑经思潮
大盛的两宋时期，才再次成为关注对象。

　　由于两汉以来的传统观点认为《国语》《左传》皆为左丘
明所作，所以《国语》作者问题是与《左传》作者问题始终牵
连在一起的。北宋时期，受疑经思潮影响，《左传》作者是否为
左丘明便成为存疑的问题。如程颐就曾在回答弟子"左氏即是
丘明否？"的问题时持怀疑态度，他说："传中无丘明字，不可
考。"② 虽然程颐未曾提及《国语》，但是从其对左氏与左丘明
之间关联的存疑态度，可推断其对《国语》作者大概也是抱
与赵匡同样观点。除了存疑的态度之外，很多学者也在试图弥
缝解释《左传》《国语》及左丘明之间关系的种种疑点。司马
光便提出：

　　　　先儒多怪左丘明既传《春秋》，又作《国语》，为之
　　说者多矣，皆未甚通也。先君以为丘明将传《春秋》，乃
　　先采集列国之史，国别分之，取其菁英者为《春秋传》，
　　而先所采集之稿，因为时人所传，命曰《国语》，非丘明
　　之本志也。故其辞语繁重，序事过详，不若《春秋传》
　　之简直精明，浑厚道峻也。又多驳杂不粹之文，诚由列国
　　之史，学有厚薄，才有浅深，不能醇一故也。不然，丘明

---

　　① 柳宗元在其诸多文字中只提"左氏《国语》"，而并未明言左丘明与《国
　　　语》的关系。但是，柳宗元在《与韩愈论史官书》中提到"左丘明以疾
　　　盲，出于不幸"，这又似乎表明其认同司马迁"左丘失明，厥有《国
　　　语》"的观点。所以，或许可以得出结论，柳宗元并未否认左丘明作
　　　《国语》。(唐) 柳宗元：《柳宗元集》，中华书局，1979，第808页。
　　② (宋) 程颢、程颐著，王孝鱼点校《二程集》，中华书局，2004，第266页。

作此复重之书，何为耶？①

左丘明何以作《左传》又作《国语》？很多学者都试图对这一问题给出合理解释，其中不乏否认左丘明为作者的论点，但司马光认为这些解释都不通顺。司马光提出其父的观点，左丘明在作《左传》之前，先采集各国历史资料，这些资料汇编即是《国语》，而正式成品就是《左传》。因此，准确地说，《国语》并非左丘明撰作，而是其汇编春秋历史材料的成果。司马光认为这一观点可以合理解释《左传》《国语》两书关系，既解释了两书叙事上存在的差别，也没有完全否定左丘明与《国语》的关系。当然，这与司马光《资治通鉴》的编纂方法是一致的，即先作资料汇编，再在此基础上删略修改撰作成书，这一长编考异法正是司马光的史学方法论。司马光的这种解释理论得到了一些学者的赞同，如张耒、李焘等人都是其拥趸。张耒明确说：“盖《国语》者，丘明传《春秋》所取诸国之书也，丘明采择缀缉于其间，故《国语》之言繁，而丘明之文约。”② 但是，司马光的这一看似合理的观点并未终结关于《国语》作者的争论，后世学者仍在不断提出质疑。

南宋时期，很多学者都对《国语》《左传》关系持质疑态度。叶梦得的观点最具新意，他说：

> 古有左氏、左丘氏，太史公称“左丘失明，厥有

---

① （宋）司马光著，李之亮笺注《司马温公集编年笺注》，巴蜀书社，2009，第248页。

② （宋）张耒撰，李逸安、孙通海、傅信点校《张耒集》，中华书局，1990，第744页。

《国语》"，今《春秋传》作左氏，而《国语》为左丘氏，
则不得为一家，文体亦自不同，其非一家书明甚。①

叶梦得将司马迁所言"左丘失明，厥有《国语》"解为姓左丘
者作《国语》，而《左传》则是左氏所作，因而二书作者是两
个人。

陈振孙则仍是从《国语》《左传》的不同处入手，他认为：

> 自班固志《艺文》，有《国语》二十一篇，左丘明所
> 著，至今与《春秋传》并行，号为《外传》。今考二书，
> 虽相出入，而事辞或多异同，文体亦不类。意必非出一人
> 之手也。司马子长云："左丘失明，厥有《国语》。"又似
> 不知所谓。唐啖助亦尝辨之。②

陈振孙只是指出《国语》《左传》非出一人之手，并认为司马
迁之言殊不可解，并未给出建设性意见。

叶适也不认同《国语》《左传》为同一作者所作的观点，
他说：

> 以《国语》、《左传》二书参校，《左氏》虽有全用
> 《国语》文字者，然所采次仅十一而已。至《齐语》不复
> 用，《吴》《越语》则采用绝少，盖徒空文，非事实也。

---

① （清）朱彝尊撰，林庆彰等主编《经义考新校》，上海古籍出版社，2010，
　　第 3093 页。
② （宋）陈振孙撰《直斋书录解题》，上海古籍出版社，1987，第 54 页。

> 《左氏》合诸国记载成一家之言，工拙烦简自应若此，惜他书不存，无以遍观也。而汉魏相传，乃以《左传》《国语》一人所为，《左氏》雅志未尽，故别著外传。余人为此语不足怪，若贾谊、司马迁、刘向不加订正，乃异事尔。①

叶适对贾谊、司马迁、刘向等人沿袭相传"《左传》《国语》一人所为"的观点颇有不满。

王柏也深有疑虑，他认为：

> 窃尝疑之，《左传》、《国语》文气不同，未必出于一人之手。②

从诸多持怀疑态度的学者观点来看，他们辨析《国语》作者基本上都是从其书与《左传》关系入手，就"事辞""文体""文气"等方面进行比较，指出二书非一人所作。客观地讲，这种比较差异法并不必然得出作者不同的结论，司马光的解释仍然是一种无法证伪的观点，具有一定的解释力。因此，宋代学者对《国语》作者并没有形成共识，这可以从朱熹模糊犹疑的观点中看出。

作为影响后世千年的理学巨擘，朱熹曾多次提及《国语》，但总体评价并不高，如称《国语》是"衰世之文"。对于《国语》作者，朱熹一直犹疑不决，不曾给出明确结论。

---

① （宋）叶适：《习学记言序目》，中华书局，1977，第173页。
② 曾枣庄、刘琳主编《全宋文》第三百三十八册，上海辞书出版社、安徽教育出版社，2006，第153页。

他说："《国语》与《左传》似出一手，然《国语》使人厌看，如齐楚吴越诸处又精采。如纪周鲁自是无可说，将虚文敷衍，如说籍田等处，令人厌看。左氏必不解是丘明，如圣人所称，煞是正直底人。如《左传》之文，自有纵横意思。《史记》却说：'左丘失明，厥有《国语》。'或云，左丘明，左丘其姓也。《左传》自是左姓人作。又如秦始有腊祭，而左氏谓'虞不腊矣'！是秦时文字分明。"① 朱熹认为《国语》《左传》"似出一手"，"似"字便点出了其犹疑。但是朱熹又认为《左传》有秦时文字，所以他在弟子提问"左氏果丘明否？"时回答："左氏叙至韩魏赵杀智伯事，去孔子六七十年，决非丘明。"② 那么，《国语》作者也不应是左丘明。然而，朱熹又在另一处评价《国语》"辞多理寡，乃衰世之书，支离蔓衍，大不及《左传》"后，"坐间朋友问是谁做。曰：'见说是左丘明做'"③。朱熹在此处又称是左丘明作《国语》，但"见说"二字显示他分明是在陈述他人观点，透露出的是朱熹对《国语》作者的犹疑不定。

从历史上看，自司马迁提出"左丘失明，厥有《国语》"并明确指出左丘明作《左传》之后，《国语》作者便被后世学者定为作《左传》之左丘明，而且又因二书同记春秋历史，内容多相同，所以无疑增强了二书为同一人所作的可信性。但是，司马迁毕竟没有明确指出左丘明作《国语》，而《国语》与《左传》又存在着许多差异。两汉时期，一直未有学者提

---

① （宋）黎靖德编，王星贤点校《朱子语类》，中华书局，1986，第2147页。
② （宋）黎靖德编，王星贤点校《朱子语类》，中华书局，1986，第2161页。
③ （宋）黎靖德编，王星贤点校《朱子语类》，中华书局，1986，第2187页。

出质疑，这并非两汉学者看不出《国语》《左传》的差别，而是这种差别尚在可理解范围内，并不能颠覆先前观点。但是，一旦人们陷入疑经思潮之中，原有观点所依据的坚实经学基础发生动摇，那么本不构成问题的差异便会被无限放大，结果就只能是如朱熹回答问题时的模糊与犹疑。因此，理学经学时代出现的对《国语》作者的质疑和否定，是两汉经学范式革新之后原有经学大厦发生动摇后的典型案例。

三　经学标识的剥离

在理学时代的疑经思潮下，《国语》因为《春秋外传》的经学边缘身份而不可避免地受到波及。既然两汉以来已成定论的《国语》为左丘明所作的观点遭到质疑，那么建立在这一观点基础之上的《春秋外传》自然也不再是理所应当的头衔。《国语》性质面临着重估，脱离经学序列而回归史学成为理学经学时代《国语》面临的境况。

在汉代学者的知识结构中，《国语》与《左传》同为左丘明所作，而在《左传》经学地位上升之后，《国语》也因《春秋外传》的身份跻身经学序列。从《汉书·艺文志》到《隋书·经籍志》，甚至到《宋书·艺文志》，《国语》一直被列入经部春秋类典籍中。但是，人们对《国语》的这种身份认定也在发生着变化，刘知幾的《史通》作为一部划时代的史学理论著作开启了对《国语》性质的重估历程。

刘知幾在《史通》中先是将一般传统观念中的几种经书如《尚书》《春秋》《左传》列入史学类，并分门别类进行疏解，后又作《疑古》《惑经》两篇来列举经书中的问题，可谓发前人所未发，也由此遭到了后世学者指责非议。《新唐书·

刘知幾传》便感叹"何知幾以来,工诃古人而拙于用己欤"。①
皮锡瑞更是秉持经学家立场,批驳刘知幾尤甚,指责其"读
书粗疏,持论犷悍"且"不通经"。② 当然,这些批评只能算
作立场之争,并不能从根本上驳倒刘知幾的立论。刘知幾观念
的超前之处就在于将经书列为史书,他在《六家》篇中开篇
就提出:

> 自古帝王编述文籍,《外篇》言之备矣。古往今来,
> 质文递变,诸史之作,不恒厥体。权而为论,其流有六:
> 一曰《尚书》家,二曰《春秋》家,三曰《左传》家,
> 四曰《国语》家,五曰《史记》家,六曰《汉书》家。③

除《史记》《汉书》之外,其他四部典籍自汉以来都被列入经
学序列,而刘知幾在此却将其与《史记》《汉书》归为一类,
后世学者对此大多都有异论。南宋王十朋就曾提出一系列疑问:

> 问:唐史臣刘知幾著《史通》,《内篇》称古之作史
> 者有六家:一《尚书》,二《春秋》,三《左传》,四
> 《国语》,五《史记》,六《汉书》。又谓《尚书》家出于
> 太古,《春秋》家出于三代,《左传》、《国语》出于丘
> 明,《史记》、《汉书》出于迁、固。知幾最善著论而唐史

---

① (宋)欧阳修、宋祁撰《新唐书》,中华书局,1975,第4542页。
② (清)皮锡瑞著,吴仰湘点校《经学通论》,中华书局,2017,第453、
456页。
③ (唐)刘知幾撰,(清)浦起龙释《史通通释》,上海古籍出版社,1978,
第1页。

称之，其所列六家必有考据，然理有可疑者，不得不与之辩。《书》载尧舜三代之事，《春秋》出于吾夫子之亲笔，学者尊之以为经，不可诬矣。知幾乃同迁、固之书而史之，可乎?《左传》、《国语》虽曰二书，然同出于一丘明之手，实《左氏》内外篇也，而乃别为二家，可乎?《史记》创始于马迁，而班固虽自为一家，其大法则祖述子长也。今乃别为二家之流者，是则范晔、陈寿而下，又乌得不以名家乎? 以理论之，《书》、《春秋》经也，《左氏》、《国语》传也，《史记》、《汉书》史也。至于史家者流，特一马迁为倡尔，见其有一，未见其有六也。知幾著其始末条例甚详，合经传而为史，别一姓而二家，散《史》、《汉》而二流，则必有说焉。又谓《尚书》四家，其体久废，所可祖述，唯《左氏》及《汉书》。不知后世秉史笔者，果法《左传》、《汉书》二家之遗乎? 抑亦兼出于六家者乎? 不然，则知幾之言必有所不通者，愿因其说而详辩之。①

王十朋按照传统经学观点认为《尚书》《春秋》是经，《左传》《国语》是传，《史记》《汉书》是史，由此怀疑刘知幾的六家之分是否合理。清代浦起龙注释《史通》，为刘知幾的六家说作解，认为《尚书》是记言家，《春秋》是记事家，《左传》是编年家，《国语》是国别家，《史记》是通古纪传家，《汉书》是断代纪传家。浦起龙对自己的这种解释非常自

---

① 曾枣庄、刘琳主编《全宋文》第二百九册，上海辞书出版社、安徽教育出版社，2006，第34页。

信，称"会此分配，以观六章，观全书，如视掌文矣"①。程千帆认为浦起龙的解释属多此一举："浦氏顾斤斤从而指实之，自命显说，岂谓子玄虑不及此乎？"② 但自浦起龙指出《国语》为国别家之后，第一部国别史著作就成为《国语》的一个标签而为世人所知。其实，从以上六家来看，正如王十朋所说，《尚书》《春秋》素来被视为经，《史记》《汉书》历来被视为史，只是《左传》《国语》属经史之间。但与《国语》相比，《左传》的经学地位自东汉以来已经相当稳固，只余《国语》的归属较微妙，《春秋外传》的身份并不能确保其经学属性的牢固。因此，《史通》的六家说实质上对《国语》影响最大。《四库全书》最终将《国语》列入杂史类，便与《史通》有着很大关系。《四库全书总目》指出《国语》"附之于经，于义未允。《史通》六家，《国语》居一，实左史之遗。今改隶之'杂史类'焉"③。

不过，与刘知幾将《国语》归为史学的创新不同，其对《国语》的具体描述还是基于传统观点，与两汉魏晋时期并无太大差异。在谈到《国语》时，刘知幾说：

> 《国语》家者，其先亦出于左丘明。既为《春秋内传》，又稽其逸文，纂其别说，分周、鲁、齐、晋、郑、楚、吴、越八国事，起自周穆王，终于鲁悼公，别为《春秋外传国语》，合为二十一篇。其文以方《内传》，或

①　（唐）刘知幾撰，（清）浦起龙释《史通通释》，上海古籍出版社，1978，第1页。
②　程千帆：《史通笺记》，中华书局，1980，第4页。
③　（清）永瑢等撰《四库全书总目》，中华书局，1965，第461页。

重出而小异。然自古名儒贾逵、王肃、虞翻、韦曜之徒，并申以注释，治其章句，此亦《六经》之流，《三传》之亚也。①

观以上文字，与韦昭《〈国语解〉叙》并无区别，认为《国语》是左丘明作《左传》之后的成果，并认同其《春秋外传》的身份，最后指出《国语》是"《六经》之流，《三传》之亚"，这与韦昭所说"实与经艺并陈，非特诸子之伦也"② 异曲同工，甚至比之更体现出将《国语》纳入经学序列的倾向。可是，这与刘知幾对《国语》的属性定位似乎有矛盾。对此，浦起龙认为"二《国》均为国别家，《史通》虽专以《外传》标目，其实走马递举"。③ 但是，如果刘知幾只是简单地延续旧说，那么最后又为何用"《六经》之流，《三传》之亚"的创新之语呢。细品此处行文之意，"《六经》之流，《三传》之亚"似乎指的是"贾逵、王肃、虞翻、韦曜之徒""申以注释，治其章句"的行为，本句起始处的"然"字表转折意，也就是说《国语》与《左传》不同，但是这些汉晋名儒注释《国语》，治《国语》章句，由此成为"《六经》之流，《三传》之亚"。如此解读，或可化解其中的矛盾。其实，抛去对这些具体文意的理解，刘知幾将《国语》归为史

---

① （唐）刘知幾撰，（清）浦起龙释《史通通释》，上海古籍出版社，1978，第14页。

② （吴）韦昭：《〈国语解〉叙》，载徐元诰撰，王树民、沈长云点校《国语集解》（修订本），中华书局，2002，第594页。

③ （唐）刘知幾撰，（清）浦起龙释《史通通释》，上海古籍出版社，1978，第16页。

学著作就已是影响深远的创新之举了，而这与其疑经惑经思想是紧密相关的。因此，刘知幾影响后世的不仅是关于《国语》定位这种具体观点，更重要的是将一系列经学典籍归为史学著作的疑经思想。到宋代之后，便有很多思想家从史学角度理解《左传》《国语》。

自啖助等人创立《春秋》新学，一直到宋初，治《春秋》者大多追求经文微言大义，所谓舍传求经就是这一时期的风气。但是，在面对三《传》时，他们更为倚重《公羊传》《穀梁传》，而对《左传》则是看重其中记载的春秋历史。赵匡曾指出："今观《左氏》解经，浅于《公》、《穀》，诬谬实繇。……但《公》、《穀》守经，《左氏》通史，故其体异耳。"① 北宋刘敞也是如此，在其《春秋传》中，"节录三《传》事迹，断以己意，其褒贬义例，多取诸《公羊》、《穀梁》"②，而对于《左传》，只是在摘引春秋历史事件时用到。等到南宋时，很多学者都视《左传》为史学著作，其中朱熹的观点最为典型。朱熹很明确地说："以三《传》言之，《左氏》是史学，《公》《穀》是经学。史学者记得事却详，于道理上便差；经学者于义理上有功，然记事多误。"又说："左氏曾见国史，考事颇精，只是不知大义，专去小处理会，往往不曾讲学。《公》《穀》考事甚疏，然义理却精。二人乃是经生，传得许多说话，往往都不曾见国史。"③ 两宋时期，这种将《左传》视为史学的观点颇为流行，在这种思想环境下，《国语》的性质也

---

① （唐）陆淳纂《春秋啖赵集传纂例》，商务印书馆，1936，第 8 页。
② （清）永瑢等撰《四库全书总目》，中华书局，1965，第 215 页。
③ （宋）黎靖德编，王星贤点校《朱子语类》，中华书局，1986，第 2151、2152 页。

必然受到重估。

北宋庆历之后，新的思潮逐渐发展起来。当时司马光就曾提出《国语》的性质属于史学，他说："先君以为丘明将传《春秋》，乃先采集列国之史，国别分之，取其菁英者为《春秋传》，而先所采集之稿，因为时人所传，命曰《国语》，非丘明之本志也。故其辞语繁重，序事过详，不若《春秋传》之简直精明，浑厚遒峻也。又多驳杂不粹之文，诚由列国之史，学有厚薄，才有浅深，不能醇一故也。"① 前文论述《国语》作者问题时，曾引述司马光的这一段言论。这段话除了透露出《国语》作者信息之外，还对《国语》性质进行了重新认定。司马光认为《国语》是左丘明写作《左传》之前所作的资料汇编，记叙的主要是诸国历史，故而用国别分篇。《国语》之所以"辞语繁重，序事过详"，"又多驳杂不粹之文"，就是因为各国史官"学有厚薄，才有浅深"。在司马光看来，《国语》是春秋诸国历史资料的汇编，换而言之，《国语》实质上是史书。司马光的这一观点对后世影响颇大，很多学者都认同其对《国语》性质的认定。

受司马光影响而作《续资治通鉴长编》的李焘就对司马光的上述观点深表赞同，他说："昔左丘明将传《春秋》，乃先采集列国之史，国别为语，旋猎其英华作《春秋传》，而先所采集之语草藁具存，时人共传习之，号曰《国语》，殆非丘明本志也。故其辞多枝叶，不若内传之简直峻健，甚者驳杂不类，如出他手。盖由当时列国之史材有厚薄，学有浅深，故不

① （宋）司马光著，李之亮笺注《司马温公集编年笺注》，巴蜀书社，2009，第248页。

能醇一耳。不然，丘明特为此重复之书何耶？先儒或谓《春秋传》先成，《国语》继作，误矣。惟本朝司马温公父子能识之。"① 观其用语，几乎是直接对司马光原文的摘引，而其编纂《续资治通鉴长编》的方法也是本此观点。晚于李焘的王柏同样受司马光影响，他说："司马公已定为列国之旧史矣，非左氏之文也。尝闻诸国各有史而不相知，秦并六国始尽得之，往往私相传录，皆非全书。左氏文之而为传，《国语》疑未经穿凿者。"② 王柏认同司马光的观点，并认为《国语》"未经穿凿"，反映了诸国历史的原貌。南宋张耒曾作《正〈国语〉说》，试图纠正关于《国语》的纷乱观点，为其最终定性，他说："盖《国语》者，丘明传《春秋》所取诸国之书也，丘明采择缀缉于其间，故《国语》之言繁，而丘明之文约。计丘明所取诸国之语不止于此，其徒所得者止此耳。正其说曰：'左氏出《国语》。《国语》者，诸国之史。'"③ 这仍然是传承司马光的观点，认定《国语》是左丘明选取的诸国历史文献汇编。这些观点不断涌现，支持者愈来愈多，思想层面的论点终将影响现实。朱熹就曾试图改革科举考试制度，取消诗赋而分经、子、史、时务等科目，其中"《春秋》及《三传》为一科，而酉年试之。义各二道，诸经皆兼《大学》、《论语》、《中庸》、《孟子》义一道。论则分诸子为四科，而分年以附焉。诸史则

---

① 曾枣庄、刘琳主编《全宋文》第二百一十册，上海辞书出版社、安徽教育出版社，2006，第232页。

② 曾枣庄、刘琳主编《全宋文》第三百三十八册，上海辞书出版社、安徽教育出版社，2006，第153页。

③ （宋）张耒撰，李逸安、孙通海、傅信点校《张耒集》，中华书局，1990，第744页。

《左传》、《国语》、《史记》、《两汉》为一科",最后"其议虽未上,而天下诵之"①。虽然朱熹的这一建议未获实施,但是在其观念中,《国语》已被划入史类考试内容。②

由唐以来疑经思潮所引起的这场经学变革影响深远,两汉经学形成的某些定论被质疑、重估,《国语》作者及性质的争

---

① (元)脱脱等撰《宋史》,中华书局,1985,第3634页。

② 元明时期,《国语》受关注较少,在文献中出现次数大为减少。这一时期,大致仍然延续两宋以来的观点,如元代朱右认为:"《国语》之书,前辈亦未定为何人,详其词气,要非左氏之笔,盖亦仿《左氏》而自为一家者,世以为《春秋外传》,得无意乎?若《国语》,则未免有迹矣。既未足以翼《春秋》之经,不过战国间能言之士。太史公颇采其说,因附于编,俾学者知作文立言之有法也。《语》云'文胜质则史',是编也,亦史氏之宗匠,文章家之筌蹄欤。"(李修生主编《全元文》,凤凰出版社,1998,第534页。)可见,元代学者仍然否定《国语》为左丘明所作,认为《国语》不足以辅翼《春秋》,只是将《国语》视为史学和文学著作。即使元代虞槃著《非〈非国语〉》以反对柳宗元《非〈国语〉》,但其也承认"尝读柳子厚《非〈国语〉》,以为《国语》诚可非,而柳子之说亦非也"。(李修生主编《全元文》,凤凰出版社,1998,第572页。)明代也较为关注《国语》的文学性,出现了一些辑录《国语》文字的文学性编本。如凌迪知编《左国腴词》,《四库全书总目》介绍"是编采左传国语字句、分类编辑。凡《左传》五卷、为类四十。《国语》三卷、为类四十有三"。如穆文熙编《左传国语国策评苑》,《四库全书总目》介绍"是编凡《左传》三十卷、《国语》二十一卷、《战国策》十卷。《左传》用杜预注、陆德明释文,而标预名不标德明之名。《国语》用韦昭注、宋庠补音。《战国策》用鲍彪注,参以吴师道之补正。均略有所删补,非其原文。盖明人凡刻古书,例皆如是。谓必如是,然后见其有所改定,非徒翻刻旧文也。其曰评苑者,盖于简端杂采诸家之论云"。[(清)永瑢等撰《四库全书总目》,中华书局,1965,第580、1136页。]如《国语合评·国策合评》,《郑堂读书记》介绍"是编盖明人取《国语》《国策》二书而合刻之,并取明卿评语置之行间,伯敬评语列于简端,盖各据两家评本采入,而圈点悉依伯敬之旧"。[(清)周中孚著,黄曙辉、印晓峰标校《郑堂读书记》,上海书店出版社,2009,第539页。]

论便是最为典型的案例。两宋时期的学者有延续传统观点者，也有如司马光这些持新论点者。其实，何种观点将最终成为定论并不是问题的关键。当反驳的声音出现，便已经意味着传统观点的动摇。两宋时期对《国语》作者与性质的重估便是两宋经学变革的表征。

第五章 考据经学时代

明末清初，又是一个思想史上的前所未有之大变局发生的时期。在经历了阳明心学的发展之后，宋明理学逐渐度过了高峰期，新的学术思潮又在酝酿之中。从内在理路①看，明后期空虚玄谈的学风被明末清初儒家士人普遍认为是明清鼎革的重要原因，由此由虚转实成为清代学术的主流。同时，理学经学时代的经学过于追求义理，甚至不惜变动经学文本的做法引起了众多学者的不满。在这种背景下，返回经学文本成为学者们的普遍诉求。面对历代流传而造成种种舛误的经学文本，如何将文本尽最大可能恢复原貌，从而精准地理解原文意义，就成为清代学者面临的重要问题。《四库全书总目·经部总叙》说："自明正德、嘉靖以后，其学各抒心得，及其弊也肆。（如王守仁之末派皆以狂禅解经之类。）空谈臆断，考证必疏。于是博雅之儒，引古义以抵其隙。"② 由此，清代考据学逐渐发展成型，考据作为一种方法论也就成为清代经学的主要特征。考据学以"实事求是""无征不信"为宗旨，如梁启超所说，"有清学

---

① "内在理路"是余英时先生对明清思想转型原因的一种内部视角分析。余英时：《论戴震与章学诚——清代中期学术思想史研究》，生活·读书·新知三联书店，2005，第325页。

② （清）永瑢等撰《四库全书总目》，中华书局，1965，第1页。

者，以实事求是为学鹄，饶有科学的精神"。① 这种科学精神使得清代考据学具有了某种现代性，也使其成为现代学术的滥觞。在这个意义上，20 世纪初民国时期的《国语》研究也被纳入考据经学时代的分期中。在考据经学时代，经学复盛②，《国语》研究也得到了复兴，甚至较之经学时代《国语》研究盛况更上一层。科学先进的考据方法推动了大量《国语》研究著作的出现，同时再起风潮的经今古文之争也将《国语》推到了时代学术的风口浪尖。在新的学术范式开启之后，《国语》研究也出现了革新，并最终超越经学成为现代学术的研究典范。

第一节　经史之间的摇摆

在经历了理学经学时代的质疑与重估之后，《国语》研究在考据经学时代迎来了复兴。复兴的重要表征就是大量研究著作涌现，尤其是清后期经今古文之争再起波澜，《国语》作为争论的核心，其与《左传》的关系成为经学史上的现象级话题。这种话题性为《国语》带来了巨大的关注流量，同时也使得《国语》陷入纠缠不清的论点纷争中。在 20 世纪学术范式的革新到来之前，《国语》似乎都很难脱离这种观点舆论场。当然，考据方法的运用为《国语》研究消除了文本上的障碍，奠定了坚实的文献基础，这是清代《国语》研究的重要贡献。

一　经学研究的复兴

作为经学史上的最后阶段，清代经学因其科学考据方

---

① 梁启超：《清代学术概论·自序》，中华书局，2015，第 3 页。
② （清）皮锡瑞著，周予同注释《经学历史》，中华书局，1959，第 214 页。

法的应用而取得了极大的成绩，由此成为经学史上的复兴时代。皮锡瑞指出："清代经学自两汉后越千余年，至国朝而复盛。两汉经学所以盛者，由其上能尊崇经学、稽古右文故也。国朝稽古右文，超轶前代。"①清代经学复兴的直接表现之一就是经学研究文献数量的增多。据《清史稿·艺文志》统计，"阮元既补《四库》未收书四百五十四种，复刊《经解》一千四百十二卷，王先谦又刊《续经解》一千三百十五卷，而各省督抚，广修方志，郡邑典章，粲然大备。其后曾国藩倡设金陵、苏州、扬州、杭州、武昌官书局，张之洞设广雅书局，延聘儒雅，校刊群籍，私家亦辑刻日多，丛书之富，曩代莫京"②。清代经学文献已远超前代。对于《国语》来说，更是如此。特别是相对于隋唐宋明时期，清代《国语》研究呈现复兴之势，涌现出大量研究文献，甚至比两汉魏晋时期更兴盛。梁启超曾说："昔人称《国语》为《春秋外传》，而清儒整理之勤，实视《左传》有过之无不及也。"③

皮锡瑞曾指出清代经师有功于后学者有三事，"一曰辑佚书，一曰精校勘，一曰通小学"④。这反映到众多研究文献上，就是三个种类，即辑佚、校勘、注疏三种文献。具体到《国语》，众多的研究文献也可划分为这三类。

---

① （清）皮锡瑞著，周予同注释《经学历史》，中华书局，1959，第295页。
② （清）赵尔巽等撰《清史稿》，中华书局，1977，第4220页。
③ 梁启超：《中国近三百年学术史》，中华书局，2015，第234页。
④ （清）皮锡瑞著，周予同注释《经学历史》，中华书局，1959，第330、331页。

清代《国语》研究成果汇总

	著作	编者/撰者
	《国语贾注》一卷	蒋曰豫辑
	郑众《国语解诂》一卷	黄奭辑
	贾逵《国语注》一卷	
	唐固《国语注》一卷	
	王肃《国语章句》一卷	
	孔晁《国语注》一卷	
	《国语三君注辑存》四卷	汪远孙辑
	《贾唐国语注》一卷	臧庸
	《国语佚文》	姚东升辑
辑佚	《国语佚文》一卷	王仁俊辑
	贾逵《国语贾氏注》一卷	
	虞翻《国语虞氏注》一卷	
	《国语音》一卷	马国翰辑
	郑众《国语章句》一卷	
	贾逵《国语解诂》一卷	
	虞翻《春秋外传国语虞氏注》一卷	
	唐固《春秋外传国语唐氏注》一卷	
	孔晁《春秋外传国语孔氏注》一卷	
	贾逵《国语注》一卷	王谟辑
	《国语校文》一卷	汪中
	《国语校讹》	
校勘	《国语考异》四卷	汪远孙
	《国语》二十一卷	吴汝纶点堪
	《香草校书·国语》	于鬯

不主于经

著作	编者/撰者
《国语正义》二十一卷	董增龄
《国语韦昭注疏》十六卷	洪亮吉
《国语补注》一卷	姚鼐
《国语翼解》六卷	陈瑑
《国语札记》	黄丕烈
《国语笺》	郑知同
《国语韦昭注疏》	龚丽正
《校刊明道本韦氏解国语札记》一卷	黄丕烈
《国语注补辑》	刘寿曾
《国语补韦》四卷	黄模
《国语释地》三卷	谭沄
《国语补注》一卷	周中孚
《国语补音札记》一卷	钱保塘
《国语平议》二卷	俞樾
《国语发正》二十一卷	汪远孙
《国语韦注订讹》四卷	吴懋清
《国语解订讹》	孔继涵
《国语韦解补正》二十一卷	吴曾祺
《国语释文》八卷《补音》二卷	王煦
《国语补音订误》	陈树华
《春秋外传考正》二十一卷	
《国语补校》一卷	刘台拱
《国语新疏说》	施国祈
《国语详注》	沈镕

注疏

180

续表

	著作	编者/撰者
注疏	《国语群解汇编》一卷	王引之
	《经义述闻·国语上下》	
	《国语注》一卷	戴望
	《国语义疏凡例》一卷	廖平

资料来源：笔者据《黄氏逸书考》《玉函山房辑佚书》《〈国语〉研究文献辑刊》，以及其他相关研究文献整理而成。

从以上著作来看，与以往任何阶段相比，《国语》相关研究文献都呈现出指数级增长。具体来看，三类研究文献中，辑佚与注疏类最多，校勘类次之。

辑佚是清代经学的重要成就之一。梁启超曾谈及辑佚之学的产生，说道："书籍递嬗散亡，好学之士，每读前代著录，按索不获，深致慨惜，于是乎有辑佚之业。"[①] 清代对《国语》的辑佚即是如此，主要集中于早已佚失的汉魏旧注。汉魏时期，《国语》研究迎来了第一次发展高潮，相关注解纷纷涌现出来。从《隋书·经籍志》的统计看，从东汉至晋的《国语》注解共计六种，由贾逵、虞翻、王肃、韦昭、孔晁、唐固等人注解。[②] 另有东汉郑众和三国孙炎的两种注解未收录，可见在隋唐时已佚失。随着唐宋时期《国语》研究的衰微，到《宋史·艺文志》著录的时代，以上注解大多都已亡佚，仅余韦昭注解一类而已。[③] 据韦昭《〈国语解〉叙》所记，其注解罗列东汉郑众、贾逵，三国虞翻、唐固等人之注，称自己"以

① 梁启超：《中国近三百年学术史》，中华书局，2015，第261页。
② （唐）魏徵、令狐德棻撰《隋书》，中华书局，1973，第932页。
③ （元）脱脱等撰《宋史》，中华书局，1985，第5066页。

末学，浅暗寡闻，阶数君之成训，思事义之是非，愚心颇有所觉"，"因贾君之精实，采虞、唐之信善，亦以所觉增润补缀"。① 其他注解之所以亡佚，韦昭注解之所以独行，大概就是因为韦昭搜罗前注，详备恰允。宋代宋庠就曾指出：

> 自郑众、贾逵、王肃、虞翻、唐固、韦昭之徒并治其章句，申之注释，为《六经》流亚，非复诸子之伦。自余名儒硕生好是学者不可胜纪。历世离乱，经籍亡逸，今此书唯韦氏所解传于世，诸家章句遂无存者。然观韦氏所叙，以郑众、贾逵、虞翻、唐固为主而增损之，故其注备而有体，可谓一家之名学。②

北宋时《国语》只有韦注流传，其他注解都已佚失，不过很多都保存在韦注中。或许就因为韦注集大成，故而才会有一注独行的情况。一直到清代，韦昭注解仍然以其"注备而有体"流传于世，这为《国语》旧注的辑佚工作带来了便利。清代《国语》文献的辑佚很多便是以韦昭注解为资源库，搜罗其中汉魏旧注，如郑众、贾逵、虞翻、唐固等人的注解。除了韦昭注解之外，《国语》汉魏旧注的另一个重要来源是《文选》。王谟在辑佚贾逵《国语注》时指出："当唐世贾书自别行，故李善注《文选》，每引贾逵、韦昭《国语注》，而韦解多即贾注犹班班可考。且如《类聚》《书钞》于'耕

---

① 徐元诰撰，王树民、沈长云点校《国语集解》，中华书局，2002，第594页。

② 徐元诰撰，王树民、沈长云点校《国语集解》，中华书局，2002，第596页。

籍门'所引《国语》数条具载贾注，则贾书固不以韦废也。今故仍从韦解内钞出八十一条，又《文选注》九十条，《类聚》一条，《书钞》七条，《初学记》二条（内附唐注三十余条）。"① 可见《文选注》是《国语》旧注的另一大文库。据张以仁先生统计，马国翰《玉函山房辑佚书》辑郑众5条，贾逵267条，虞翻36条，唐固94条，孔晁45条；王谟《汉魏遗书钞》辑贾逵200条，唐固45条；黄奭《黄氏逸书考》辑郑众17条，附录12条，贾逵200条，唐固87条，附录18条，王肃8条，孔晁47条，附录9条，虞翻31条；蒋口豫《蒋侑石遗书》辑贾逵236条，郑众20条，虞翻23条，唐固65条，孔晁17条；汪远孙《国语三君注辑存》辑郑众5条，贾逵322条，王肃11条，虞翻29条，唐固77条，三君注12条，服虔11条，孔晁47条，注75条，说13条，或曰1条，吕叔玉曰1条。② 从这些统计数据可以看出，清代学者的辑佚工作可谓搜罗备至。当然，上述辑佚工作也并非尽善尽美，其中由于种种因素的影响而存在问题的并不在少数。诸如辑佚者的态度、搜集范围的大小及处理材料的方法等，都是影响辑佚严谨程度的重要因素。③ 当然，瑕不掩瑜，正是依赖清代学者的努力，《国语》汉魏注解在散佚千余年后仍然能够较为全面地呈现出来。

---

① 宋志英选编《〈国语〉研究文献辑刊》第十册，国家图书馆出版社，2012，第312页。

② 张以仁：《〈国语〉旧注的辑佚工作及其产生的问题》，载《张以仁语文学论集》，上海古籍出版社，2012，第207～209页。

③ 张以仁：《〈国语〉旧注的辑佚工作及其产生的问题》，载《张以仁语文学论集》，上海古籍出版社，2012，第226页。

校勘是清代经学的重要方法。梁启超曾指出："校勘之学，为清儒所特擅，其得力处真能发蒙振落。他们注释工夫所以能加精密者，大半因为先求基础于校勘。"① 先秦文献流传到清代已历时两千年，载体形式由竹简到纸张，书写形式由抄本到刻印，种种的因素导致文本文字上的变化巨大，这从近年出土文献与传世文献的对勘中便可获悉。这种文字上的变动有些是有意的文本完善，有些是抄写或刻印中出现的舛误，有些则是历代学者据己意擅改的结果。对于后两者来说，文本的舛误与擅改都严重影响了对相关文献的研究。为此，清代学者花了大量精力来校勘古籍，形成了清代考据学的另一大成就。通过清代学者的整理，先前很多无法顺利阅读的先秦文献，尤其是为历代所忽视的诸子学，都得到了有效的整理，为进一步的研究工作打下了坚实基础。因此，清代考据学的成就较之梁启超的评价有过之而无不及。当然，清代校勘工作之所以有如此大成就，与其科学有效的方法是分不开的。据梁启超的总结，清代校勘方法可分为四种：一是取两本或多本文献互相参校，罗列其中异同文字，择善而从。如果其中有善本，更可以校正他本的谬误，那么校勘成果会更可观。二是根据本书或他书的旁证来反证文字的错误，这是在没有善本可资比较的情况下，利用本书或他书的其他证据来校正讹误。三是总结作者的著书体例，将这一体例作为总原则，据此校正书中不符体例的讹误。这一方法主要针对全书的整体布局，文章的顺序错误、后人的妄改错误等问题，都可以根据作者原有体例来分析。四是根据其他资料来校正原著的错误，前三种方法都是试图纠正后世流

---

① 梁启超：《中国近三百年学术史》，中华书局，2015，第224～225页。

传过程中造成的文献讹误，是为将原著还原本来面貌，而第四种方法却是纠正原作者的错误。原作者因其自身原因会造成一些记录上的问题，如错误的时间、地点，错误的物名、制度，等等。这些错误便是第四种方法针对的对象，如梁启超所说，"不是和钞书匠刻书匠算账，乃是和著作者算账"①。清代学者关于《国语》的校勘专书并不多，只数本而已，汪远孙《国语考异》就是其中典范。《国语考异》共四卷，以《国语》之天圣明道本与公序本作对校，"两本各有优劣，而后是非异同判焉。今刻以明道本出大字，公序本辅行小字于下，它书所引之异文及诸家所辨之异字，亦皆慎择而采取之。读《国语》者，庶乎知其异而是非可识也"②。明道本与公序本是流传于世的两大版本系统，二者之间的对校是对清代校勘方法的直接运用。而如钱大昕所言，"作《国语》者，不通地理，认不羹为一，谓之城三国"③。此处指出作《国语》者不通地理的问题便用的是第四种校勘方法。通过这几种校勘方法，《国语》文本得到了全面的整理和疏通。

清代的注疏是清代考据学综合水平的集中体现。其中既有辑佚的内容，也有校勘的文字，还有小学方法的集中体现。从《国语》相关注解来看，很大一部分是对韦昭解的校正和补缺，如洪亮吉《国语韦昭注疏》、龚丽正《国语韦昭注疏》、吴懋清《国语韦注订讹》、孔继涵《国语解订讹》、吴曾祺

---

① 梁启超：《中国近三百年学术史》，中华书局，2015，第 225～227 页。
② 宋志英选编《〈国语〉研究文献辑刊》第八册，国家图书馆出版社，2012，第 1 页。
③ （清）阎若璩撰，黄怀信、吕翊欣校点《尚书古文疏证》，上海古籍出版社，2010，第 378 页。

《国语韦解补正》等。汉魏《国语》注解众多，而韦昭《国语解》能独存于世，必有其优长之处。但是，清代学者考校古籍的水平已远超前代，以清数代学者累积的学术识见观之，韦昭《国语解》难免有可商榷或疏漏之处。吴增祺在《国语韦解补正叙》中指出：

> 韦氏多采取郑贾虞唐之说，而折衷之。其词严洁不芜，深得汉人注书义法。惜其于故训尚疏，不及东京诸儒远甚。故其中迁就旧文，以附己说者，所在多有。[①]

吴增祺肯定了韦昭注解的价值，但是同时也指出其较之东汉经师尚有差距，特别是其注解迁就旧文、附会己说。因此，吴氏比较、采择前贤时人对《国语》的研究成果，编汇成书，以补正韦昭注解的不足。他说："有近人论著，则有董氏《正义》，及汪氏《考异》《发正》、黄氏《札记》等书。然董氏之书，多征引旧典，而于文义之不可通者，反忽而不及，似博而实略，似精而实疏。汪黄二家，其心得之语，比董为多，而未及成书，仅足以供参究而已。夫以左氏距今，代数悬远，而书成之久，迄无一人焉为之疏通证明，使读者豁然开朗，无所舭滞，庸非憾欤。窃维我朝开国以来，通人辈出，其治经之精，为唐宋以来所未有。余以暇日浏览诸家撰述，见其于《国语》一书，亦时有笺疏，惜其寥寥无几，独高邮王氏，所得为多，乃择其说之合者，悉纂而辑之，其有不足，辄以己意

---

① 宋志英选编《〈国语〉研究文献辑刊》第一册，国家图书馆出版社，2012，第 183 页。

谬为附益，岁月既久，楮墨遂滋，因汇为一编，名之曰《国语韦解补正》。补者补其所未备，正者正其所未安。备且安，而是书之本末具矣。"① 作为 20 世纪初的学者，吴增祺无疑占据了年代的优势，可以广泛吸取采纳前人的研究成果。在此，吴氏对董增龄、汪远孙、黄丕烈以及王引之等人的《国语》研究著作一一做了点评，其对董增龄《国语正义》批评尤多。但是，董氏之作以其完备博洽而自有其重要价值。董增龄在其《〈国语正义〉序》中自道撰作主旨说：

> 宋公序补音本及天圣本两家并行，近曲阜孔氏所刻用补音本，今兼收二家之长而用补音本者十之七八云。为之注者，有汉郑众、贾逵、魏王肃、吴虞翻、唐固、韦昭，晋孔晁七家。今唯韦解尚存，然已间有逸者，如《禹贡》疏引韦解云："以文武侯卫为安王宾之，因以为名。"《文选·东京赋》注引韦解云："缙茇，大赤也。"今本皆无之。郑注则他书征引者仅有数条，其余四家贾王虞唐，除韦所引外，则《史记》集解、索隐、正义，《诗》疏、《周礼》疏、《春秋左传》疏、《公羊》疏征引为多。孔出韦后，亦见于诸疏及《史记》注，今皆采掇以补宏嗣之义。②

董增龄同样指出韦昭注解的问题，认为其与东汉经学大家许

① 宋志英选编《〈国语〉研究文献辑刊》第一册，国家图书馆出版社，2012，第 184 页。
② （清）董增龄：《国语正义》，巴蜀书社，1985，第 6~7 页。

慎、郑玄等人有不合处，本着"实事求是"之心，董氏采择诸经旧说，并判以己意，其间有与韦昭注解不合者，并不墨守"疏不破注"的规定。因此，董氏《国语正义》可谓清代考据学在《国语》研究领域的集大成之作。

得益于清代考据学的兴盛，《国语》研究进入了空前繁盛期。辑佚类、校勘类以及体现综合水平的注疏类著作都大量涌现。这种兴盛是与清代经学研究方法的发展分不开的，正是方法的革新与进步才推动了古典文献研究的繁荣。同时，对《国语》的定位也是决定研究热度和力度的重要因素。自唐代以来，《国语》便在经史之间摇摆，有依然持传统观点视其为经学典籍者，也有信服新论点视其为史学著作者。有清一代，对《国语》的这两种观点仍然没有决出高下，反而都得益于考据学的兴起，各自有了新的发展。

二 传统观念的承继

在经历了唐宋以来对《国语》作者以及与此密切关联的《国语》定位的种种质疑与争论之后，清代学者中仍然有很多人信守着两汉时期的传统观念，认同《国语》为左丘明所作以及其作为《春秋外传》与《左传》相表里等观点。清代这种对传统观念的继承和坚持是《国语》在清代复兴的重要原因之一。

在清初钱曾的《读书敏求记》中，《国语》便被归入"经部春秋类"。① 其实，这与之前历代史书《艺文志》《经籍

---

① （清）钱曾原著，（清）管庭芬、章钰校证，傅增湘批注，冯惠民整理《藏园批注读书敏求记校证》，中华书局，2012，第69页。

志》的处理是一样的。但是，当《四库全书》已明确将《国语》列为"杂史类"之后，叶德辉仍然在其《郎园读书志》中延续传统分类，将《国语》归入"经部春秋类"，以致整理者发出疑问："此《国语》一部及后面两部、另《战国策》一部，《四库全书总目》著录入'史部杂史类'，《四部备要》及《贩书偶记》著录均入'史部古史类'，不知此刻本何以窜入'经部'?"① 整理者使用"窜入"一词，明显暴露了其观点，特别是与《四库全书总目》《四部备要》《贩书偶记》等相比，《郎园读书志》坚守传统观念的做法令其心生疑惑，竟然认为是刻本错误导致。其实，《四库全书总目》对《国语》的分类只是清代对《国语》定位问题的一种观点而已，绝非定论。除此之外，尚有很多学者坚持两汉时期的传统观念。

与钱曾同为清初学者的熊赐履便在论述左丘明时，采纳韦昭的观点，认为左丘明"又采录前世穆王以来，下讫于鲁悼智伯之谋，无不备载，以为《国语》。其文不主于经，曰《春秋外传》云。"② 此处数语都是化用韦昭《〈国语解〉叙》原文。如果说清初学者尚在完全袭用旧说，那么后世学者则是在综述历代观点之后信守传统观念。赵怀玉在《校正国语序》中对《国语》历代研究情状做了一个简要综述，他说：

> 左丘明既为《春秋内传》，又稽其逸文，纂其别说，

---

① （清）叶德辉撰，湖南图书馆编《郎园读书志》，岳麓书社，2011，第67页。

② （清）熊赐履撰，徐公喜、郭翠丽点校《学统》，凤凰出版社，2011，第306页。

分周、鲁、齐、晋、郑、楚、吴、越八国事，起自周穆王，终于鲁悼公，别为《春秋外传国语》，合二十一篇，以方《内传》。或重书而小异，虽入于史家者流，而实则附经义以行者也。故《汉书·艺文志》杂入《春秋类》，郑众、贾逵、王肃、虞翻、唐固之徒，皆申以注释。今诸家并已散佚，所行于世者，以韦氏《解》为最古，其注简而有要，大率参摭虞、唐之说而损益之。

唐柳子厚作《非国语》，固有当理解处，然不揆今古，每以后世臆见悬断前人。信如所言，则《内传》可非者亦多，何必《国语》？宜宋江端礼有《非〈非国语〉》之作，而踵之者复有刘章、虞槃辈也。窃谓《国语》既附经义以行，韦氏之《解》简，不可无疏以申明之。尝欲补作正义，以继《三传》之后。顾斯事体大，谫陋寡学，力思弗胜，又扰于俗缘，卒卒无闲，积之岁月，略少端绪，良用自恧，未知它日能稍有成就否也。①

赵怀玉首先肯定了左丘明作《国语》的旧说，同时也冠《国语》以《春秋外传》之名。他认识到《国语》被归入史家的观点，但指出《国语》实际上是"附经义以行"，所以才被《汉书·艺文志》列入"春秋类"。对于柳宗元《非〈国语〉》，他也指出其说多臆断之见，如以其非驳《国语》的标准，《左传》可非之处也不少。因此，赵怀玉将《国语》仍然定位为"附经义以行"的"外传"，并试图为韦昭注解作疏。

---

① （清）徐世昌等编纂，沈芝盈、梁运华点校《清儒学案》，中华书局，2008，第4558~4559页。

其实，在《国语》相关问题上，乾嘉时期学者中很多都持传统观点。汪远孙是清代研究《国语》的专家，其所作《国语三君注辑存》《国语考异》《国语发正》是清代考据学的典范。在《〈国语发正〉序》中，汪远孙指出："《国语》向称《外传》，与《内传》相表里，综述义文，说家辈出。"又称其书"未谐左丘之良史，敢称宏嗣之净臣"①。由此看来，汪远孙之所以深研《国语》，与其对《国语》传统定位的认同是密不可分的。在乾嘉学者看来，《国语》与经的关系是密切的。王引之在《经义述闻》中就曾单列《国语》两卷，与其同时的周中孚为其解说："其解及《大戴礼》、《国语》者，以宋时有十四经之说，《大戴》居其一，《国语》则《汉律历志》有《春秋外传》之目也。"② 如果说王引之、周中孚将《国语》视为经的观点尚不明确，那么段玉裁则直接将《国语》升为经书。正如同时代学者钱泳所说："昔人以《六经》而广为《九经》，又广为《十三经》，其意善矣。近金坛段懋堂先生又言当广为廿一经，取《礼》益以《大戴》，《春秋》益以《国语》、《史记》、《汉书》、《资治通鉴》，义谓《周礼》六艺之书，《尔雅》未足以当之，当取《说文解字》、《九章算经》、《周髀算经》三种以益之。庶学者诵习佩服既久，于训诂名物制度之昭显，民情物理之隐微，无不了如指掌，无道学之名，有读书之实。其说甚新。"③ 不过，段玉裁的这种扩充

---

① 宋志英选编《〈国语〉研究文献辑刊》第八册，国家图书馆出版社，2012，第 171 页。
② （清）周中孚著，黄曙辉、印晓峰标校《郑堂读书记》，上海书店出版社，2009，第 33 页。
③ （清）钱泳撰，张伟点校《履园丛话》，中华书局，1979，第 605 页。

经目的做法并没有获得太多响应，其原因大概是学者对何种古籍可以入经并不能取得一致看法，有些古籍明显存在争议，不过人们对《国语》倒是多有赞同。后世学者指出："今世治经者言十三经，尚矣，金坛段若膺先生谓宜益以《国语》、《大戴礼》、《史记》、《汉书》、《资治通鉴》、《说文解字》、《九章算术》、《周髀算经》，为廿一经。嘉兴沈匏庐先生又以五经合诸纬书，取周续之之言，为十经，若膺先生为之记。冕谓纬书杂出附会，不足拟经，而《史》、《汉》、《通鉴》又别自为史，不比《国语》之与《左氏传》相俌以行也。冕则取《国语》、《大戴礼》、《周髀算经》、《九章算术》、《说文解字》，而益以《逸周书》、《荀子》入焉。"① 如果要扩充经目，那么何种文献可以入经是争论的焦点。不过，《国语》入经恐怕会得到更多的赞同。

作为清代《国语》注疏集大成者，董增龄在《国语正义》中毫无意外地坚守两汉传统观念，并针对以往质疑《国语》作者的问题一一进行了回应，他说：

> 太史公《自序》："左丘失明，厥有《国语》。"《汉书·艺文志》："《国语》二十一篇，左丘明著。"汉儒之说彰矣。隋刘光伯，唐陆淳、柳宗元，始有异议，摭拾异同，毛举细故。后人遂指《鲁语》《皇华》五善语、言六德文与《左》违；《内传》谓鲁哀十七年楚灭陈，鲁哀二十二年越灭吴；《外传》谓吴既灭之后，尚有陈蔡之君，执玉朝越；黄池之会，《内传》先晋人，《外传》先吴人；

---

① （清）刘恭冕著，秦跃宇点校《刘恭冕集》，广陵书社，2006，第575页。

《周语》自穆王至幽王，《郑语》独载桓武而庄公以下无闻，皆《春秋》以前事，以附会刘、柳之说。然宏嗣明言《国语》之作，其文不主于经，则固不必以经为限矣。至内外《传》同出一人而文有异同，试以《史记》例之。《郑世家》以友为宣王庶弟，《年表》又以友为宣王母弟；黄池之会，《晋世家》谓长吴，《吴世家》又谓长晋。迁一人之说，其不同如此。……《内传》一书如此，又何疑《外传》《内传》之有参差乎？班氏《艺文志》言《公羊传》十一卷，《公羊外传》五十篇，《榖梁传》十一卷，《榖梁外传》二十一篇，则作传者必有《外传》以曲畅其支派。《国语》之为《左氏外传》正同一例。《公》《榖》二家《外传》已逸，安知彼之《外传》不与其《内传》亦有抵牾乎？故宏嗣断以为出左氏之手。①

董增龄首先摘引司马迁、班固的观点，并表明其赞同的态度。之后，列举刘炫、陆淳、柳宗元等对《国语》提出质疑者，董氏在此处的用语如"毛举细故"就已经显露出其否定的态度。在"毛举细故"的评语下，后面一众证明《国语》《左传》不同的事例就显得说服力不足。董氏也指出这些事例都是在附会刘炫、柳宗元的观点。况且韦昭早已点明《国语》"不主于经"，所以不能以经为限制。而且，一人所作的著作也会出现互相矛盾之处，《史记》《左传》都有很多这样的事例。因此，《国语》《左传》对于同一事件记载不同

---

① （清）董增龄：《国语正义》，巴蜀书社，1985，第1~3页。

并不能成为二者同为左丘明所作的否定论据。董增龄通过对异议观点的回应坚持了《国语》为左丘明所作的传统观点。

董增龄对传统观念的坚持，在很大程度上是因为传统观念源自两汉旧说。董氏对两汉经说具有很强的信任感，这在《〈国语正义〉序》中体现得尤为明显：

> 韦解孤行天壤间已千五百余年，未有为之疏者。窃意许叔重、郑康成两君为汉儒宗主，自三国分疆而儒学为之一变，宏嗣生于江南扰攘之秋，抱阙守残，视东汉诸儒已非其时矣。其所解固援经义，而与许郑诸君有未翕合者，依文顺释，义有难安，况墨守一家之说，殊非实事求是之心。用是采撷诸经旧说，间下己意，非求争胜于青蓝，不敢面谀夫鹿马。检杨氏《穀梁正义》间与范氏之注，语具抑扬，则知疏不破注之例，古人亦所不拘。今诠释韦解之外，仍援许郑诸君旧诂，备载其后以俟辩章，譬导水而穷其源，非落叶而离其根也。韦解体崇简洁，多阙而不释，《史记》集解、索隐、正义及应劭、如淳、晋灼、苏林、颜师古等家《汉书》注，章怀太子《后汉书》注，凡于马、班正文采取《国语》者，各有发挥，或与韦解两歧，或与韦解符合。同者可助其证佐，异者宜博其旨归，并采兼收以汇古义。①

《国语正义》并没有遵守"疏不破注"的旧例，而是对韦昭注解多有驳正。这种破注的做法给董增龄带来了不少非议，

---

① （清）董增龄：《国语正义》，巴蜀书社，1985，第7～8页。

其根源在于董氏以东汉许慎、郑玄为汉儒宗主，而韦昭注解与许、郑诸君多有不同，所以董增龄并没有完全以韦昭注解为准。依照董增龄的说法，韦昭与许慎、郑玄有不合处，依文顺释，义有难安，故而"采撷诸经旧说"，"援许郑诸君旧诂"，"并采兼收以汇古义"。此处的"旧说""旧诂""古义"明白显示出董增龄对两汉注解的偏好。其实，这种偏好并非董增龄一人独有，而是清代很大一部分经学学者的一种集体特征。

　　清代考据学，又称朴学、汉学。称其为朴学，即质朴之学之意；汉学，则是取崇尚汉代经学的意思。考据学、朴学、汉学，三者名词虽异，但是其内涵是相通的，都是特指清代的学术思潮，只是汉学的使用频率更高一些。[①] 无论是朴学，还是汉学，都是针对宋学而发。梁启超曾指出："'反宋学'的气势日盛，标出汉学名目与之抵抗。到乾隆朝，汉学派殆占全胜。……汉学家所乐道的是'乾嘉诸老'，因为乾隆嘉庆两朝，汉学思想正达于最高潮，学术界全部几乎都被他占领。"[②] 与讲究义理阐发的宋学不同，汉学崇尚汉代经学，"其治学根本方法，在'实事求是''无征不信'。其研究范围，以经学为中心，而衍及小学、音韵、史学、天算、水地、典章、制度、金石、校勘、辑逸等等，而引证取材，多极于两汉，故亦有'汉学'之目。当斯时也。学风殆统于一"[③]。因此，汉学最重要的特点是论必有据，"凡立一义，必凭证

---

① 陈居渊：《汉学更新运动研究——清代学术新论》，凤凰出版社，2013，第5页。

② 梁启超：《中国近三百年学术史》，中华书局，2015，第21~22页。

③ 梁启超：《清代学术概论》，中华书局，2015，第5页。

据"，无证据不可臆断，尤其反对宋学对义理的过度阐发。在证据的选取上，也是"以古为尚"，"以汉唐证据难宋明，不以宋明证据难汉唐"。[①] 这种对两汉经学的尊崇是清代考据学的重要特征，而这种尊崇的原因很大程度上是两汉"去古未远"。

乾嘉汉学的重要开创者惠栋，也是清代汉学吴派的开创者，吴派所标榜的便是"求其古"。乾嘉学者洪榜在其撰写的《戴先生行状》一文中曾论及惠栋，他说：

> 东吴惠定宇先生栋，自其家三世传《经》，其学信而好古，于汉经师以来，贾、马、服、郑诸儒，散失遗落，几不传于今者，旁搜广摭，裒集成书，谓之《古义》，从学之士甚众。先生于乾隆乙亥岁北上京师，见惠于扬州，一见订交。嘉定光禄王君鸣盛尝言曰："方今学者，断推两先生，惠君之治经求其古，戴君求其是，究之，舍古亦无以为是。"[②]

在清人眼中，乾嘉汉学的两位大师惠栋与戴震，一是求是古，一是求其是，但王鸣盛所说"舍古亦无以为是"代表了清代很多学者的态度。惠栋等乾嘉学者对两汉经师的"古义"有着深厚的信仰，求古与宗汉是一体之两面。惠栋在《上制军尹元长先生书》中曾自述："栋少承家学，九经注疏，粗涉大要。自先曾王父朴庵公以古义训子弟，至栋四世，咸通汉学，

---

① 梁启超：《清代学术概论》，中华书局，2015，第34页。
② （清）戴震撰，赵玉新点校《戴震文集》，中华书局，1980，第255页。

以汉犹近古，去圣未远故也。"① 求古必会宗汉，宗汉必是求古，只因"汉犹近古，去圣未远"。对于求古与宗汉的原因，乾嘉汉学的重要代表钱大昕说得更为透彻，他说："诂训必依汉儒，以其去古未远，家法相承，七十子之大义犹有存者，异于后人之不知而作也。"② 因汉儒近古，距孔门后学的时代并不远，而且家法相传，承续有法，故而汉儒解经更接近经义。不管是惠栋，还是钱大昕，乾嘉学者的态度可以用王鸣盛的一句话作为更为精练的总结，即"汉人近古，见闻必确"。③

在这种宗汉求古的背景下，清代学者对两汉时期的传统观念大多都持认同立场。对于《国语》来说，左丘明作《国语》《左传》以及《国语》为《春秋外传》等诸多观点，都是司马迁、班固等汉代学者认定的。这些观点尽管在唐宋时期遭到质疑并引发争论，但很多清代学者仍然认为汉人近古，坚信司马迁、班固等汉代学者的传统观念。即使《四库全书总目》将《国语》列入"杂史类"，其篇首仍然指出："《国语》出自何人，说者不一。然终以汉人所说为近古。……盖古人著书，各据所见之旧文，疑以存疑，不似后人轻改也。"④ 汉人近古的观念支配着很多清代学者对《国语》的认知。当然，在求其古与求其是之间毕竟存在着张力，这种张力导致清代学

---

① （清）惠栋撰《松崖文钞》卷一，《续修四库全书》第 1427 册，上海古籍出版社，2002，第 16～17 页。
② （清）钱大昕著，陈文和主编《潜研堂文集》，凤凰出版社，2016，第 365 页。
③ （清）王鸣盛著，陈文和主编《蛾术编》，中华书局，2010，第 1105 页。
④ （清）永瑢等撰《四库全书总目》，中华书局，1965，第 460 页。

者对《国语》的认知在经史之间摇摆。

三 经史之间的纠缠

自西汉末年，刘歆首称《国语》为《春秋外传》之后，《国语》就不可避免地牵涉进经学之中。至东汉时，《春秋外传》已经成为定名，王充、刘熙等人都曾使用。韦昭进一步申论，"与经艺并陈，非特诸子之伦也"，明确了《国语》为经学典籍的定位。① 不过，唐代时刘知幾将《国语》列为史学六家之一，变化随之而起。但即使是刘知幾，仍然称《国语》为"《六经》之流，《三传》之亚"。②《宋史·艺文志》也仍是将《国语》列入"经部春秋类"。然而，当清代《国语》研究呈现复兴之势时，《国语》的定位却陷入纠缠之中。

先是浦起龙为刘知幾《史通》作注释，在其列《国语》为史学六家之一的基础上进一步明确类别，将《国语》定为国别家，并认为是"分封分割之代"才会有的体例，又指出"《史通》虽专以《外传》标目，其实走马递举"③。浦起龙将刘知幾"《六经》之流，《三传》之亚"的说法解释为延续旧说，否认了刘知幾视《国语》为经学的可能，将《国语》牢牢地定位在史学之中。当然，浦起龙并不完全认同刘知幾划分

---

① 徐元诰撰，王树民、沈长云点校《国语集解》（修订本），中华书局，2002，第594页。

② （唐）刘知幾撰，（清）浦起龙释《史通通释》，上海古籍出版社，1978，第14页。

③ （唐）刘知幾撰，（清）浦起龙释《史通通释》，上海古籍出版社，1978，第14、16页。

的类别，尤其是对《国语》来说，他指出"自封建废而史统于一，靡事殊途矣。其或光岳气分，各职记注，而编年纪传、小大相师，亦并不用条缀体式。若是乎《国语》一家，几将说部置之。《史通》不列为家而不可，列之为家而体非正用。章末笔参进退，不类他家，有以也"①。尽管如此，浦起龙仍然将刘知幾的"《国语》家"明确为"国别家"，这反而泯灭掉了刘知幾分类的灵活性而显得有些僵化。因此，程千帆评价浦起龙这一做法时说：

> 古人著书，初无定体。后世以便于归类，强为立名，然标准不一，检括为难，则不如就其本书称之，转较明晰。子玄之所以称尚书家而不称记言家，称春秋家而不称记事家，固由推其所自出，亦未必不以记言记事之难于概括二书也。浦氏顾斤斤从而指实之，自命显说，岂谓子玄虑不及此乎？②

如果说刘知幾对《国语》的认识尚存有传统观点的影响，那么浦起龙则完全将《国语》视为史书。当然，《国语》具体归为何种史书仍是存在争议的问题。

稍后于浦起龙，《四库全书》将《国语》划归到"史部杂史类"，这无疑是对浦起龙观点的修正。《四库全书总目》对"杂史"做了解释：

---

① （唐）刘知幾撰，（清）浦起龙释《史通通释》，上海古籍出版社，1978，第16页。
② 程千帆：《史通笺记》，中华书局，1980，第4~5页。

　　杂史之目，肇于《隋书》。盖载籍既繁，难于条析。义取乎兼包众体，宏括殊名。故王嘉《拾遗记》、《汲冢琐语》得与《魏尚书》、《梁实录》并列，不为嫌也。然既系史名，事殊小说。著书有体，焉可无分。今仍用旧文，立此一类。凡所著录，则务示别裁。大抵取其事系庙堂，语关军国。或但具一事之始末，非一代之全编；或但述一时之见闻，只一家之私记。要期遗文旧事，足以存掌故，资考证，备读史者之参稽云尔。若夫语神怪，供诙嘲，里巷琐言，稗官所述，则别有杂家、小说家存焉。[1]

"杂史"的类目自《隋书·经籍志》便已出现，《四库全书总目》继续沿用，并称此类大概囊括不便归入其他类别的史书，故而较为庞杂，但总归是"事系庙堂，语关军国"之类的事。虽然记事不必谨严，但也是不同于"里巷琐言，稗官所述"这些杂家、小说家记述的史书。其实，就这一点来说，《隋书·经籍志》说得更为明确：

　　自秦拨去古文，篇籍遗散。汉初，得《战国策》，盖战国游士记其策谋。其后陆贾作《楚汉春秋》，以述诛锄秦、项之事。又有《越绝》，相承以为子贡所作。后汉赵晔，又为《吴越春秋》。其属辞比事，皆不与《春秋》、《史记》、《汉书》相似，盖率尔而作，非史策之正也。灵、献之世，天下大乱，史官失其常守。博达

---

① （清）永瑢等撰《四库全书总目》，中华书局，1965，第460页。

之士，愍其废绝，各记闻见，以备遗亡。是后群才景
慕，作者甚众。又自后汉已来，学者多钞撮旧史，自为
一书，或起自人皇，或断之近代，亦各其志，而体制不
经。又有委巷之说，迂怪妄诞，真虚莫测。然其大抵皆
帝王之事，通人君子，必博采广览，以酌其要，故备而
存之，谓之杂史。①

从体例上来看，《隋书·经籍志》"杂史类"所收录的《战国
策》《楚汉春秋》《吴越春秋》等都属于史书，只是与《春
秋》《史记》《汉书》等不同，而且各书之间也是"亦各其
志，而体制不经"。从内容上来看，这些文献所载史事也是真
假莫辨，不过都属于帝王之事。因此，《隋书·经籍志》将此
等文献归为一类，统称为"杂史"，其所录文献与刘知幾在
《史通》"《国语》家"所列书目有不少重合者，如《战国策》
《九州春秋》等。由此看来，刘知幾所列"《国语》家"与
《隋书·经籍志》"杂史类"确有相似处。《四库全书》也只
是将二者合一，把《国语》列入"杂史类"，其间有着历史传
承的脉络。

　　但是，《四库全书》何以将《国语》归入"杂史类"？这
仍然是一个需要辨析的问题。《四库全书总目》在解释这一问
题时，说道：

　　　　《国语》二十一篇，《汉志》虽载《春秋》后，然
　　　无《春秋外传》之名也。《汉书·律历志》始称《春秋

---

① （唐）魏徵、令狐德棻撰《隋书》，中华书局，1973，第962页。

外传》。王充《论衡》云："《国语》，《左氏》之《外传》也。《左氏》传经，词语尚略，故复选录《国语》之词以实之。"刘熙《释名》亦云："《国语》亦曰《外传》。《春秋》以鲁为内，以诸国为外，外国所传之事也。"考《国语》上包周穆王，下暨鲁悼公，与《春秋》时代首尾皆不相应，其事亦多与《春秋》无关。系之《春秋》，殊为不类。至书中明有《鲁语》，而刘熙以为外国所传，尤为舛迕。附之于经，于义未允。《史通》六家，《国语》居一，实古左史之遗。今改隶之"杂史类"焉。①

《四库全书总目》罗列摘引历史上有关《春秋外传》称谓的记载后，对两种代表观点进行了一一反驳，一是指出《国语》记事时间与《春秋》首尾都不相应，且所记内容多与《春秋》无关，因而王充所说"传经"便不成立。一是指出《国语》中含有《鲁语》，刘熙所说鲁国之外为《外传》也不成立。所以《国语》不宜被称为《春秋外传》，也就不能附在经部，"于义未允"。并举《史通》为例，认为《国语》是古代"左史记言"的遗存，性质仍然是史书，所以由历代《艺文志》《经籍志》"春秋类"改为归入"杂史类"。不过，《四库全书总目》在否认《国语》与《春秋》关系的同时，却并未否定《国语》为左丘明所作的传统观点。在"《国语》条"起首处，《四库全书总目》是这样介绍其书其人的：

---

① （清）永瑢等撰《四库全书总目》，中华书局，1965，第461页。

> 《国语》出自何人，说者不一。然终以汉人所说为近
> 古。所记之事，与《左传》俱迄智伯之亡，时代亦复相
> 合。中有与《左传》未符者，犹《新序》、《说苑》同出
> 刘向，而时复抵牾。盖古人著书，各据所见之旧文，疑以
> 存疑，不似后人轻改也。①

在否定《国语》经学定位方面，先前的论者多是从作者及与
《左传》关系入手，指出《国语》与《左传》存在很大差异，
二书非出自一人之手，《国语》非左丘明所作。《四库全书总
目》更突出严谨性，并未直接否认左丘明作《国语》的传统
观点，而是指出"说者不一"的现状，但认为"终以汉人所
说为近古"。仔细揣摩其间语气，似有无法给出确凿证据而不
得不承认的无奈。这透露出清代考据学"实事求是"的科学
严谨精神，无证据便不轻易否定前人之说。且认为《国语》
与《左传》截止时间相合，有不合者，也并不能作为二书非
一人所作的论据。对于《国语》所记内容与《左传》不同处，
《四库全书总目》给出的解释则是古人著书不轻改旧义，并以
刘向作《新序》《说苑》为例，由此得出左丘明可同时作《左
传》《国语》。《四库全书总目》是清代官方成果，秉持严谨精
神自是应有之义。但其既一方面认可左丘明作《国语》的传
统观点，肯定《国语》与《左传》的关系，又一方面否认
《国语》不传《春秋》，将其改为"杂史类"，与《战国策》
等书同列。这略存矛盾的两种观点同时出现，也说明《国语》
定位问题的复杂性。

---

① （清）永瑢等撰《四库全书总目》，中华书局，1965，第 460 页。

综观清代对《国语》问题的研究，否定左丘明与《国语》关系的大有人在。清初阎若璩就曾说："予尝谓作《国语》之人，便不如左氏，何况其他？……或曰：《国语》与《左氏》竟出二人手乎？予曰：先儒以其叙事互异，疑非一人。予亦偶因不羹事，颇有取其说云。"① 阎氏据《国语》《左传》叙事不同，认定二书非一人所作。同时代的戴名世也说："如《左传》之外，又有《国语》，而说者谓《左氏》为内传，《国语》为外传。两传文体尤为悬绝不伦，而牵合为一人所作，本司马迁之臆度。迁又以左丘为姓，名明，又因其名明而遂谓其失明，附于孙子膑脚与己之腐刑，以致其悲愤之意，而后之人遂称左氏为'盲左'。"② 戴氏同样以二书文体"悬绝不伦"为由，否认其为一人所作，并将此观点归结为司马迁个人臆度。稍晚于二人的顾栋高也认为："商、周禘喾之文出于《祭法》与《国语》，《国语》非左氏所作，其文多与《传》抵牾，而《祭法》出于汉儒之傅会，其为不足信尤明也。"又在另一处说："《国语》非左氏所作，其言多与《传》抵牾。且《左氏》已不可信，何有《国语》。"③ 顾氏仍然是以《国语》《左传》相抵牾为据，否认《国语》为左丘明所作。与《四库全书》同时代的梁玉绳也否认《国语》与左丘明的关系，他说："《国语》不知何人所作，其记事每与《传》异，文体亦不同，定出两人之手。《左传》哀十三年疏引傅元云'《国语》

---

① （清）阎若璩撰，黄怀信、吕翊欣校点《尚书古文疏证》，上海古籍出版社，2010，第378页。

② （清）戴名世撰，王树民编《戴名世集》，中华书局，2019，第495页。

③ （清）顾栋高辑，吴树平、李解民点校《春秋大事表》，中华书局，1993，第1474、1477页。

非丘明作'，当是也。《困学纪闻》六引刘炫说同。自史公有左丘《国语》之说，班彪谓'《左》、《国》出丘明'，见《后书彪传》。《汉艺文志》、《司马迁传赞》亦谓《左氏传》、《国语》皆左丘明著，后儒多从之，殊未敢信，且何以失明而乃著书耶？或问汉、魏已来称国语为《春秋外传》，岂不然欤？曰：公、穀二子有《传》矣，而《汉志》又别有《公羊外传》五十篇，《穀梁外传》二十篇，断非二子传授之作，则《国语》之不关丘明可知。"[①] 记事相异、文体不同已成为支撑《国语》非左丘明所作的主要论据。

乾嘉时期的赵翼甚至专门撰写《〈国语〉非左邱明所撰》一条，结合对《国语》《左传》不同叙事的梳理，对《国语》与左丘明的关系做了详细分析：

> 《国语》二十一卷。《汉书·艺文志》不载撰人姓氏，其时说经者皆谓之《春秋外传》。惟司马迁有云："左丘失明，厥有《国语》。"班固作《迁赞》，因曰："孔子作《春秋》，左丘明为之传，又撰异同为《国语》。"韦昭亦以为"左丘明采穆王以来下讫鲁悼，其文不主于经，号曰《外传》"。颜师古本此众说，故注《艺文志》直以《国语》为左丘明撰。宋庠因之，亦谓

---

① （清）梁玉绳撰，贺次君点校《史记志疑》，中华书局，1981，第1470页。梁氏在另一处说："乃自赵宋以来，诸儒或谓左丘明在孔子前，《左传》非左丘明作。或言作《春秋传》者别有左氏，失其名，六国时人，楚左史倚相之后。作《国语》者左丘氏，鲁左丘明之后。或又称左氏世为史官，末年传文，是其子孙所续。诸家之说颇异，未定所从。"（清）梁玉绳撰，贺次君点校《史记志疑》，中华书局，1981，第301页。

出自丘明。今以其书考之，乃是左氏采以作《传》之底本耳。古者列国皆有史官，记载时事。左氏作《春秋传》时，必博取各国之史以备考核。其于《春秋》事相涉者，既采以作《传》矣。其不相涉及虽相涉而采取不尽，且本书自成片段者，则不忍竟弃，因删节而并存之。故其书与《左传》多有不画一者，如襄王伐郑一事，《左传》以《常棣》诗为召穆公所作，而《国语》则以为周文公所作；晋文公返国一事，《左传》记是年九月晋惠公卒，明年正月秦伯纳公子重耳，而《国语》则十月晋惠公卒，十二月秦伯纳公子；鄢陵之战，《左传》苗贲皇在晋侯之侧曰"楚之良，在中军王族而已"，而《晋语》作"苗棼皇"。《楚语》则云雍子谓栾书曰"楚师可料也，在中军王族而已"。如果左氏一手所撰，何不改从画一，而彼此各异若此乎？可知《国语》本列国史书原文，左氏特料简而存之，非手撰也。魏、晋之人以其多与《左传》相通，遂以为左氏所作耳。又如长勺之战，《鲁语》曹翙与庄公论战数百言，《左传》但以"小惠未遍，小信未孚"数句括之；鄢陵之役，范文子不欲战，《晋语》述其词累幅不尽，至分作三四章，《左传》但以"外宁必有内忧，盍释楚以为外惧"数语括之。正可见左氏以此为底本，而别出炉锤，笔夺天巧，岂其示巧于此，而复作《外传》以示拙也！窃尝论之：左氏之采《国语》，仙人之脱胎换骨也；《史记》于秦、汉以后自出机杼，横绝千古，而秦、汉以前，采取《国语》、《左传》，则天吴紫凤，颠倒裋褐也；《汉书》之整齐《史记》，则屈骐骥以就衡轭也。观于诸书因袭转换之间，可以悟作文之旨矣。①

赵翼认为《国语》是左丘明撰写《左传》的底本，是其收揽的各国的史书。与《春秋》相关的内容便被整理成《左传》，不相关的内容或者相关但无法尽用的内容都被保存下来，这便是《国语》。因此，《国语》《左传》有同记一事而不一致者，全因《国语》是各国史书原文，并非左丘明手撰。换言之，《国语》《左传》二书作者不同，但是同宗同源，《左传》是采《国语》相关史书而成，赵翼视此为"仙人之脱胎换骨"。赵翼的这一观点明显受司马光影响，司马光即认为《国语》是左丘明搜集的各国史料汇编，《左传》据此而作。这一解释从逻辑上合理解决了《国语》《左传》记事何以有同有异的疑问。这在某种程度上也影响了晚清今文学家，为他们指斥《左传》乃伪书提供了思路，即《左传》是由《国语》改作而来，只是撰作者由左丘明改为了刘歆，当然这是后话。

不过，这种观点虽然否认了左丘明作《国语》的可能，但是并不妨碍《国语》归入经学之列。于邺在其文中阐述了这一逻辑关系：

> 奚书以《国语》不当附《春秋》。鄙意以为《国语》极当附《左传》。《国语》虽不为《春秋》作，而《左传》实大半取之《国语》。故春秋列国事实，若宋、若卫、若秦，多矣，而无《语》，岂不为《左传》全取之

---

① （清）赵翼撰《陔余丛考》，中华书局，2019，第65～67页。

乎？其犹有与《左传》同者、删之未尽者矣。然则《国语》者，《左传》删剩之书尔，犹之《大戴》者，《小戴》删剩之书。《大戴》附《礼记》，《国语》何为不附《左传》乎？①

于邠所说"奚书"即是奚世榦来信，信中说：

甥前尝论《经义述闻》、《群经平议》二书，附有《周书》、《大戴记》、《国语》三种。以为经之名最尊，非经圣定未易妄为增删。三书附入，非为不类。而不明标附录，俨与诸经并列，似已嫌于违制。……《春秋》公穀左三家并列，惟《国语》似不当附。《国语》上包周穆，下暨鲁悼，与《春秋》时代首尾不应。若以其中与《左传》有时同事同而论，则《竹书纪年》亦将附《尚书》，《战国策》亦可附《孟子》邪。故蒙谓《国语》全是史，《春秋外传》之称不见《汉书·艺文志》。且今本《国语》有《鲁语》，殆非汉人所谓《春秋外传》之《国语》也。②

奚世榦认为王引之《经义述闻》、俞樾《群经平议》二书后附有《国语》，极为不当。《国语》不传《春秋》，不可称经，因此附在二书之后，俨然与诸经并列，是违制之举。但

---

① （清）于邠：《香草校书》，中华书局，1984，第1228页。（原文标点简略，笔者依现代标点修正）

② （清）于邠：《香草校书》，中华书局，1984，第1227～1228页。

是，于邨则认为《国语》可附《左传》。《国语》是《左传》删剩之书，故而《国语》虽然不是为《春秋》作，而《左传》却大半取之《国语》。犹如《大戴礼记》是《小戴礼记》删剩之书，《大戴礼记》可以附《礼记》，《国语》为何不能附《左传》？因此，将《国语》视为各国历史资料汇编而左丘明据此撰写《左传》的观点并不能必然否定《国语》附经的可能性。

其实，有清一代，《国语》在经史之间的这种纠缠与清代思想史密切相关。清代经学成就卓越，除了有考据学上的辉煌之外，理论上也有创获。章学诚"六经皆史"说便是清代学术上著名的理论成果。"六经皆史"曾引起后世学者们的重点关注，这与20世纪初期以史学解构经学的学术趋势有关。[①]其实，抛去后世对"六经皆史"说的重构，只关注学说本身，"六经皆史"所透露出的信息也在彰显将经还原为史的主张。章学诚说：

> 不知古无经史之分，圣人亦无私自作经以寓道法之理。六艺皆古史之遗，后人不尽得其渊源，故觉经异于史耳。其云："经文简约，以道法胜；史文详尽，以事辞胜。"尤为冒昧。古今时异，故文字繁简不同。六经不以事辞为主，圣人岂以空言欺世者耶？后史不能尽圣人之道法，自是作者学力未至，岂有截分道法与事辞为

---

① 杨念群：《清代考据学的科学解释与现代想象》，《史学史研究》2019年第2期。

二事哉？①

道法与事辞合一，是章学诚"六经皆史"说的主张，实质是将经还原为史，其中并没有明显的贬经意味。当然，从影响来看，"六经皆史"说确实会导致这种结局。正如余英时先生所说："综观实斋'六经皆史'之说，实为针对东原'道在六经'的基本假定而发，同时也是对顾亭林以来所谓'经学即理学'的中心理论作一种最有系统的反挑战。但'六经皆史'是一种十分含蓄的说法，不能仅从字面上作孤立的了解，深一层看，这个命题实带有尊史抑经的意味。"②因此，在清代经史关系大讨论的背景下，《国语》在经史之间的纠缠也就不足为怪了。这种纠缠的重点并不是《国语》本身的问题，而更可能是清代经学学者对经史关系的重新思考。当然，这也只是影响清代《国语》定位问题的一个因素。除此之外，清代今文经学的复兴也是《国语》研究中的重要变量。

第二节　现代范式的审视

清代中后期，经学史上出现了新的变量，今文经学重新兴起。由庄存与发轫，刘逢禄发扬，继之以龚自珍、魏源、廖平、康有为、皮锡瑞等今文经师，今文经学在清末终于成

①　（清）章学诚撰，冯惠民点校《丙辰札记》，中华书局，1986，第57页。
②　余英时：《论戴震与章学诚——清代中期学术思想史研究》，生活·读书·新知三联书店，2005，第59~60页。

为重要的思想力量。经今古文之争历来以《春秋》为核心，清代后期今文经学的发展即是以《公羊传》起首，而作为古文经学重要文献的《左传》自然就成为今文学家攻击的焦点。由此，《国语》也连带成为晚清经今古文之争的重要讨论对象。在围绕《左传》《国语》的争论中，晚清今文学家的论点是如此具有争议性，以至于影响所及一直持续到20世纪初期，成为古史辨讨论中的重要论题。在这个经学瓦解的新时期，《国语》研究逐渐脱离了传统经学的束缚，展现出现代学术研究的特质，成为现代学术体系建立初期的研究典范。

一　今文经学的新论

晚清时期的今文经学一直以变革推动者的形象为世人所知。在19世纪中后期，当晚期帝制中国陷入内外交困的境遇时，古老的今文经学在沉寂多年后，凭借着其理论蕴含的变革因素而成为推动晚清改革的重要思想资源。不过，在现代叙事序列中占据重要位置的今文学家龚自珍、魏源、康有为之前，处于乾嘉汉学鼎盛时期的庄存与就已经开启了18世纪今文经学的研究。

自西汉以来，公羊学都是今文经学的核心。当庄存与在18世纪中期开启今文经学研究时，《公羊传》同样是其研究的重要对象。在复兴今文经学研究的同时，今文经学与古文经学之间的矛盾也不可避免地再次成为争论的焦点。朱珪在为庄存与《春秋正辞》撰写的序文中开头便提出："汉兴，传《春秋》者不一家，《邹》《夹》无师，《虞》《铎》微阙，《左氏》失之夸，《穀梁》病其短，将以求微言于未坠，寻大义之所存，其惟

《公羊》乎?"①《公羊传》与《左传》之间的问题并没有随着
汉代今古文之争的结束而终结，反而是伴着清代今文经学的复
兴再次复活。清代今文学家对《左传》的指责不断，概述之，
大致有两个釜底抽薪式的指斥：一是《左传》不传《春秋》；
二是《左传》为刘歆附益。对于第一点来说，这是旧有的观
点，早自刘歆在西汉末年提出为《左传》立学官时，当时众
多经师的反对理由便是《左传》不传《春秋》。对于第二点来
说，刘歆附益的说法则是相当晚近的产物。据朱熹所引，南宋
林栗曾指出"《左传》'君子曰'，是刘歆之辞"。②但从今文
经学角度指斥刘歆附益《左传》，还要从清代今文经学复兴之
后说起。

继庄存与之后，清代今文经学最重要的代表刘逢禄开启
了对《左传》的批判。对于《左传》来说，刘逢禄的批判
可以说是相当致命的，其火力集中于刘歆附益说和《左传》
不传《春秋》两点。为此，刘逢禄专门撰写《左氏春秋考
证》，全书共两卷，第一卷即是揭示刘歆对《左传》的附益，
第二卷则是揭露《左传》不传《春秋》。张西堂先生在为重
新点校出版的《左氏春秋考证》而撰写的序言中，指出刘逢
禄此书是考订《左传》最有成绩的一部书，并总结了刘氏发
前人所未发的四个成绩。第一，发现了《左氏传》的旧名
《左氏春秋》。《左氏春秋》与《晏子春秋》《吕氏春秋》一
样是旧名，而《左氏春秋传》这样表明传《春秋》的名称

---

① （清）庄存与：《春秋正辞》，《续修四库全书》第141册，上海古籍出版
社，2002，第1页。

② （宋）黎靖德编，王星贤点校《朱子语类》，中华书局，1986，第2150页。

则是刘歆窜改的。① 第二，证明了《左氏传》体例与《国语》相似。《左传》原是与《国语》相似的，并没有年月记载，但刘歆为了比附《春秋》，妄增年月。第三，攻破了伪造的《左氏传》传授系统。史书所载《左传》传授系统中张苍、贾谊等都不曾治《左传》，这个传授系统是"刘歆之徒为了使人尊信起见，为了避免攻击起见，所以要托之于张苍、贾谊"，其实他们都不曾见今本《左传》。第四，辟出了一个考订伪经的新途径。以往考订都是着重从经传的事迹入手，而刘逢禄则"不惟揭穿了《左氏春秋》的黑幕，举凡假冒的招牌，粗劣的原料，不清的来路，一一地发现，而且开出一条考订伪经的新路线，几几乎把新学伪经的真脏实证都道破"。② 张西堂先生总结的这四条是《左氏春秋考证》对《左传》批判的主要内容，是刘逢禄为证明《左传》不传《春秋》和刘歆附益说而做的主要说明。

刘逢禄此举的最终目的是将《左传》定为史书，剥离

---

① 陈澧曾就刘逢禄的这一观点提出质疑，他说："汉博士谓《左氏》不传《春秋》。晋王接谓《左氏》自是一家书，不主为经发。近时刘申受云：'《左氏春秋》犹《晏子春秋》、《吕氏春秋》也，冒曰《春秋左氏传》，则东汉以后之以讹传讹者矣。'澧案：《汉书·翟方进传》云：'方进虽受《穀梁》，然好《左氏传》。'此西汉人明谓之《左氏传》矣。或出自班孟坚之笔，冒曰《左氏传》与？然翟方进受《穀梁》而好《左氏》，《穀梁》是传，则《左氏》非传而何哉？《左传》记事者多，解经者少，汉博士以为解经乃可谓之传，故云《左氏》不传《春秋》。然伏生《尚书大传》不尽解经也，《左传》依经而述其事，何不可谓之传？且左氏作《国语》，自周穆王以来，分国而述其事；其作此书，则依《春秋》编年，以鲁为主，以隐公为始，明是《春秋》之传。如《晏子春秋》、《吕氏春秋》，则虽以讹传讹，能谓之《春秋晏子传》、《春秋吕氏传》乎？"（清）陈澧：《东塾读书记》，世界书局，1936，第108页。

② （清）刘逢禄著，顾颉刚点校《左氏春秋考证》，朴社，1933，第22~29页。

《左传》与《春秋》的关系，他指出：

> 左氏以良史之材，博闻多识，本未尝求附于《春秋》
> 之义，后人增设条例，推衍事迹，强以为传《春秋》，冀
> 以夺《公羊》博士之师法，名为尊之，实则诬之，左氏
> 不任其咎也。……余欲以《春秋》还之《春秋》，《左
> 氏》还之《左氏》，而删其书法凡例，及论断之谬于大
> 义，孤章绝句之依附经文者，冀以存《左氏》之本真。①

《左传》只是史书，并未要附《春秋》，而刘歆等人增设条例，"强以为传《春秋》，冀以夺《公羊》博士之师法"，所以刘逢禄便要删去后人附益的凡例，还原《左传》的本真面目。剥离《左传》与《春秋》的关系，否定《左传》的经学属性，这是今文学家长期以来的诉求。刘逢禄通过对刘歆附益《左传》的论证来试图彻底解决这一问题。在这一过程中，《国语》开始扮演起重要的角色。在今文经学家对《左传》的持续批判过程中，《国语》因与《左传》的特殊关系成为晚清今文经学家对付《左传》的重要武器，从而深度参与到晚清经今古文之争中。

因《国语》与《左传》的特殊关系，今文学家在批判《左传》时，总是会将《国语》牵扯其中。晚清的另一大今文经学家廖平就力图证明《国语》比《左传》早出，"史公不见《左传》，则天汉以前固无其书。然《前汉儒林传》谓张苍、

---

① （清）刘逢禄撰《春秋公羊经何氏释例·春秋公羊释例后录》，上海古籍出版社，2013，第360页。

贾谊传《左传》学，为作训解，《艺文志》无其书，则其说亦
误袭古学家言也"。廖平具体论证说：

> 《国语》蚤出而《左传》晚兴，张、贾所见，皆为
> 《国语》。因其为左氏所辑，言皆记事，与《虞氏》《吕氏》
> 同有《春秋》之名。其称《左氏春秋》者，即谓《国语》，
> 不谓《左传》。《左传》既出之后，因其全祖《国语》，遂
> 冒左氏名为《左氏传》。又以其传《春秋》，遂混《左氏春
> 秋》之名。后人闻传《左氏春秋》，不以为《国语》而以
> 为《左传》，遂谓张、贾皆习《左传》，此其冒名混实之所
> 由也。使当时有《左传》以传经，又有师说，张、贾贵
> 显，何不求立学官？纵不立学官，何以刘子骏之前，无一
> 人见之？太史公博极群书，只据《国语》。刘子骏《移太
> 常书》只云臧生等与同，不云其书先见。班书又云，歆
> 校书见《左传》而好之。是歆未校书以前不见《左传》
> 也。观此，则张、贾不习《左传》明矣。①

《国语》早出，张苍、贾谊、司马迁所见都是《国语》而非
《左传》，后人只是见《左氏春秋》之名而误以之为《左传》，
实乃是《国语》。因此，刘歆校书之前，并无《左传》传世。
廖平的这种议论在论证《左传》不传《春秋》的同时，也将
《国语》拉进了论争之中。

《左传》与《国语》的关系，本就是两汉以来的重要话
题。在传统观点看来，二书都是左丘明所作，撰作时间自应属

---

① （清）廖平著，杨世文编《今古学考》，巴蜀书社，2019，第172~173页。

于同一年代。但是，今文学家为了打击《左传》，认为张苍、贾谊、司马迁等人所见只是《国语》。《史记》中的"予观《春秋》、《国语》"① 以及"表见《春秋》、《国语》学者所讥盛衰大指著于篇，为成学治古文者要删焉"② 等处的《春秋》《国语》，都被断为《春秋国语》。这样一来，司马迁据以作《史记》的两本参考文献《左传》《国语》，就变成了《国语》一书。《左传》既然晚出，那就自然不是左丘明所作。显而易见，今文学家抬高《国语》的意图，其实在于贬低《左传》。廖平提出的《国语》早出而《左传》晚出的论点，为贬斥《左传》开启了一种新的思路。随后，沿着这一思路，新的更激进的论点被提出，《国语》与《左传》之间的关系变得愈加复杂。由此，《国语》被动参与到近代声势浩大的一场论争之中。

二 左国公案的纷争

在《国语》较《左传》早出这一思路引导下，刘歆的作用被更加凸显出来。借助刘歆的校书工作，康有为将《国语》早出而《左传》晚出的论点进一步发挥，提出《左传》乃刘歆从《国语》中分出伪造的新论点。这一论点是如此具有争议性，成为近代《左传》《国语》关系问题的一大公案，并在数十年后引起了一场声势浩大的论争。

康有为的论点之所以具有如此大的话题性，主要是因为《左传》《国语》关系问题本就属于历代经学长久不息的话题。这一论点很好地利用了这种争论不休的模糊性，并串联起相关

---

① （汉）司马迁撰《史记》，中华书局，1959，第46页。

② （汉）司马迁撰《史记》，中华书局，1959，第511页。

文献中的信息，具备了相当程度上的解释力，那自然就成为学术公案。按照康有为的观点，可大致做一复盘。首先，康有为利用了《汉书·艺文志》中有关《国语》的文献目录，即：

> 《国语》二十一篇。左丘明著。
> 《新国语》五十四篇。刘向分《国语》。①

《新国语》，其书早已亡佚，后世学者大多不知为何书。余嘉锡根据《汉书·艺文志》中《新书》《新苑》等著作，认为"刘向校书之时，凡古书经向别加编次者，皆名新书，以别于旧本"，所以《新国语》可能就是刘向依己意重新编定后的《国语》。② 但这也只是猜想推测，并不是确证。康有为根据《国语》《新国语》之分，得出另一种结论，认为：

> 《国语》仅一书，而《志》以为二种，可异一也。其一，"二十一篇"，即今传本也，其一，刘向所分之"《新国语》五十四篇"；同一《国语》，何篇数相去数倍？可异二也。刘向之书皆传于后汉，而五十四篇之《新国语》，后汉人无及之者，可异三也。盖五十四篇者，左丘明之原本也；歆既分其大半凡三十篇以为《春秋传》，于是留其残剩，掇拾杂书，加以附益，而为今本之《国语》，故仅得二十一篇也。考今本《国语》，《周语》、《晋语》、《郑语》多《春秋》前事；《鲁语》则大半敬姜

① （汉）班固：《汉书》，中华书局，1962，第1714页。
② 余嘉锡：《四库提要辨证》，中华书局，2007，第1018、1019页。

一妇人语；《齐语》则全取《管子·小匡篇》；《吴语》、
《越语》笔墨不同，不知掇自何书；然则其为《左传》之
残余而歆补缀为之至明。歆以《国语》原本五十四篇，
天下人或有知之者，故复分一书以当之，又托之刘向所分
非原本以灭其迹，其作伪之情可见。①

在康有为看来，五十四篇《国语》是左丘明原本，而刘歆分
其三十篇作《左传》，余下的则是今本二十一篇《国语》。
这一论点可谓石破天惊。刘逢禄只是认为刘歆附益《左传》，
伪造了其中的书法、凡例，意图将此解经之语删去，还原
《左传》史书的本色。而康有为则认为左丘明只作《国语》，
汉初流传于世为张苍、贾谊、司马迁所见的只是《国语》，
《左传》全书都是刘歆分割《国语》伪造得来，今本《国
语》则是刘歆伪造《左传》后的剩余。如此大胆推测，怪不
得钱玄同大呼："这真是他的巨眼卓识！这个秘密，自来学
者都没有注意，现在经康氏一语道破了。我觉得他下的断
语，实在是郅确不易之论。"②康有为在此基础上，进一步指
出刘歆"遍伪群经"，"汉世春秋之学最盛，歆思自树一学，
校书得左氏《国语》，以为可借之释经以售其奸，不作古字古
言，则天下士难欺，故托之古文，此歆以古文伪经之始也。既
已伪《左传》矣，必思征验乃能见信，于是遍伪群经矣"③。

---

① （清）康有为著，章锡琛校点《新学伪经考》，中华书局，2012，第 87 ~
88 页。

② （清）康有为著，章锡琛校点《新学伪经考》，中华书局，2012，第
428 页。

③ （清）康有为著，章锡琛校点《新学伪经考》，中华书局，2012，第
147 页。

但是康有为细节性的论证并不细致，之后崔适又继续完善这一论点。

崔适在《史记探源》中，将自认为刘歆窜入的内容一一标记并删减，特别是与《左传》相关的内容，更是成为刘歆割裂《国语》、伪造《左传》的论据。如《宋微子世家》中："各本中云：'君子闻之，曰："宋宣公可谓知人矣，立其弟以成义，然卒其子复享之。"'此刘歆窜入《左传》，与《公羊》立异，又窜入此篇也。今删。此篇赞曰：'《春秋》讥宋之乱，自宣公废太子而立弟，国以不宁者十世。'赞语因《世家》而作，岂有《世家》褒之，赞语讥之，自相冲决至此之理？赞义出自《公羊》，此文虽真出左邱明，太史公闻《春秋》于董生，断不应杂《左氏》以乱《公羊》也，况其时未有此语乎？"① 此处"君子曰"被崔适认定是刘歆窜入《左传》，又窜入《史记》中，故而崔适主张删去此句。又如《十二诸侯年表》中，司马迁的一段长言："鲁君子左丘明惧弟子人人异端，各安其意，失其真，故因孔子史记具论其语，成《左氏春秋》。铎椒为楚威王傅，为王不能尽观《春秋》，采取成败，卒四十章，为《铎氏微》。赵孝成王时，其相虞卿上采春秋，下观近势，亦著八篇，为《虞氏春秋》。吕不韦者，秦庄襄王相，亦上观尚古，删拾春秋，集六国时事，以为八览、六论、十二纪，为《吕氏春秋》。及如荀卿、孟子、公孙固、韩非之徒，各往往捃摭《春秋》之文以著书，不可胜纪。"② 崔适认为这一段中自"鲁君子左丘明"以下一百二十六字也是刘歆

---

① （清）崔适著，张烈点校《史记探源》，中华书局，1986，第130页。
② （汉）司马迁撰《史记》，中华书局，1959，第509~510页。

之学者所窜入，并列出七个证据来论证可删。①

除了这些个案之外，崔适还对刘歆割裂《国语》、伪造《左传》做了整体梳理，他指出：

> 《史记·儒林传》曰："言《春秋》，于齐、鲁自胡母生，于赵自董仲舒。"《太史公自序》曰"昔孔子何为而作《春秋》哉？余闻董生"云云。是太史公之于《春秋》，一本于董生，即一本于公羊。其取之左氏，乃《国语》也。《自序》曰"左邱失明，厥有《国语》"可证，是时无所谓《左传》也。刘歆破散《国语》，并自造诞妄之辞与释经之语，编入《春秋》逐年之下，托之出自中秘书，命曰《春秋古文》，亦曰《春秋左氏传》。今案其体有四：一曰无《经》之《传》。姑即《隐公篇》言之，如三年冬"郑伯之车偾于济"是也。夫《传》以释《经》，无《经》则非《传》也，是《国语》也。二曰有《经》而不释《经》之《传》。凡《传》以释《经》义，非述其事也。如五年九月"初献六羽"，《公羊传》曰："何以书？讥始僭诸公也。"是释其义也。《左传》但述羽数，此与《经》同述一事耳，岂似《传》体？以上录自《国语》居多，亦有刘歆窜入者，详下。三曰释不书于《经》之《传》。如元年四月，"费伯帅师城郎。不书，非公命也"。夫不释《经》而释不书于《经》，则传《书》者不当释黄帝何以无《典》，传《诗》者不当释吴、楚何以无《风》

---

① （清）崔适著，张烈点校《史记探源》，中华书局，1986，第70页。

乎？彼《传》不然，则此非《传》也。四曰释《经》之《传》，务与公羊氏、董氏、司马氏、刘向之说相反而已。如隐三年书"尹氏卒"，讥世卿，为昭二十三年立王子朝张本也。宣十年书"齐崔氏出奔"，讥世卿，为襄二十五年弑其君光张本也。虽使"《春秋》三传束高阁，独抱遗经究终始"者读之，当无异议矣。左氏改"尹"为"君"，谓之隐公之母。于崔氏之出奔，曰"非其罪也"。凡以避世卿之讥，袒庇王氏而已。此皆刘歆所改窜，故公孙禄劾其颠倒《五经》，毁师法；班固曰"歆治《左氏传》，其《春秋》意已乖也"。《史记》之文凡与《左氏传》同，有真出自左邱明者，列国世系及政事典章之属是也；出自刘歆者，详下五节。①

对于刘歆割裂《国语》、伪造《左传》，崔适区分了四种情况：一是无《经》之《传》，二是有《经》而不释《经》之《传》，三是释不书于《经》之《传》，四是释《经》之《传》。四种情况都有刘歆窜入的内容。崔适通过分疏举例，进一步论证刘歆伪造《左传》，《左传》不传《春秋》的论点。借此，康有为的刘歆割裂《国语》伪造《左传》说之影响也越发扩大。

当然，这种激烈的观点难免会引来批评。就在康有为刚刚提出这一观点时，朱一新便在给康有为的回信中表达了反对意见，他说："《左氏》与《国语》，一记言，一记事，义例不同，其事又多复见，若改《国语》为之，则《左传》中细碎

---

① （清）崔适著，张烈点校《史记探源》，中华书局，1986，第 2~3 页。

之事，将何所附丽？且《国语》见采于史公，非人闲绝不经见之书，歆如离合其文以求胜，适启诸儒之争，授人口实，愚者不为，而谓歆之谲为之乎？《史记》多采《左传》，不容不见其书，或史公称《左传》为《国语》则有之，谓歆改《国语》为《左传》，殆不然也。"① 朱一新的反问是合乎逻辑的，这些问题都有待解答。除此之外，梁启超也持反对态度，他说："西汉末，群儒和刘歆一派的争辩，后人叫他'今古文之争'。群儒是今文家，刘歆是古文家，竟成经学界二个派别，二千年一大公案。后来的今文家对于《左氏》和刘歆起了种种的猜疑。有的说，《春秋左氏传》整个的由刘歆伪造。有的说，《左氏》本名《春秋》，不是《春秋传》。有的说，本来只有《国语》，刘歆从《国语》分出《左传》来。清儒自庄存与刘申受起，到康南海先生和崔适，对于这问题都各有深入的研究，现在懒得称引他们的著作了。据我看，《左氏》和《国语》的体裁和文章都各不相同，并无割裂的痕迹。从战国到西汉末称引《左氏》的不止一书，可见《左氏》不是刘歆伪造或从《国语》分出来的。"②

康有为《新学伪经考》虽然初版在 1891 年，但之后一直被清廷禁毁，直至 1917 年才再版。此时，正逢新文化运动，新时代的疑古思潮正在开启，并最终酝酿成声势浩大的古史辨运动。作为近代疑古先锋，康有为的疑古观点也被汇入时代的思想洪潮中。不过，现代学术体系已经超出了传统经学范畴，

---

① （清）康有为著，楼宇烈整理《康子内外篇》，中华书局，1988，第148 页。
② 梁启超：《古书真伪及其年代》，中华书局，2015，第 121 页。

科学的现代研究方法成为超越考据学的重要支撑。在现代研究方法的观照下，康有为关于《左传》《国语》极具争议的论点有了被重新审视的机会。

三　现代学术的革新

20世纪初，随着史学界疑古风潮的兴起，传世古书的真伪问题成为当时学界讨论的重点话题，特别是与今古文之争纠缠在一起时，问题变得越发的复杂。《国语》一书便是在这种复杂语境下，因着《左传》的问题而被牵涉于讨论之中的。当然，也正是因此，历代留滞在《国语》一书上的种种问题获得了澄清和解决的机会。可以说，《国语》研究是伴随着现代学科以及研究方法的逐渐确立而发展起来的，其研究成果也由此最先跳出了传统注疏研究的窠臼，呈现出现代学术的气象。

在康有为的大胆假设下，《左传》成了伪书，而今本《国语》虽然是左丘明原著，但是已由刘歆大幅修改。康有为的这种论点极具争议性，使得随后的学者不得不正视，并努力寻获更多的科学证据以支持或反驳他。最先掀起讨论热潮的是瑞典汉学家高本汉（Bernhard Karlgren），高本汉所采取的新的科学方法，使其所作《左传真伪考》迅速引起了众多学者的响应。在此文中，高本汉选择了七种助词，如"若"与"如"、"及"与"与"、"於"与"于"等，借以比对《左传》与先秦诸种古籍的文法，最后得出结论"周秦和汉初书内没有一种有和《左传》完全相同的文法组织的，最接近的是《国语》"，但是因为《左传》和《国语》之间有着一个很重要的不同点，即解作"像"时，《左传》用"如"，而《国语》用"若"和"如"，所以这两书不能是一个人作的。① 对于《国语》的作者问题，高本汉采取了更为谨慎的态度，只是指出《左传》《国语》并非同一人所作，但是其研究方法在当时确实是非常进步的。因此，高文在当时的学术界引起了激烈讨论，更多的学者开始利用其方法比对《左传》与《国语》的异同。

在这一问题上，卫聚贤的讨论最为细致。他在《古史研究》中，使用了七种方法来分析《国语》《左传》，如比较明显法，即比较《国语》与《左传》二书对于同一事的记载，谁的语句更为明显易懂，谁的作期便在后，或系后者采取前者；记载异同法，即研究同一事实，两书记载相同，则非此取彼即彼取此，或取自同一史料。这两种方法其实可以归并为一种，即对于同一事件的比较。② 童书业也使用了卫聚贤所说的比较明显法，其比较了《国语》与《左传》的一些相近的段落，指出都是"《国语》文字繁于《左传》"，《国语》百多字的记叙，《左传》只用几十字概括，童氏认为这就是文字上的进步，并反问："若《国语》在《左传》之后，有良范在前，

---

① 〔瑞典〕高本汉：《左传真伪考》，载陈新雄、于大成主编《左传论文集》，（台北）木铎出版社，1976，第55~56页。

② 卫聚贤：《古史研究》，新月书店，1928，第255页。卫聚贤所说七种方法，除上述两种外，其余五种都属对《国语》自身的考察。其中包括：布局异同法，即全书各篇布局大多数一致者，必出自一人之手，否则必非一人手笔；文体异同法，即全书各篇文体大多数一致者，必出自一人之手，否则必非一人手笔；呈现本能法，即书中某类事记叙精详，作者必长于此类事，若全书一致，则为一人作品，否则非一人作品；文法变迁法，即全书文法相同，则为一时代作品，否则非一时代作品；本身考定法，即就书之本身考定作期。卫氏这五种方法，其实主要用于考察《国语》各篇异同的只有文体异同法、文法变迁法与本身考定法三法，这三法最具普遍性，布局与呈现本能二法并无太大价值。通过诸种方法，卫氏分别得出了《国语》各篇成书的先后次序。

其文何致退化至此?"因此,其认定《国语》成立在《左传》之前。① 孙海波同样是详细比对了《左传》《国语》《史记》三书记事异同,认为《左传》与《国语》并非由一书分化而来,但他最后认定《左传》即是原本《国语》,而今本《国语》则是刘歆伪造,又回到今文家的立场上去了。② 美国学者卜德(Derk Bodde)通过比较《国语》与《左传》的引《诗》次数、称"帝"与"上帝"次数,以及叙事异同,指出两书并非由一书分化而成,并认为两书非同一人所作。③ 洪业认为《国语》乃是采数种书而成,因此成此书者只可称为编者,而《国语》《左传》叙事、文法不同,如此则编《国语》者"与撰《左传》者,殆非同一人"④。除此之外,冯沅君《论〈左传〉与〈国语〉的异点》、卫聚贤《读〈论《左传》与《国语》的异点〉以后》、孙次舟《〈左传〉、〈国语〉原非一书证》、杨向奎《论〈左传〉之性质及其与〈国语〉之关系》,等论文都涉及这一问题。⑤《古史辨》第五册中也收有当时的相关讨论文章,胡适、顾颉刚都曾参与其中。⑥ 可见,这场讨论的规模之大。20 世纪后期,还有一些学者沿着这种比较路径,从多方面再进一步深入展开,其中最具代表性的是谭家健

---

① 章书业:《〈国语〉与〈左传〉问题后案》,载陈新雄、于大成主编《左传论文集》,(台北)木铎出版社,1976,第 169 页。
② 孙海波:《国语真伪考》,《燕京学报》第 16 期,1934 年 12 月,第 193 页。
③ 〔美〕卜德:《〈左传〉与〈国语〉》,《燕京学报》第 16 期,1934 年 12 月,第 167 页。
④ 洪业:《春秋经传引得序》,载《春秋经传引得》,上海古籍出版社,1983,第 80、81 页。
⑤ 陈新雄、于大成编《左传论文集》,(台北)木铎出版社,1976。
⑥ 顾颉刚编《古史辨》第五册,上海古籍出版社,1981。

《关于〈国语〉的成书时代和作者问题》，顾立三《〈左传〉与〈国语〉之比较研究》，张以仁《论〈国语〉与〈左传〉的关系》、《从文法、语汇的差异证〈国语〉、〈左传〉二书非一人所作》，以及《从〈国语〉与〈左传〉本质上的差异试论后人对〈国语〉的批评》。①

回顾这一系列研究，可大致归纳出六种研究方法。

（1）文法考察，即考察文献中的文法。使用此方法的代表人物即是高本汉，比较《国语》《左传》两书中的助词使用情况。

（2）概念考察，即考察文献中的特定概念。如卜德对《国语》《左传》两书中"帝"与"上帝"使用次数的统计。

（3）事件考察，即考察文献中所载事件。大多数学者都比较过《国语》《左传》两书对同一事件记述的差异。

（4）制度考察，即考察文献中出现的典章制度。历史上

---

① 如谭家健先生分析了《国语》《左传》两书文句相同的部分，认为在记言上，"《左传》大都比《国语》精粹通俗"，而记事上，"《左传》往往比《国语》详细具体，艺术技巧有明显提高"，至于两书在一些细节上的不同处，则是《左传》订正《国语》的差错。同时，谭氏又在思想方面拓展了新的比较领域，他认为两书"体系虽然相近，但并不一致，而且有后者发展前者的痕迹"，例如，《国语》虽然也尊孔，但是其书中的孔子并非《左传》所描述的圣人形象，而且《国语》中含有多家学说思想，而非单单儒家一门。又如《国语》中民神并重，而《左传》则是民重于神，《国语》谈尊君，而《左传》更多的是重民。因此，谭氏最后得出结论，"《国语》成书当在《左传》稍前，其时当在春秋末和战国初"。谭家健：《关于〈国语〉的成书时代和作者问题》，《河北师院学报》（哲学社会科学版）1985 年第 2 期；顾立三：《〈左传〉与〈国语〉之比较研究》，（台北）文史哲出版社，1983；张以仁：《张以仁先秦史论集》，上海古籍出版社，2010；张以仁：《春秋史论集》，（台北）联经出版事业公司，1990。

典章制度出现的时间也是判断《国语》《左传》两书时间前后的重要参照。

（5）思想考察，即考察文献中所含的某种思想。如童书业考察了《国语》书中的思想，认为战国晚期的"五德终始"思想潮流并未反映到《国语》书中，由此，童氏证明《国语》是战国时期的作品。[①]

（6）文体考察，即考察文献的文体风格。比较两书的文风是一种传统方法，也成为现代学者的研究方法。

上述学者针对康有为提出的刘歆割裂《国语》伪造《左传》的论点进行了大规模的集中讨论。学者们对《国语》《左传》二书进行了详细比对，其中运用了多种现代研究方法，如高本汉对两书助词的比对，卫聚贤对两书记载同一事件的对照，卜德对两书引用及使用概念的比较。综合来看，高本汉的研究方法无疑是将相关研究带入现代学术的关键所在。这些考察方法与传统单纯对文体、事件等直观问题的分析相比已属于现代学术范畴，较之围绕左丘明是否作《国语》进行的传统猜想式研究，这无疑是现代学术发展所带来的新成果，而且进一步推动了现代学术的发展。通过详细而有效的比较式研究，大多数学者都认为《国语》《左传》并非由一书分化而来，这就从根本上否定了康有为的论点。尽管这些研究方法的运用存

---

① "夫战国晚期以后出现之古帝王多矣，如伏羲氏，神农氏，女娲氏，帝挚氏等，何皆不见于《国语》中乎？孟子以后，盛传舜象之故事，何《国语》中不一及之乎？帝系以后，帝系说大张，《国语》虽亦有其帝系说，何与汉以后所传者大不同乎？战国晚期以后，五德终始说亦大张，《国语》中何亦无其踪迹乎？"童书业：《〈国语〉与〈左传〉问题后案》，载陈新雄、于大成主编《左传论文集》，（台北）木铎出版社，1976，第163页。

在着局限，但是面对传统经今古文之争的乱局，相对于基于立场之争的讨论，这些研究方法仍然具有重要的现代意义。从《国语》研究来看，20世纪初关于《国语》《左传》关系问题的大讨论结束了传统《国语》研究中在涉及左丘明和《左传》时的猜想式论述，不再根据司马迁的模糊性叙述进行各种推测，而是根据文献中的各种元素进行比较研究。最终，在现代学术研究方法的运用下，《国语》与《左传》并非由一书分化而来，已成为共识。这种方法论上的革新终结了围绕《国语》展开的长达千年之久的论争，也将《国语》从持续近两千年的经今古文之争的旋涡中拉出。自此，《国语》研究不再受传统经学束缚，关于《国语》的判断也不再受经学立场的干扰，《国语》研究正式进入了现代学术行列。《国语》研究的这一新发展，也昭示着经学时代的终结。

结　语

在传统中国，无论是在思想学术领域，还是意识形态方面，抑或社会运行层面，经学都有着非常重要的影响。这种影响力可上溯至先秦时期作为贵族教本的经学类文献，待经学体制在汉代形成后，经学更是将其影响贯穿整个传统中国历史。两千年间虽有波动，但经学总体上始终可作为传统社会重要影响力存在，一直到近代其影响力在中西文化碰撞交流中逐渐削弱。在这两千多年的时间里，经学之所以能够保持如此长久的影响力，就在于经学能够随时代思潮发展而不断更新自身体系。

在长达两千多年的时间里，经书无论是数量还是内容都并非一成不变的，而是因时代不同或学派差异而不断变化。对于前者来说，可列为"经"的文本在数量上就是一个不断增加的过程，从"六经"至"九经"再到"十三经"，最终完成了经学文本序列的建构。在最初的先秦时期，"六经"就已经作为一个定名出现在《庄子·天运》中："丘治《诗》《书》《礼》《乐》《易》《春秋》六经。"① 而《礼记·经解》中的经目也与此相同。汉初，汉武帝立五经博士，之后家法师法越

---

① （清）郭庆藩撰《庄子集释》，中华书局，1961，第531页。

发繁密，今文古文纷争愈烈，到唐代时《诗》《书》《易》，又加三《礼》、三《传》成"九经"之名。宋代又加《论语》《孟子》《尔雅》《孝经》，最终演化为"十三经"。由于写本时代的文本流传混乱，加之焚书之祸战乱频仍，先秦典籍存留状况不佳。这直接导致了汉代经学文本来源的多元化，最终形成了经今古文的对立纷争。《诗》，今文主鲁、齐、韩三家，而古文则主《毛诗》；《书》，今文是大小夏侯，而古文是《古文尚书》；《春秋》，今文分公羊、穀梁，而古文则《左传》；《礼》《易》亦有今古之别。总之，无论是经书文本的数量变化，还是内容差异，都直接关联着经学史的变迁与发展。每一个时代中经学文本的增列与削减，每一个学派对文本内容的坚持与舍弃，都反映着当时社会的思想脉动，映射出那个时代的意识潮变。在这个意义上可以说，文本蕴藏着整个经学史的基因图谱。

对于经学史来说，文本只是其研究对象之一，文本变动背后的思想因素才是重点。综观整个经学史，不同时代、不同学派对文本体系的差异性解读往往取决于背后的思想因素。因此，在这个意义上可以说，经学史也就是思想史。在经学奠基时代，当儒学并未独尊之时，"六经"作为后世经学的主要文本还只是整个时代共同尊奉的古代经典。《国语·楚语上》申叔时谈论如何教育楚国太子时就曾遍举"六经"类文献，因此我们可以从贵族教本角度理解这一"王官之学"。两汉时期，经学定于一尊，经学研究进入繁盛期，经学发展进入典范时代。在写本时代，经学文本的流传面临着重重困难，错简、抄误等都会导致文本出现种种讹误。因此，为保证文本的准确度，校勘、训诂等方法便应运而生。历秦之乱，汉初五经文本经过隶定著于简帛，对于文本的遵从使得师法、家法兴起，而由此出现的章句之学继承了这种口传释经的模式，成为汉代经学的主要特征。进入东汉后，博通五经的通人之学逐渐兴起，这使得诸经互证、兼采今古成为可能。魏晋南北朝时期政治格局上的南北对峙使得经学也出现了南学、北学的差异，不过随着隋唐的再度统一，总结性的《五经正义》很快成为统一时代的经学表征。中古时代的终结，意味着两汉经学范式不再具有典范意义，理学作为新的理论思潮逐渐发展起来。理学家大多致力于经学文本的重新诠释，五经都在其视域之内，《大学》《中庸》《论语》《孟子》等"四书"更是成为理学家阐发理学思想的绝佳文本。对义理的追求使人们逐渐舍弃传统注解而试图从经文本身着手进行简明阐释。因此，这一时期的经学研究很大程度上都带有浓烈的理学色彩，其主因无疑就是理学思想的影响。不过，"六经注我"式的解经虽然便捷了个人思想的表达，却也对经学文本的疏解造成了一定障碍，由此清代考据学兴起，以作为对宋学的反动。经学进入一个新的阶段，所谓朴学这一名称就显露出这一时期重考据、轻义理的经学特征。音韵、文字、训诂等绵密、深厚的小学功夫都在清代考据经学时代得到了最大限度的体现。总之，对于经学史研究来说，文本背后的时代思潮是经学研究发展的主要推动力。

总而言之，经学是以《诗》《书》《礼》《易》《春秋》为核心文本，随着时代变迁文本不断扩充，由五经而十三经，并根据社会思潮的变动，由两汉经学至宋明理学经学再到清代考据经学。在这个经学体系中，《国语》就是这样一个有着微妙身份、处于经学文本与思想互动中的典型。在最初的经学奠基时代，《国语》并非经学序列中的成员。从现代学术角度看，

《国语》只是成书于先秦时期，集合了春秋诸国之语的语书。但是，汉初司马迁对《国语》的判定使其与左丘明及《左传》有了密切的关联。在刘歆、班固、王充等汉代学者的叙述中，《国语》以《春秋外传》的身份成为古文经学的重要文献。自此，随着经今古文之争形势的消长，《国语》的《春秋外传》身份逐渐强化，并依赖汉魏众多注解而变得更加牢固。《国语》的重要性在经学典范时代得到了空前的提升。但是，唐代中期之后，随着疑经思潮的发展，《国语》受到了越来越多的质疑，其中有今文经学的影响，也受到新兴理学思潮的推动。最终，在理学经学时代来临后，《国语》经学身份被否定，变得沉寂下来。当考据经学时代来临后，《国语》又再次呈现复兴之势。不过，此时的《国语》在清代考据学"求其古"与"求其是"的张力下摇摆于经史之间。晚清今文经学的复兴，让《国语》再次陷入经今古文纷争的旋涡，直至现代学术终结这场争论。

综观《国语》发展史，《国语》身份的变迁不断昭示着经学边界的变动，而经学的变革也即刻反映到《国语》的时代境遇中。《国语》的身份是如此特殊，以至于成为观察经学史演变的浮标。从《国语》在各个时代的境遇变迁中，可以窥见整个经学史演变的奥秘。这就是《国语》这样一本经学边缘文献之于经学史的意义。

参考文献

一 古籍

1. （汉）司马迁撰《史记》，中华书局，1959。
2. （汉）班固撰《汉书》，中华书局，1962。
3. （汉）班固编撰，顾实讲疏《汉书艺文志讲疏》，上海古籍出版社，1987。
4. （汉）桓谭撰《新论》，上海人民出版社，1967。
5. （汉）贾谊撰，阎振益、钟夏校注《新书校注》，中华书局，2000。
6. （汉）刘熙撰，（清）毕沅疏证，（清）王先谦补《释名疏证补》，中华书局，2008。
7. （汉）许慎撰，（清）段玉裁注《说文解字注》，浙江古籍出版社，2006。
8. （汉）应劭撰，王利器校注《风俗通义校注》，中华书局，1981。
9. （晋）陈寿撰，（南朝宋）裴松之注《三国志》，中华书局，1982。
10. （宋）范晔撰《后汉书》，中华书局，1965。
11. （梁）沈约撰《宋书》，中华书局，1974。

12. （梁）萧统编，（唐）李善注《文选》，上海古籍出版社，
    1986。

13. （梁）萧子显撰《南齐书》，中华书局，1972。

14. （北齐）魏收撰《魏书》，中华书局，1974。

15. （唐）杜佑撰《通典》，中华书局，1988。

16. （唐）房玄龄等撰《晋书》，中华书局，1974。

17. （唐）韩愈：《韩昌黎诗系年集释》，上海古籍出版社，
    1984。

18. （唐）刘知幾撰，（清）浦起龙释《史通通释》，上海古籍
    出版社，1978。

19. （唐）柳宗元撰，尹占华、韩文奇校注《柳宗元集校注》，
    中华书局，2013。

20. （唐）陆淳纂《春秋啖赵集传纂例》，商务印书馆，1936。

21. （唐）陆德明撰《经典释文》，中华书局，1983。

22. （唐）魏徵、令狐德棻撰《隋书》，中华书局，1973。

23. （唐）姚思廉撰《梁书》，中华书局，1973。

24. （后晋）刘昫等撰《旧唐书》，中华书局，1975。

25. （宋）程颢、程颐：《二程集》，中华书局，2004。

26. （宋）陈振孙撰《直斋书录解题》，上海古籍出版社，
    1987。

27. （宋）李昉编，夏剑钦等校点《太平御览》，河北教育出
    版社，1994。

28. （宋）刘敞撰，项杨整理，朱维铮审阅《七经小传》，上
    海书店出版社，2012。

29. （宋）黎靖德编《朱子语类》，中华书局，1986。

30. （宋）王应麟撰，武秀成、赵庶洋校证《玉海艺文校证》，

凤凰出版社，2013。

31. （宋）王应麟著，（清）翁元圻辑注《困学纪闻注》，中华书局，2016。

32. （宋）欧阳修：《欧阳修全集》，中华书局，2001。

33. （宋）欧阳修、宋祁撰《新唐书》，中华书局，1975。

34. （宋）司马光著，李之亮笺注《司马温公集编年笺注》，巴蜀书社，2009。

35. （宋）苏轼：《苏轼文集》，中华书局，1986。

36. （宋）叶适：《习学记言序目》，中华书局，1977。

37. （宋）张耒撰《张耒集》，中华书局，1990。

38. （元）脱脱等撰《宋史》，中华书局，1985。

39. （清）崔述：《洙泗考信余录》，商务印书馆，1937。

40. （清）崔适：《史记探源》，中华书局，1986。

41. （清）陈瑑撰《国语翼解》，《丛书集成初编》，中华书局，1991。

42. （清）陈寿祺撰《五经异义疏证》，中华书局，2014。

43. （清）董增龄撰《国语正义》，巴蜀书社，1985。

44. （清）戴震撰《戴震文集》，北京，中华书局，1980。

45. （清）戴名世撰，王树民编《戴名世集》，中华书局，1986。

46. （清）焦循撰《孟子正义》，中华书局，1987。

47. （清）高士奇撰《左传纪事本末》，中华书局，1979。

48. （清）郭庆藩撰《庄子集释》，中华书局，2004。

49. （清）顾栋高辑《春秋大事表》，中华书局，1993。

50. （清）黄奭辑《黄氏逸书考》，清道光黄氏刻，1934年朱长圻补刻本。

51. （清）黄丕烈：《国语札记》，《国语》四库备要本。

52.（清）洪亮吉：《国语韦解注疏》，《四部丛刊》本。

53.（清）惠栋撰《松崖文钞》卷一，《续修四库全书》第1427册，上海古籍出版社，2002。

54.（清）康有为：《新学伪经考》，中华书局，2012。

55.（清）廖平撰，张宁整理，朱维铮审阅《今古学考》，上海书店出版社，2012。

56.（清）梁玉绳撰，贺次君点校《史记志疑》，中华书局，1981。

57.（清）刘逢禄著，顾颉刚点校《左氏春秋考证》，朴社，1933。

58.（清）刘逢禄撰《春秋公羊经何氏释例·春秋公羊释例后录》，上海古籍出版社，2013。

59.（清）刘恭冕：《刘恭冕集》，广陵书社，2006。

60.（清）刘台拱：《国语补校》，《皇清经解续编》本。

61.（清）刘宝楠撰《论语正义》，中华书局，1990。

62.（清）马瑞辰撰《毛诗传笺通释》，中华书局，1989。

63.（清）马国翰辑《玉函山房辑佚书》，光绪九年（1883）长沙琅嬛馆刊本。

64.（清）皮锡瑞撰《今文尚书考证》，中华书局，1989。

65.（清）皮锡瑞著，周予同注释《经学历史》，中华书局，1959。

66.（清）皮锡瑞撰，吴仰湘编《郑志疏证》，中华书局，2015。

67.（清）皮锡瑞著，吴仰湘点校《经学通论》，中华书局，2017。

68.（清）钱大昕撰《三史拾遗》，凤凰出版社，2016。

69.（清）钱大昕撰《十驾斋养新录》，凤凰出版社，2016。

70. （清）钱大昕著，陈文和主编《潜研堂文集》，凤凰出版社，2016。

71. （清）钱泳撰《履园丛话》，中华书局，1979。

72. （清）钱曾原著，（清）管庭芬、章钰校证，傅增湘批注，冯惠民整理《藏园批注读书敏求记校证》，中华书局，2012。

73. （清）阮元校刻《十三经注疏》，中华书局，1980。

74. （清）孙诒让撰《周书斠补》，中华书局，2010。

75. （清）孙诒让撰《周礼正义》，中华书局，1987。

76. （清）王仁俊辑《玉函山房辑佚书续编三种》，上海古籍出版社，1989。

77. （清）王鸣盛著，陈文和主编《蛾术编》，中华书局，2010。

78. （清）王引之撰《经义述闻》，上海书店出版社，2012。

79. （清）汪远孙：《〈国语〉三君注辑存》，道光丙午年振绮堂刊本。

80. （清）汪远孙：《国语发正》，《皇清经解续编》本。

81. （清）熊赐履撰《学统》，凤凰出版社，2011。

82. （清）叶德辉撰《郋园读书志》，岳麓书社，2011。

83. （清）俞樾：《群经评议·春秋外传国语》，《皇清经解续编》本。

84. （清）姚鼐：《国语补注》，清光绪十四年（1885）刻本。

85. （清）严可均校辑《全上古三代秦汉三国六朝文》，中华书局，1958。

86. （清）于鬯撰《香草校书》，中华书局，1984。

87. （清）永瑢等撰《四库全书总目》，中华书局，1965。

88. （清）阎若璩撰，黄怀信、吕翊欣校点《尚书古文疏证》，上海古籍出版社，2010。

89. （清）朱彝尊撰，林庆彰等主编《经义考新校》，上海古籍出版社，2010。

90. （清）周中孚：《郑堂读书记》，上海书店出版社，2009。

91. （清）赵尔巽等撰《清史稿》，中华书局，1977。

92. （清）章学诚撰《丙辰札记》，中华书局，1986。

93. （清）赵翼撰《陔余丛考》，中华书局，2019。

94. （清）庄存与撰《春秋正辞》，《续修四库全书》第141册，上海古籍出版社，2002。

95. （清）徐世昌等编纂，沈芝盈、梁运华点校《清儒学案》，中华书局，2008。

96. 黄晖撰《论衡校释》，中华书局，1990。

97. 上海师范大学古籍整理研究所校点《国语》，上海古籍出版社，1998。

98. 宋志英选编《〈国语〉研究文献辑刊》，国家图书馆出版社，2012。

99. 徐元诰撰，王树民、沈长云点校《国语集解》（修订本），中华书局，2002。

100. 杨伯峻编著《春秋左传注》（修订本），中华书局，1990。

101. 许维遹撰《吕氏春秋集释》，中华书局，2009。

102. 曾枣庄、刘琳主编《全宋文》，上海辞书出版社、安徽教育出版社，2006。

103. 周承源主编《上海博物馆藏战国楚竹书》（全五册），上海古籍出版社，2001。

二　研究著作

1. 蔡方鹿：《中国经学与宋明理学研究》，人民出版社，2011。

2. 陈鸿森：《汉唐经学研究》，中西书局，2021。

3. 陈居渊：《汉学更新运动研究——清代学术新论》，凤凰出版社，2013。

4. 陈直：《汉书新证》，中华书局，2008。

5. 陈新雄、于大成编《左传论文集》，（台北）木铎出版社，1976。

6. 陈司直：《贾谊〈新书〉思想探究》，（台北）花木兰文化出版社，2010。

7. 程元敏：《先秦经学史》，台湾商务印书馆，2013。

8. 程元敏：《汉经学史》，台湾商务印书馆，2018。

9. 程千帆：《史通笺记》，中华书局，1980。

10. 程苏东：《从六艺到十三经——以经目演变为中心》，北京大学出版社，2018。

11. 方铭主编《〈春秋〉三传与经学文化》，长春出版社，2009。

12. 傅亚庶：《孔丛子校释》，中华书局，2011。

13. 顾颉刚等主编《古史辨》，上海古籍出版社，1982。

14. 顾颉刚：《春秋三传及国语之综合研究》，巴蜀书社，1988。

15. 顾颉刚、刘起釪：《尚书校释译论》，中华书局，2005。

16. 顾立三：《〈左传〉与〈国语〉之比较研究》，（台北）文史哲出版社，1983。

17. 葛兆光：《中国思想史》，复旦大学出版社，2004。

18. 郭万青：《近百年来〈国语〉校诂研究》，凤凰出版社，2016。

19. 郭万青：《唐代类书引〈国语〉研究》，齐鲁书社，2018。

20. 郭万青：《〈国语〉历代序跋题识辑证》，齐鲁书社，2018。

21. 华学诚汇证，王智群、谢荣娥、王彩琴协编《扬雄方言校释汇证》，中华书局，2006。

22. 何志华等编《唐宋类书征引〈国语〉资料汇编》，香港中文大学出版社，2010。

23. 何俊：《从经学到理学》，上海人民出版社，2021。

24. 姜广辉主编《中国经学史》，中国社会科学出版社，2003。

25. 姜海军：《宋代经学思想发展史》，人民出版社，2021。

26. 金德建：《司马迁所见书考》，上海人民出版社，1963。

27. 焦桂美：《南北朝经学史》，上海古籍出版社，2009。

28. 梁启超：《清代学术概论》，中华书局，2015。

29. 梁启超：《中国近三百年学术史》，中华书局，2015。

30. 梁启超：《古书真伪及其年代》，中华书局，2015。

31. 李佳：《〈国语〉研究》，中国社会科学出版社，2015。

32. 李零：《李零自选集》，广西师范大学出版社，1998。

33. 李零：《简帛古书与学术源流》（修订本），生活·读书·新知三联书店，2008。

34. 黎汉基：《门户以外——〈春秋〉研究新探》，上海古籍出版社，2020。

35. 刘师培著，陈居渊注《经学教科书》，上海古籍出版社，2006。

36. 刘笑敢：《老子古今——五种对勘与析评引论》，中国社会科学出版社，2006。

37. 刘起釪：《古史续辨》，中国社会科学出版社，1991。

38. 刘伟：《史之思——〈国语〉的思想视界》，山东人民出版社，2013。

39. 吕友仁：《孔颖达〈五经正义〉义例研究》，上海古籍出版社，2019。

40. 罗军凤：《清代春秋左传学研究》，人民出版社，2010。

41. 蒙文通著，蒙默编《蒙文通全集》，巴蜀书社，2015。

42. 蒙文通：《古史甄微》，商务印书馆，1933。

43. 马宗霍、马巨：《经学通论》，中华书局，2011。

44. 马宗霍：《中国经学史》，商务印书馆，1998。

45. 潘铭基：《贾谊及其〈新书〉研究》，上海古籍出版社，2917。

46. 潘忠伟：《北朝经学史》，商务印书馆，2014。

47. 裴登峰：《〈国语〉研究》，社会科学文献出版社，2016。

48. 钱穆：《先秦诸子系年》，中华书局，1985。

49. 钱穆：《两汉经学今古文平议》，商务印书馆，2001。

50. 孙少华：《孔丛子研究》，中国社会科学出版社，2011。

51. 孙锡芳：《清代〈左传〉学研究》，中国社会科学出版社，2017。

52. 沈长云：《上古史探研》，中华书局，2002。

53. 沈玉成、刘宁：《春秋左传学史稿》，江苏古籍出版社，1992。

54. 吴增祺：《国语韦解补正》，商务印书馆，1933。

55. 吴雁南、秦学欣、李禹阶主编《中国经学史》，福建人民出版社，2001。

56. 王国维：《观堂集林》，中华书局，1959。

57. 王葆玹：《今古文经学新论》，中国社会科学出版社，2004。

58. 王葆玹：《西汉经学源流》，（台北）东大图书公司，2008。

59. 卫聚贤：《古史研究》，新月书店，1928。

60. 童书业：《春秋左传研究》，上海人民出版社，1980。

61. 童书业：《春秋史》，山东大学出版社，1987。

62. 吴文治编《柳宗元资料汇编》，中华书局，1964。

63. 夏德靠：《〈国语〉研究》，知识产权出版社，2014。

64. 夏德靠：《〈国语〉叙事研究》，知识产权出版社，2015。

65. 夏德靠：《先秦语类文献形态研究》，中华书局，2015。

66. 徐仁甫：《〈左传〉疏证》，四川人民出版社，1981。

67. 徐复观：《中国思想史论集》，上海书店出版社，2004。

68. 徐复观：《中国思想史论集续编》，上海书店出版社，2004。

69. 徐复观：《徐复观论经学史二种》，上海书店出版社，2005。

70. 徐复观：《中国经学史的基础·周官成立之时代及其思想性格》，九州出版社，2014。

71. 徐建委：《文本革命：刘向、〈汉书·艺文志〉与早期文本研究》，中国社会科学出版社，2017。

72. 徐道勋、徐洪兴：《中国经学史》，上海人民出版社，2006。

73. 杨伯峻：《杨伯峻学术论文集》，岳麓书社，1984。

74. 叶纯芳：《中国经学史大纲》，北京大学出版社，2016。

75. 俞志慧：《〈国语〉韦昭注辨正》，中华书局，2009。

76. 俞志慧：《古"语"有之——先秦思想的一种背景与资源》，华东师范大学出版社，2010。

77. 余嘉锡：《古书通例》，中华书局，2009。

78. 余嘉锡：《四库提要辨证》，中华书局，2007。

79. 余英时：《论戴震与章学诚——清代中期学术思想史研究》，生活·读书·新知三联书店，2005。

80. 章士钊：《柳文指要》，中华书局，1971。

81. 章权才：《两汉经学史》，广东人民出版社，1990。

82. 章权才：《魏晋南北朝隋唐经学史》，广东人民出版社，1996。

83. 张立文：《中国哲学思潮发展史》，人民出版社，2014。

84. 张鹤：《〈国语〉研究》，学苑出版社，2013。

85. 张以仁：《国语斠证》，台湾商务印书馆，1968。

86. 张以仁：《〈国语〉〈左传〉论集》，（台北）东升出版事业公司，1980。

87. 张以仁：《春秋史论集》，（台北）联经出版事业公司，1990。

88. 张以仁：《张以仁先秦史论集》，上海古籍出版社，2010。

89. 张以仁：《张以仁语文学论集》，上海古籍出版社，2012。

90. 张宝三：《五经正义研究》，华东师范大学出版社，2010。

91. 张居三：《〈国语〉研究》，博士学位论文，东北师范大学，2008。

92. 张舜徽主编《中国史学名著题解》，中国青年出版社，1990。

93. 张舜徽：《中国文献学》，中州书画社，1982。

94. 赵伯雄：《春秋学史》，山东教育出版社，2004。

95. 郑开：《德礼之间——前诸子时期的思想史》，生活·读书·新知三联书店，2009。

96. 周予同：《中国经学史论著选编》，复旦大学出版社，2015。

97. 周予同：《中国经学史讲义》，上海人民出版社，2012。

98. 朱维铮：《中国经学史十讲》，复旦大学出版社，2002。

99. 〔美〕韩大伟：《中国经学史·周代卷：孔子、〈六经〉与师承问题》，唐光荣译，社会科学文献出版社，2018。

100. 〔美〕韩大伟：《中国经学史·秦汉魏晋卷：经与传》，黄笑译，社会科学文献出版社，2019。

101. 〔美〕艾兰、邢文编《新出简帛研究》，文物出版社，2004。

102. 〔美〕艾尔曼：《经学、政治和宗族——中华帝国晚期常州今文学派研究》，赵刚译，江苏人民出版社，1998。

103. 〔美〕夏含夷：《重写中国古代文献》，周博群等译，上海古籍出版社，2012。

104.〔日〕本田成之：《中国经学史》，孙俍工译，漓江出版
社，2013。

105.〔日〕汤浅邦弘：《竹简学——中国古代思想的探究》，白
雨田译，东方出版中心，2017。

三 论文

1. 白寿彝：《国语散论》，《人民日报》1962 年 10 月 16 日，
第 5 版。

2. 白奚：《从〈左传〉、〈国语〉的"仁"观念看孔子对"仁"
的价值提升》，《首都师范大学学报》（社会科学版）2007 年
第 4 期。

3. 卜德：《〈左传〉与〈国语〉》，《燕京学报》第 16 期，1934 年。

4. 程水金：《从鉴古思潮看〈国语〉之编纂目的及其叙述方
式——兼论〈国语〉与〈左传〉之关系》，《武汉大学学
报》（人文科学版）2008 年第 4 期。

5. 傅庚生：《〈国语选〉前言》，载《国语选》，人民文学出版
社，1959。

6. 黄人二：《上博藏简〈昭王毁室〉试释》，《考古学报》
2008 年第 4 期。

7. 黄国辉：《重论上博简〈昭王毁室〉的文本与思想》，《历
史研究》2017 年第 4 期。

8. 李坤：《〈国语〉的编撰》，《史学史研究》1988 年第 4 期。

9. 刘宗迪：《古史、故事、瞽史》，《读书》2003 年第 1 期。

10. 梁涛：《20 世纪以来〈左传〉、〈国语〉成书、作者及性质
的讨论》，《邯郸学院学报》2005 年第 4 期。

11. 马王堆汉墓整理小组:《〈春秋事语〉释文》,《文物》1977年第 1 期。

12. 邱峰:《〈国语〉名称演变探源》,《管子学刊》2006 年第 2 期。

13. 饶恒久:《先秦时期历史档案的口述者——瞽矇职守与〈国语〉、〈左传〉的讲诵增饰》,《社会科学战线》2006 年第 6 期。

14. 戎辉兵:《〈国语〉流布、研究及版本概述》,《唐山师范学院学报》2009 年第 11 期。

15. 石光瑛:《国语韦解补正》,《国立中山大学文学院专刊》1933 年第 1 期。

16. 孙海波:《〈国语〉真伪考》,《燕京学报》1934 年第 16 期。

17. 谭家健:《关于〈国语〉的成书时代和作者问题》,《河北师院学报》(哲学社会科学版)1985 年第 2 期。

18. 谭家健:《历代关于〈国语〉作者问题的不同意见综述》,《中国史研究动态》1994 年第 7 期。

19. 徐仁甫:《左丘明是〈左传〉还是〈国语〉的作者?》,《社会科学研究》1979 年第 3 期。

20. 殷孟伦:《〈国语〉哲学思想研究》,《中国哲学史研究》1984 年第 1 期。

21. 杨念群:《清代考据学的科学解释与现代想象》,《史学史研究》2019 年第 2 期。

22. 张政烺:《〈春秋事语〉解题》,《文物》1977 年第 1 期。

23. 〔日〕浅野裕一:《新出土文献与思想史的改写——兼论日本的先秦思想史研究》,《文史哲》2009 年第 1 期。

附录　历代《国语》研究资料汇编

1. 左丘失明，厥有《国语》。① ——（汉）司马迁

2. 定哀之间，鲁君子左丘明论集其文，作《左氏传》三十篇，又撰异同，号曰《国语》，二十一篇，由是《乘》、《梼杌》之事遂暗，而《左氏》、《国语》独章。② ——（汉）班彪

3. 及孔子因鲁史记而作《春秋》，而左丘明论辑其本事以为之传，又撰异同为《国语》。③ ——（汉）班固

4. 《国语》，《左氏》之外传也，《左氏》传经，辞语尚略，故复选录《国语》之辞以实。然而《左氏》、《国语》，世儒之实书也。④ ——（汉）王充

5. （《国语》）记诸国君臣相与言语谋议之得失也，又曰《外传》，《春秋》以鲁为内，以诸国为外，外国所传之事也。⑤ ——（汉）刘熙

---

① （汉）司马迁撰《史记》，中华书局，1959，第3300页。
② （宋）范晔撰《后汉书》，中华书局，1965，第1325页。
③ （汉）班固撰《汉书》，中华书局，1962，第2737页。
④ 黄晖：《论衡校释》，中华书局，1990，第1165～1166页。
⑤ （汉）刘熙，（清）毕沅疏证，（清）王先谦补《释名疏证补》，中华书局，2008，第214页。

6. 昔孔子发愤于旧史，垂法于素王。左丘明因圣言以摅意，托王义以流藻，其渊源深大，沈懿雅丽，可谓命世之才，博物善作者也。其明识高远，雅思未尽，故复采录前世穆王以来，下讫鲁悼、智伯之诛，邦国成败，嘉言善语，阴阳律吕，天时人事逆顺之数，以为《国语》。其文不主于经，故号曰"《外传》"。所以包罗天地，探测祸福，发起幽微，章表善恶者，昭然甚明，实与经艺并陈，非特诸子之伦也。遭秦之乱，幽而复光。贾生、史迁颇综述焉。及刘光禄于汉成世始更考校，是止疑谬。至于章帝，郑大司农为之训注，解疑释滞，昭析可观，至于细碎，有所阙略。侍中贾君敷而衍之，其所发明，大义略举，为已憭矣，然于文间时有遗忘。建安、黄武之间，故侍御史会稽虞君，尚书仆射丹阳唐君，皆英才硕儒，洽闻之士也，采摭所见，因贾为主而损益之。观其辞义，信多善者，然所理释，犹有异同。昭以末学，浅暗寡闻，阶数君之成训，思事义之是非，愚心颇有所觉。今诸家并行，是非相贸，虽聪明疏达识机之士知所去就，然浅闻初学犹或未能祛过。切不自料，复为之解。因贾君之精实，采虞、唐之信善，亦以所觉增润补缀，参之以《五经》，检之以《内传》，以《世本》考其流，以《尔雅》齐其训，去非要，存事实，凡所发正三百七事。又诸家纷错，载述为烦，是以时有所见，庶几颇近事情，裁有补益。犹恐人之多言，未详其故，欲世览者必察之也。① ——（三国）韦昭

7.《国语》非丘明所作，凡有共说一事而二文不同，必

---

① 　徐元诰撰，王树民、沈长云点校《国语集解》，中华书局，2002，第594～595页。

《国语》虚而《左传》实，其言相反不可强合也。① ——
（晋）傅玄

8. 左丘明集其典雅令辞与经相发明者，以为《春秋传》，
其高论善言别为《国语》。凡《左传》、《国语》有事同而辞
异者，以其详于《左传》而略于《国语》，详于《国语》而
略于《左传》。② ——（晋）孔晁

9.《国语》非丘明所作。③ ——（隋）刘炫

10. 啖氏依旧说，以左氏为丘明，受经于仲尼。今观《左
氏》解经，浅于《公》《榖》，诬谬实繁。若丘明才实过人，
岂宜若此。推类而言，皆孔门后之门人。但《公》《榖》守
经，《左氏》通史，故其体异耳。且夫子自比，皆引往人，故
曰窃比于我老彭，又说伯夷等六人，云我则异于是，并非同时
人也。丘明者，盖夫子以前贤人，如史佚、迟任之流，见称于
当时耳。焚书之后，莫得详知。学者各信胸臆，见《传》及
《国语》俱题左氏，遂引丘明为其人。此事既无明文，唯司马
迁云丘明丧明，厥有《国语》，刘歆以为《春秋左氏传》是丘
明所为。且迁好奇多谬，故其书多为《淮南》所驳。刘歆则
以私意所好，编之《七略》，班固因而不革，后世遂以为真。
所谓传虚袭误，往而不返者也。……左氏决非夫子同时，亦已
明矣。……且《左传》《国语》，文体不伦，序事又多乖剌，
定非一人所为也。盖左氏广集诸国之史以释《春秋》，传成之
后，盖其家子弟及门人，见嘉谋事迹，多不入传，或有虽入传

---

① （清）阮元校刻《十三经注疏》，中华书局，1980，第2171页。
② （清）阮元校刻《十三经注疏》，中华书局，1980，第1802页。
③ （清）阮元校刻《十三经注疏》，中华书局，1980，第1992页。

而复不同，故各随国编之，而成此书，以广异闻尔。自古岂止有一丘明姓左乎？何乃见题左氏，悉称丘明？近代之儒，又妄为记录云，丘明以授鲁曾申，申传吴起，起传其子期，期传楚人铎椒，椒传虞卿，卿传荀况，况传张苍，苍传贾谊。此乃近世之儒，欲尊崇左氏，妄为此记。向若传授分明如此，《汉书》张苍、贾谊及儒林传，何故不书？则其伪可知也。① ——（唐）赵匡

11.《国语》家者，其先亦出于左丘明。既为《春秋内传》，又稽其逸文，纂其别说，分周、鲁、齐、晋、郑、楚、吴、越八国事，起自周穆王，终于鲁悼公，别为《春秋外传国语》，合为二十一篇。其文以方《内传》，或重出而小异。然自古名儒贾逵、王肃、虞翻、韦曜之徒，并申以注释，治其章句，此亦《六经》之流，《三传》之亚也。② ——（唐）刘知幾

12. 仲尼作《春秋经》，鲁史左丘明作《传》，合三十篇，故曰《左氏传》。《国语》亦丘明所撰。上起周穆王，下讫敬王。其诸侯之事，起鲁庄公讫春秋末，凡二十一篇。③ ——（唐）司马贞

13. 左氏《国语》，其文深闳杰异，固世之所耽嗜而不已也。而其说多诬淫，不概于圣。余惧世之学者溺其文采而沦于是非，是不得由中庸以入尧、舜之道。本诸理，作《非〈国

---

① （唐）陆淳纂《春秋啖赵集传纂例》，商务印书馆，1936，第 4 页。
② （唐）刘知幾撰，（清）浦起龙释《史通通释》，上海古籍出版社，1978，第 14 页。
③ （汉）司马迁撰《史记》，中华书局，1959，第 2 页。

语〉》。① ——（唐）柳宗元

14. 左丘明既作传以解《春秋》，又采简牍以作《国语》，其文不主于经，故谓之《外传》，俱是丘明所作，亦得云《左传》曰。② ——（宋）邢昺

15. 按班固《艺文志》种别六经，其《春秋》家有《国语》二十一篇，注；"左丘明著。"至汉司马子长撰《史记》，遂据《国语》、《世本》、《战国策》以成其书。当汉世，《左传》秘而未行，又不立于学官，故此书亦弗显，唯上贤达识之士好而尊之，俗儒弗识也。逮东汉，《左传》渐布，名儒始悟向来《公》、《穀》肤近之说，而多归《左氏》。及杜元凯研精训诂，木铎天下，古今真谬之学一旦冰释，虽《国语》亦从而大行，盖其书并出丘明。自魏、晋以后，书录所题，皆曰《春秋外传国语》。是则《左传》为内，《国语》为外，二书相副，以成大业。凡事详于内者略于外，备于外者简于内，先儒孔晁亦以为然。自郑众、贾逵、王肃、虞翻、唐固、韦昭之徒并治其章句，申之注释，为《六经》流亚，非复诸子之伦。自余名儒硕生好是学者不可胜纪。历世离乱，经籍亡逸，今此书唯韦氏所解传于世，诸家章句遂无存者。然观韦氏所叙，以郑众、贾逵、虞翻、唐固为主而增损之，故其注备而有体，可谓一家之名学。唯唐文人柳子厚作《非〈国语〉》二篇，捃摭左氏意外微细以为诋訾，然未足掩其洪美。……古今卷第多不同，或云二十一篇，或云二十二，或云二十卷，然据《班志》最先出，贾逵次之，皆云二十一篇，此实旧书之定

---

① （唐）柳宗元：《柳宗元集》，中华书局，1979，第1265页。

② （清）阮元校刻《十三经注疏》，中华书局，1980，第2607页。

数。其后或互有损益，盖诸儒章句烦简不同，析简并篇，自名其学，盖不足疑也。要之《艺志》为审矣。又按：先儒未有为《国语》音者，盖《外》、《内传》文多相涉，字音亦通故邪。① ——（宋）宋庠

16. 先儒多怪左丘明既传《春秋》，又作《国语》，为之说者多矣，皆未甚通也。先君以为丘明将传《春秋》，乃先采集列国之史，国别分之，取其菁英者为《春秋传》，而先所采集之稿，因为时人所传，命曰《国语》，非丘明之本志也。故其辞语繁重，序事过详，不若《春秋传》之简直精明，浑厚遒峻也。又多驳杂不粹之文，诚由列国之史，学有厚薄，才有浅深，不能醇一故也。不然，丘明作此重复之书，何为耶？② ——（宋）司马光

17. 《国语》亦左丘明所著，载《内传》遗事，或言论差殊，而文词富美，为书别行。自周穆王，尽晋智伯、赵襄子，当贞定王时，凡五百余年，虽事不连属，于史官盖有补焉。③ ——（宋）刘恕

18. 昔左丘明将传《春秋》，乃先采集列国之史，国别为语，旋猎其英华作《春秋传》，而先所采集之语草藁具存，时人共传习之，号曰《国语》，殆非丘明本志也。故其辞多枝叶，不若内传之简直峻健，甚者驳杂不类，如出他手。盖由当时列国之史材有厚薄，学有浅深，故不能醇一耳。不然，丘明特为此重复之书何邪？先儒或谓《春秋传》先成，《国语》继

---

① 徐元诰撰，王树民、沈长云点校《国语集解》，中华书局，2002，第596页
② （宋）司马光著，李之亮笺注《司马温公集编年笺注》，巴蜀书社，2009，第248页。
③ （宋）吕祖谦编，齐治平点校《宋文鉴》，中华书局，1992，第1820页。

作，误矣。惟本朝司马温公父子能识之。① ——（宋）李焘

19. 班固《艺文志》有《国语》二十一篇，《隋志》云二十二卷，《唐志》云二十一卷。今书篇次与《汉志》同，盖历代儒者析简并篇，互有损益，不足疑也，要之《艺文志》审矣。陆淳谓"与《左传》文体不伦，定非一人所为"，盖未必然。范宁云"《左氏》艳而富"，韩愈云"《左氏》浮夸"，今观此书，信乎其富艳且浮夸也，非左氏而谁？柳宗元称《越语》尤奇骏，岂特《越》哉！自《楚》以下类如此。② ——（宋）晁公武

20.《国语》与《左传》似出一手，然《国语》使人厌看，如齐楚吴越诸处又精采。如纪周鲁自是无可说，将虚文敷衍，如说籍田等处，令人厌看。左氏必不解是丘明，如圣人所称，煞是正直底人。如《左传》之文，自有纵横意思。《史记》却说："左丘失明，厥有《国语》。"或云，左丘明，左丘其姓也。《左传》自是左姓人作。又如秦始有腊祭，而左氏谓"虞不腊矣"！是秦时文字分明。③

"余正父欲用《国语》而不用《周礼》，然《周礼》岂可不入！《国语》辞多理寡，乃衰世之书，支离蔓衍，大不及《左传》。看此时文章若此，如何会兴起国家！"坐间朋友问是谁做。曰："见说是左丘明做。"④

---

① 曾枣庄、刘琳主编：《全宋文》第二百一十册，上海辞书出版社、安徽教育出版社，2006，第232页。
② （宋）晁公武撰，孙猛校证《郡斋读书志》，上海古籍出版社，1990，第120页。
③ （宋）黎靖德编，王星贤点校《朱子语类》，中华书局，1986，第2147页。
④ （宋）黎靖德编，王星贤点校《朱子语类》，中华书局，1986，第2187页。

有治世之文，有衰世之文，有乱世之文。《六经》，治世之文也。如《国语》委靡繁絮，真衰世之文耳。是时语言议论如此，宜乎周之不能振起也。至于乱世之文，则战国是也。然有英伟气，非衰世《国语》之文之比也。① ——（宋）朱熹

21. 以《国语》、《左传》二书参校，《左氏》虽有全用《国语》文字者，然所采次仅十一而已。至《齐语》不复用，《吴》《越语》则采用绝少，盖徒空文，非事实也。《左氏》合诸国记载成一家之言，工拙烦简自应若此，惜他书不存，无以遍观也。而汉魏相传，乃以《左传》《国语》一人所为，《左氏》雅志未尽，故别著外传。余人为此语不足怪，若贾谊、司马迁、刘向不加订正，乃异事尔。② ——（宋）叶适

22. 自班固志《艺文》，有《国语》二十一篇，左丘明所著，至今与《春秋传》并行，号为《外传》。今考二书，虽相出入，而事辞或多异同，文体亦不类。意必非出一人之手也。司马子长云："左丘失明，厥有《国语》。"又似不知所谓。唐啖助亦尝辨之。③ ——（宋）陈振孙

23. 古有左氏、左丘氏，太史公称"左丘失明，厥有《国语》"，今《春秋传》作左氏，而《国语》为左丘氏，则不得为一家，文体亦自不同，其非一家书明甚。④ ——（宋）叶梦得

---

① （宋）黎靖德编，王星贤点校《朱子语类》，中华书局，1986，第3297页。
② （宋）叶适：《习学记言序目》第三百三十八册，中华书局，1977，第173页。
③ （宋）陈振孙撰《直斋书录解题》，上海古籍出版社，1987，第54页。
④ （清）朱彝尊撰，林庆彰等主编《经义考新校》，上海古籍出版社，2010，第3093页。

24. 窃尝疑之，《左传》、《国语》文气不同，未必出于一人之手。① ——（宋）王柏

25. 问：唐史臣刘知幾著《史通》，《内篇》称古之作史者有六家：一《尚书》，二《春秋》，三《左传》，四《国语》，五《史记》，六《汉书》。又谓《尚书》家出于太古，《春秋》家出于三代，《左传》、《国语》出于丘明，《史记》、《汉书》出于迁、固。知幾最善著论而唐史称之，其所列六家必有考据，然理有可疑者，不得不与之辩。《书》载尧舜三代之事，《春秋》出于吾夫子之亲笔，学者尊之以为经，不可诬矣。知幾乃同迁、固之书而史之，可乎？《左传》、《国语》虽曰二书，然同出于一丘明之手，实《左氏》内外篇也，而乃别为二家，可乎？《史记》创始于马迁，而班固虽自为一家，其大法则祖述子长也。今乃别为二家之流者，是则范晔、陈寿而下，又乌得不以名家乎？以理论之，《书》、《春秋》经也，《左氏》、《国语》传也，《史记》、《汉书》史也。至于史家者流，特一马迁为倡尔，见其有一，未见其有六也。知幾著其始末条例甚详，合经传而为史，别一姓而二家，散《史》、《汉》而二流，则必有说焉。又谓《尚书》四家，其体久废，所可祖述，唯《左氏》及《汉书》。不知后世秉史笔者，果法《左传》、《汉书》二家之遗乎？抑亦兼出于六家者乎？不然，则知幾之言必有所不通者，愿因其说而详辩之。② ——（宋）王十朋

① 曾枣庄、刘琳主编：《全宋文》第三百三十八册，上海辞书出版社、安徽教育出版社，2006，第153页。
② 曾枣庄、刘琳主编：《全宋文》第二百九册，上海辞书出版社、安徽教育出版社，2006，第34页。

26. 盖《国语》者，丘明传《春秋》所取诸国之书也，丘明采择缀缉于其间，故《国语》之言繁，而丘明之文约。计丘明所取诸国之语不止于此，其徒所得者止此耳。正其说曰："左氏出《国语》。《国语》者，诸国之史。"① ——（宋）张耒

27. 左丘明传记诸国事既备矣，复为《国语》，二书之事，大同小异者，多或疑之。盖传在先秦古书六经之亚也，纪史以释经，文婉而丽；《国语》要是传体，而其文壮，其辞奇。② ——（宋）陈造

28.《国语》起穆王伐犬戎，迄越句践灭吴，分国以纪谋议。凡阴阳、律吕、天时、人事、逆顺之数焉。其文宏衍精絜。韦昭注文，亦简切称之。昭谓左丘明作。迹其事事必要祸福为验，固与《左传》类。然考其岁月，《春秋传》以谥载赵襄子，已非出于孔子所称之丘明。今《国语》避汉讳，谓鲁庄严公，又果左丘明之作否耶？惟事必稽典刑，言必主恭敬，周衰之崇虚邪说一语无之，是足诏万世也。③ ——（宋）黄震

29.《国语》有二十一篇，用周公本及《补音》点校。自有此书来，最善本也。当宋公时，韦氏注已始行，盖古注如贾唐诸君之善者，韦氏悉择而收之矣。宋公又博洽大儒，所定本信无憾。余读之久，时时见韦氏千百中有十一过当，而注家缘

---

① （宋）张耒撰，李逸安、孙通海、傅信点校《张耒集》，中华书局，1990，第744页。

② （清）朱彝尊撰，林庆彰等主编《经义考新校》，上海古籍出版社，2010，第3802页。

③ （宋）黄震撰，王廷洽等整理《黄氏日抄》，大象出版社，2019，第327页。

名析义，于文人澜趋阜拆之势，导之多不得畅。故此书所为与《内传》相出入者，亦或病之，以为难读。窃不自胜悾悾之愚，遇有所疑，标识卷颜，其可通者，悉断为句。岂独私诸家塾，共学之士，参其如彼，决其如此，亦将有以教我者焉。此书不专载事，遂称《国语》。先儒奇太史公变编年为杂体，有作古之材。以余观之，殆放于《国语》而为之也。① ——（元）戴表元

30. 《国语》之书，前辈亦未定为何人，详其词气，要非左氏之笔，盖亦仿《左氏》而自为一家者，世以为《春秋外传》，得无意乎？若《国语》，则未免有迹矣。既未足以翼《春秋》之经，不过战国间能言之士。太史公颇采其说，因附于编，俾学者知作文立言之有法也。《语》云"文胜质则史"，是编也，亦史氏之宗匠，文章家之筌蹄欤。② ——（元）朱右

31. 昔左氏罗集国史实书以传《春秋》，其释丽之余，溢为《外传》，实多先王之明训。自张苍、贾生、马迁以来千数百年，播诵于艺林不衰，世儒虽以浮夸阔诞者为病，然而文辞高妙精理，非后之操觚者可及。③ ——（明）黄省曾

32. 昔孔子因鲁史以作《经》，而左氏翼《经》以立《传》，复作《外传》以补所未备。其所著记，盖列国辞命载书训诫谏说之辞也。商略帝王，包括宇宙，该治乱，迹善败，按籍而索之，班班详核。其论古今天道人事备矣。即寥寥数语，靡不悉张弛之义，畅彼我之怀，极组织之工，鼓陶铸之

---

① （元）戴表元：《剡源集》，浙江古籍出版社，2014，第459页。
② 李修生主编《全元文》，凤凰出版社，1998，第534页。
③ （清）朱彝尊撰，林庆彰等主编《经义考新校》，上海古籍出版社，2010，第3802页。

巧，学者稍稍掇拾其芬艳，犹足以文藻群流，黼黻当代，信文章之巨丽也。^① ——（明）王世贞

33.《国语》一书，深厚浑朴，周鲁尚矣，《周语》辞胜事，《晋语》事胜辞，《齐语》单记桓公霸业，大略与《管子》同。如其妙理玮辞，骤读之而心惊，潜玩之而味永，还须以《越语》压卷。^② ——（明）陶望龄

34.《国语》出自何人，说者不一。然终以汉人所说为近古。所记之事，与《左传》俱迄智伯之亡，时代亦复相合。中有与《左传》未符者，犹《新序》、《说苑》同出刘向，而时复抵牾。盖古人著书，各据所见之旧文，疑以存疑，不似后人轻改也。……《国语》二十一篇，《汉志》虽载《春秋》后，然无《春秋外传》之名也。《汉书·律历志》始称《春秋外传》。王充《论衡》云："《国语》，《左氏》之《外传》也。《左氏》传经，词语尚略，故复选录《国语》之词以实之。"刘熙《释名》亦云："《国语》亦曰《外传》。《春秋》以鲁为内，以诸国为外，外国所传之事也。"考《国语》上包周穆王，下暨鲁悼公，与《春秋》时代首尾皆不相应，其事亦多与《春秋》无关。系之《春秋》，殊为不类。至书中明有《鲁语》，而刘熙以为外国所传，尤为舛迕。附之于经，于义未允。《史通》六家，《国语》居一，实古左史之遗。今改隶之"杂史类"焉。^③ ——《四库全书总目》

---

① （清）朱彝尊撰，林庆彰等主编《经义考新校》，上海古籍出版社，2010，第3803页。

② （清）朱彝尊撰，林庆彰等主编《经义考新校》，上海古籍出版社，2010，第3803页。

③ （清）永瑢等撰《四库全书总目》，中华书局，1965，第460～461页。

35.《国语》二十一卷。《汉书·艺文志》不载撰人姓氏，其时说经者皆谓之《春秋外传》。惟司马迁有云："左丘失明，厥有《国语》。"班固作《迁赞》，因曰："孔子作《春秋》，左丘明为之传，又撰异同为《国语》。"韦昭亦以为"左丘明采穆王以来下讫鲁悼，其文不主于经，号曰'《外传》'"。颜师古本此众说，故注《艺文志》直以《国语》为左丘明撰。宋庠因之，亦谓出自丘明。今以其书考之，乃是左氏采以作《传》之底本耳。古者列国皆有史官，记载时事。左氏作《春秋传》时，必博取各国之史以备考核。其于《春秋》事相涉者，既采以作《传》矣。其不相涉及虽相涉而采取不尽，且本书自成片段者，则不忍竟弃，因删节而并存之。故其书与《左传》多有不画一者，如襄王伐郑一事，《左传》以《常棣》诗为召穆公所作，而《国语》则以为周文公所作；晋文公返国一事，《左传》记是年九月晋惠公卒，明年正月秦伯纳公子重耳，而《国语》则十月晋惠公卒，十二月秦伯纳公子；鄢陵之战，《左传》苗贲皇在晋侯之侧曰"楚之良，在中军王族而已"，而《晋语》作"苗棼皇"。《楚语》则云雍子谓栾书曰"楚师可料也，在中军王族而已"。如果左氏一手所撰，何不改从画一，而彼此各异若此乎？可知《国语》本列国史书原文，左氏特料简而存之，非手撰也。魏、晋之人以其多与《左传》相通，遂以为左氏所作耳。又如长勺之战，《鲁语》曹刿与庄公论战数百言，《左传》但以"小惠未遍，小信未孚"数句括之；鄢陵之役，范文子不欲战，《晋语》述其词累幅不尽，至分作三四章，《左传》但以"外宁必有内忧、盍释楚以为外惧"数语括之。正可见左氏以此为底本，而别出炉锤，笔夺天巧，岂其示巧于此，而复作《外传》以示拙也！

窃尝论之：左氏之采《国语》，仙人之脱胎换骨也；《史记》于秦、汉以后自出机杼，横绝千古，而秦、汉以前采取《国语》、《左传》，则天吴紫凤，颠倒裋褐也；《汉书》之整齐《史记》，则屈骐骥以就衡轭也。观于诸书因袭转换之间，可以悟作文之旨矣。①——（清）赵翼

36. 左丘明既为《春秋内传》，又稽其逸文，纂其别说，分周、鲁、齐、晋、郑、楚、吴、越八国事，起自周穆王，终于鲁悼公，别为《春秋外传国语》，合二十一篇，以方《内传》。或重书而小异，虽入于史家者流，而实则附经义以行者也。故《汉书·艺文志》杂入《春秋类》，郑众、贾逵、王肃、虞翻、唐固之徒，皆申以注释。今诸家并已散佚，所行于世者，以韦氏《解》为最古，其注简而有要，大率参摭虞、唐之说而损益之。……唐柳子厚作《非国语》，固有当理解处，然不揆今古，每以后世臆见悬断前人。信如所言，则《内传》可非者亦多，何必《国语》？宜宋江端礼有《非〈非国语〉》之作，而踵之者复有刘章、虞槃辈也。窃谓《国语》既附经义以行，韦氏之《解》简，不可无疏以申明之。尝欲补作正义，以继《三传》之后。顾斯事体大，谫陋寡学，力思弗胜，又扰于俗缘，卒卒无闲，积之岁月，略少端绪，良用自恧，未知它日能稍有成就否也。②——（清）赵怀玉

37.《史记》自序云："左丘失明，厥有《国语》"，由是世儒皆谓《国语》与《春秋传》，为一人所撰。东汉之儒，遂

---

① （清）赵翼撰《陔余丛考》，中华书局，2019，第 65～67 页。
② （清）徐世昌等编纂，沈芝盈、梁运华点校《清儒学案》，中华书局，2008，第 4558～4559 页。

题之曰《春秋外传》。余按《左传》之文，年月井井，事多实录。而《国语》荒唐诬妄，自相矛盾者甚多。《左传》纪事简洁，措词亦多体要。而《国语》文词支蔓，冗弱无骨，断不出于一人之手明甚。且《国语》周、鲁多平衍，晋、楚多尖颖，吴、越多恣放。即《国语》亦非一人之所为也。盖《左传》一书，采之各国之史……《国语》则后人取古人之事而拟之为文者，是以事少而词多。《左传》一言可毕者，《国语》累章而未足也，故名之曰《国语》。语也者，别于纪事而为言者也。黑白迥殊，云泥远隔。而世以为一人所作亦已异矣。……自文王、孔子以下凡七事，文王羑里之诬，余固已辨之矣；孔子之作《春秋》，亦不在于陈、蔡；《离骚》《兵法》《吕览》《说难》之作，皆与本传之说互异，然则此言亦未可尽信也。且列左丘于屈原后，言失明而不言名明，尚未知其意果以为即作《传》之左丘明否，不得强指为一人也，故今不采此文。[①] ——（清）崔述

38. 太史公《自序》："左丘失明，厥有《国语》。"《汉书·艺文志》："国语二十一篇，左丘明著。"汉儒之说彰矣。隋刘光伯，唐陆淳、柳宗元，始有异议，摭拾异同，毛举细故。后人遂指《鲁语》《皇华》五善语、言六德文与《左》违；《内传》谓鲁哀十七年楚灭陈，鲁哀二十二年越灭吴；《外传》谓吴既灭之后，尚有陈蔡之君，执玉朝越；黄池之会，《内传》先晋人，《外传》先吴人；《周语》自穆王至幽王，《郑语》独载桓武而庄公以下无闻，皆《春秋》以前事，以附会刘、柳之说。然宏嗣明言《国语》之作，其文不主于

---

① （清）崔述：《洙泗考信余录》，商务印书馆，1937，第52页。

经，则固不必以经为限矣。至内外《传》同出一人而文有异同，试以《史记》例之。《郑世家》以友为宣王庶弟，《年表》又以友为宣王母弟；黄池之会，《晋世家》谓长吴，《吴世家》又谓长晋。迁一人之说，其不同如此。……《内传》一书如此，又何疑《外传》《内传》之有参差乎？班氏《艺文志》言《公羊传》十一卷，《公羊外传》五十篇，《穀梁传》十一卷，《穀梁外传》二十一篇，则作传者必有《外传》以曲畅其支派。《国语》之为《左氏外传》正同一例。《公》《穀》二家《外传》已逸，安知彼之《外传》不与其《内传》亦有抵牾乎？故宏嗣断以为出左氏之手。《内传》之出，献自北平侯张苍，《外传》不知何时始出。贾子《新书·礼容下篇》载单靖公、单襄公事皆采《国语》，则《国语》之出亦当在汉文帝之世。《儒林传》载贾生治《春秋左氏传》，今又兼述《国语》，则贾生亦以《内传》《外传》之同出《左氏》也。班氏《艺文志》既载《国语》二十一篇，又载《新国语》五十四篇，刘向所分，则汉时《国语》有两本，今所传二十一篇与班《志》合。……说者又谓《越语》下卷，疑非《国语》本文，其与他卷不类。又《国语》叙事虽不尽有年月，然未尝越次，今上卷已书越灭吴，下卷复从句践即位三年起，他国无此例。《内传》无范蠡姓名，《外传》止《吴语》一见，在五大夫之列，旅进旅退而已，至此卷乃专载蠡策，若灭吴之事蠡独任之者，殊非事实。《艺文志·兵·权谋》有《范蠡》二篇，此殆其一，但搀入当在刘向以前。龄案：孔晁本二十卷，则第二十一卷孔博士已不信其《国语》真文矣。宋公序补音本及天圣本两家并行，近曲阜孔氏所刻用补音本，今兼收二家之长而用补音本者十之七八云。为之注者，有汉郑众、贾逵，魏王肃，吴虞翻、唐固、韦昭，晋孔晁七家。今唯韦解尚存，然已间有逸者，如《禹贡》疏引韦解云："以文武侯卫为安王宾之，因以为名。"……今本皆无之。郑注则他书征引者仅有数条，其余四家贾王虞唐，除韦所引外，则《史记》集解、索隐、正义，《诗》疏、《周礼》疏、《春秋左传》疏、《公羊》疏征引为多。孔出韦后，亦见于诸疏及《史记》注，今皆采掇以补宏嗣之义。韦解孤行天壤间已千五百余年，未有为之疏者。窃意许叔重、郑康成两君为汉儒宗主，自三国分疆而儒学为之一变，宏嗣生于江南扰攘之秋，抱阙守残，视东汉诸儒已非其时矣。其所解固援经义，而与许郑诸君有未翕合者，依文顺释，义有难安，况墨守一家之说，殊非实事求是之心。用是采撷诸经旧说，间下己意，非求争胜于青蓝，不敢面谀夫鹿马。检杨氏《穀梁正义》间与范氏之注，语具抑扬，则知疏不破注之例，古人亦所不拘。今诠释韦解之外，仍援许郑诸君旧诂，备载其后以俟辩章，譬导水而穷其源，非落叶而离其根也。韦解体崇简洁，多阙而不释，《史记》集解、索隐、正义及应劭、如淳、晋灼、苏林、颜师古等家《汉书》注，章怀太子《后汉书》注，凡于马、班正文采取《国语》者，各有发挥，或与韦解两歧，或与韦解符合。同者可助其证佐，异者宜博其旨归，并采兼收以汇古义。①——（清）董增龄

39. 史公以左丘连文，则左丘是两字氏，明其名也。左丘亦单称左，故旧文皆言《左传》，不言《左丘传》。说者疑左与左丘为二，作《国语》者左丘明，作《左传》者别一人，与《史》、《汉》诸文不合，非也。左丘明虽为太史，其氏左

---

① （清）董增龄：《国语正义》，巴蜀书社，1985，第1~8页。

丘，不知何因？解者援《玉藻》"动则左史书之"，谓左丘明是以官为氏，则但当氏左，不当连丘为文，亦恐非也。① ——（清）刘宝楠

40.《国语》蚤出而《左传》晚兴，张、贾所见，皆为《国语》。因其为左氏所辑，言皆记事，与《虞氏》《吕氏》同有《春秋》之名。其称《左氏春秋》者，即谓《国语》，不谓《左传》。《左传》既出之后，因其全祖《国语》，遂冒左氏名为《左氏传》。又以其传《春秋》，遂混《左氏春秋》之名。后人闻传《左氏春秋》，不以为《国语》而以为《左传》，遂谓张、贾皆习《左传》，此其冒名混实之所由也。使当时有《左传》以传经，又有师说，张、贾贵显，何不求立学官？纵不立学官，何以刘子骏之前，无一人见之？太史公博极群书，只据《国语》。刘子骏《移太常书》只云臧生等与同，不云其书先见。班书又云，歆校书见《左传》而好之。是歆未校书以前不见《左传》也。观此，则张、贾不习《左传》明矣。② ——（清）廖平

41.《史记·儒林传》，《春秋》只有公羊、穀梁二家，无左氏，《河间献王世家》无得《左氏春秋》、立博士事。马迁作史多采《左氏》，若左丘明诚传《春秋》，史迁安得不知！《儒林传》述《六艺》之学彰明较著，可为铁案。又《太史公自序》称"讲业齐、鲁之都"，"天下遗文古事靡不毕集太史公"，若河间献王有是事，何得不知！虽有苏、张之舌不能解

---

① （清）刘宝楠撰，高流水点校《论语正义》，中华书局，1990，第203~204页。

② （清）廖平撰，杨世文编《今古学考》，巴蜀书社，2019，第172~173页。

之者也。《汉书·司马迁传》称"司马迁据左氏《国语》，采《世本》、《战国策》，述《楚汉春秋》"。《史记·太史公自序》及《报任安书》俱言"左丘失明，厥有《国语》"，《报任安书》下又云"乃如左丘明无目，孙子断足，终不可用，退论书策，以抒其愤"，凡三言左丘明，俱称《国语》。然则左丘明所作，史迁所据，《国语》而已，无所谓《春秋传》也。歆以其非博之学欲夺孔子之经，而自立新说以惑天下。知孔子制作之学首在《春秋》，《春秋》之传在公、穀，公、穀之法与《六经》通，于是思所以夺公、穀者。以公、穀多虚言，可以实事夺之，人必听实事而不听虚言也，求之古书，得《国语》与《春秋》同时，可以改易窜附；于是毅然削去平王以前事，依《春秋》以编年，比附经文，分《国语》以释经而为《左氏传》……则左氏《传》之与《国语》分为二书，亦其狡伪之同例，尤无可疑，况《左氏传》不见于《史记》而力争于歆者乎？或据《史记·十二诸侯年表》云"鲁君子左丘明，惧弟子人人异端，各安其意，失其真，故因孔子史记具论其语，成《左氏春秋》"以相难，则亦歆所窜入者，辨见前。《国语》仅一书，而《志》以为二种，可异一也。其一，"二十一篇"，即今传本也，其一，刘向所分之"《新国语》五十四篇"；同一《国语》，何篇数相去数倍？可异二也。刘向之书皆传于后汉，而五十四篇之《新国语》，后汉人无及之者，可异三也。盖五十四篇者，左丘明之原本也；歆既分其大半凡三十篇以为《春秋传》，于是留其残剩，掇拾杂书，加以附益，而为今本之《国语》，故仅得二十一篇也。考今本《国语》，《周语》、《晋语》、《郑语》多《春秋》前事；《鲁语》则大半敬姜一妇人语；《齐语》则全取《管子·小匡篇》；《吴语》、《越语》笔墨不同，不知掇自何书；然则其为《左传》之残余而歆补缀为之至明。歆以《国语》原本五十四篇，天下人或有知之者，故复分一书以当之，又托之刘向所分非原本以灭其迹，其作伪之情可见。① —— （清）康有为

42. 《史记·儒林传》曰："言《春秋》，于齐、鲁自胡母生，于赵自董仲舒。"《太史公自序》曰"昔孔子何为而作《春秋》哉？余闻董生"云云。是太史公之于《春秋》，一本于董生，即一本于公羊。其取之左氏，乃《国语》也。《自序》曰"左邱失明，厥有《国语》"可证，是时无所谓《左传》也。刘歆破散《国语》，并自造诞妄之辞与释经之语，编入《春秋》逐年之下，托之出自中秘书，命曰《春秋古文》，亦曰《春秋左氏传》。今案其体有四：一曰无《经》之《传》。姑即《隐公篇》言之，如三年冬"郑伯之车偾于济"是也。夫《传》以释《经》，无《经》则非《传》也，是《国语》也。二曰有《经》而不释《经》之《传》。凡《传》以释《经》义，非述其事也。如五年九月"初献六羽"，《公羊传》曰："何以书？讥始僭诸公也。"是释其义也。《左传》但述羽数，此与《经》同述一事耳，岂似《传》体？以上录自《国语》居多，亦有刘歆窜入者，详下。三曰释不书于《经》之《传》。如元年四月，"费伯帅师城郎。不书，非公命也"。夫不释《经》而释不书于《经》，则传《书》者不当释黄帝何以无《典》，传《诗》者不当释吴、楚何以无《风》乎？彼《传》不然，则此非《传》也。四曰释《经》之

---

① （清）康有为著，章锡琛校点《新学伪经考》，中华书局，2012，第84～88页。

《传》，务与公羊氏、董氏、司马氏、刘向之说相反而已。如隐三年书"尹氏卒"，讥世卿，为昭二十三年立王子朝张本也。宣十年书"齐崔氏出奔"，讥世卿，为襄二十五年弑其君光张本也。虽使"《春秋》三传束高阁，独抱遗经究终始"者读之，当无异议矣。左氏改"尹"为"君"，谓之隐公之母。于崔氏之出奔，曰"非其罪也"。凡以避世卿之讥，袒庇王氏而已。此皆刘歆所改窜，故公孙禄劾其颠倒《五经》，毁师法；班固曰"歆治《左氏传》，其《春秋》意已乖也"。《史记》之文凡与《左氏传》同，有真出自左邱明者，列国世系及政事典章之属是也；出自刘歆者，详下五节。① ——（清）崔适

---

① （清）崔适著，张烈点校《史记探源》，中华书局，1986，第 2~3 页。

后　记

　　边缘，一个常常被用来描述不被人关注地方的概念。适用于这一概念的地方，通常意味着与主流相差甚远，如文化边缘、社会边缘、世界边缘，诸如此类一般人不会到达也较少关注的地方。那么，边缘是否就微不足道呢？答案当然是否定的。边缘是整体的重要组成部分，在整体形成过程中起着重要作用。边缘理论就是试图由边缘反观整体，通过对边缘的研究来厘清整体的界域，从而让整体更清晰地显现。这种由边缘反观整体的研究视角转换，给了我极大的启发。我开始关注经学史并读到《国语》这部文献时，边缘理论让我意识到，《国语》就是一部经学的边缘文献。

　　自汉代学者将《国语》与左丘明联系起来，《国语》就与《左传》合称"《春秋》内外传"，成为经学文本序列中的一员。但是，在两千多年的经学史上，《国语》在经学文本序列中的位置并不稳固，被指出与左丘明无关并被清理出经学文本序列的情况也时有发生。其实，即使《国语》地位鼎盛时所谓《春秋外传》也并不能体现其在经学史上的重要性，"外传"一词已经说明其处于经学边缘的尴尬定位，遑论其被指与经学毫无关系的时期。这样看来，《国语》确属经学边缘文献无疑了。

　　我们是否可以通过《国语》这样一部经学边缘文献来观察

经学史的演变与发展呢？在研究开展之初，我的信心并不充足。此时正好赶上 2015 年度国家社科基金项目开始申报，于是便将自己的研究设想形诸文字，以"经学史视野下的《国语》学史研究"为题提交了申请书。幸运的是，这一思路得到了诸位评审专家的肯定，获得了当年青年项目的立项。如今回看论证思路，有些地方尚不成熟。以经学史视角观察《国语》学史的发展，研究主题自然落在对《国语》学史的梳理上，并没有充分体现经学史的演变逻辑。因此，在项目结项的多年后，重新对结项成果进行了修补完善，进一步突出《国语》与经学史的互动，从《国语》在历史中的际遇看经学史的演变，更坚定地贯彻从《国语》这一边缘文献反观经学整体发展的思路，最终形成了这部著作。理想很丰满，著作可能有些"骨感"，但终归是实现了一些原初设想。

近年来，研究理论与方法的更新，以及多学科的交叉，带来的是研究视角的转换。借助新的视角，原本无用的材料变得有用，最初乏味的问题变得有趣。现代学术体系建立之后，《国语》一般为文史学者所关注，主要围绕其中所记载的西周至春秋时期的历史叙事和语言文学开展研究。如果将这种研究取向定为原初视角的话，那么将《国语》还原到经学史演变脉络中就是一种新的视角转换。在经学史视野观照下，《国语》在经学史中的边缘定位也得到了还原。在此基础上，再由《国语》这部经学边缘文献进一步反观经学史的演变，便又是另一种新的视角转换。经由两次视角转换，让我们对《国语》有了新的认识，同时也对经学史演变有了更多的理解。

张永路

2023 年夏于天津

图书在版编目（CIP）数据

不主于经：《国语》与经学史的演变 / 张永路著
. -- 北京：社会科学文献出版社，2023.9
ISBN 978 - 7 - 5228 - 2384 - 3

Ⅰ.①不… Ⅱ.①张… Ⅲ.①《国语》- 研究②经学
- 历史 - 研究 - 中国　Ⅳ.①K225.04②Z126.272

中国国家版本馆 CIP 数据核字（2023）第 165250 号

不主于经
——《国语》与经学史的演变

著　　者 / 张永路

出 版 人 / 冀祥德
责任编辑 / 卫　羚
文稿编辑 / 田正帅
责任印制 / 王京美

出　　版 / 社会科学文献出版社·人文分社（010）59367215
　　　　　　地址：北京市北三环中路甲 29 号院华龙大厦　邮编：100029
　　　　　　网址：www.ssap.com.cn
发　　行 / 社会科学文献出版社（010）59367028
印　　装 / 北京联兴盛业印刷股份有限公司

规　　格 / 开　本：889mm × 1194mm　1/32
　　　　　　印　张：8.625　字　数：201 千字
版　　次 / 2023 年 9 月第 1 版　2023 年 9 月第 1 次印刷
书　　号 / ISBN 978 - 7 - 5228 - 2384 - 3
定　　价 / 98.00 元

读者服务电话：4008918866